中国、欧洲与世界丛书
The Book Series of China,
Europe and the World

冯仲平 主编
Editors-in-chief
Feng Zhongping

Greece and the European Integration

希腊与欧洲一体化

宋晓敏 著

中国社会科学出版社

图书在版编目（CIP）数据

希腊与欧洲一体化／宋晓敏著. —北京：中国社会科学出版社，2022.4
（中国、欧洲与世界丛书）
ISBN 978 - 7 - 5203 - 9994 - 4

Ⅰ.①希…　Ⅱ.①宋…　Ⅲ.①对外关系—研究—希腊　Ⅳ.①D754.5

中国版本图书馆 CIP 数据核字（2022）第 054839 号

出 版 人　赵剑英
责任编辑　刘凯琳　侯聪睿
责任校对　芦　苇
责任印制　王　超

出　　版　中国社会科学出版社
社　　址　北京鼓楼西大街甲 158 号
邮　　编　100720
网　　址　http://www.csspw.cn
发 行 部　010 - 84083685
门 市 部　010 - 84029450
经　　销　新华书店及其他书店

印　　刷　北京明恒达印务有限公司
装　　订　廊坊市广阳区广增装订厂
版　　次　2022 年 4 月第 1 版
印　　次　2022 年 4 月第 1 次印刷

开　　本　710×1000　1/16
印　　张　19.25
插　　页　2
字　　数　181 千字
定　　价　95.00 元

目　　录

引言 希腊入盟故事：照见欧盟的
成功与失败

　　作为拥有古老文明的现代民族国家，希腊无疑拥有多幅面孔，也被贴上了很多标签。著名历史学家克罗格（Richard Clogg）在其著作《希腊简史》中，就将它称为"一个错过进化的国度"。[①] 在现代化路上蹒跚前行的希腊，遇见了怀抱"欧洲统一"理想的欧盟，进而迸发出新生的动力。借助欧共体（欧盟）的力量，希腊巩固了民主政体，完成了西方化的身份认同，在经济和社会领域取得了耀眼的成绩，尤其在现代化上取得显著进展，一度被宣扬为"欧洲一体化成功的故事"。始料未及的是，2009年来势汹汹的希腊主权债务危机蔓延至欧洲而演变为欧盟危机。舆论也急转直下，斥责"希腊是欧盟失败的案例"的声音传遍世界各地。"成也萧何败也萧何"的归咎固然可

[①]　Richard Clogg, *A Concise History of Greece*, Cambridge University Press, 1992.

以宣泄一时的情绪，却无法揭示事情复杂的真相。唯有置入历史的情境，才能如实或者更为接近事实地反映希腊和欧盟之间的互动关系。

希腊爆发主权债务危机后，国内外掀起了关于希腊和欧盟①关系的大讨论，"希腊退出欧盟"的言论此起彼伏。主权债务危机究竟是由欧盟自身的制度缺陷引发，还是希腊因未遵守欧盟的制度和规范引爆了危机？国内外学界各执一词、争论不休。有观点强调内因论，认为希腊主权债务危机的根源在于本国长期以来实施财政扩张政策，导致财政赤字和公共债务严重超标。也有观点侧重外因论，认为希腊主权债务危机的根源在于经济货币联盟中货币集中和财政分散政策的错配问题。另有观点结合内因与外因的考察，从希腊和欧盟的关系角度出发，认为希腊欧洲化的不足是主权债务危机爆发的深层根源。例如，盖门尼斯（Kostas Gemenis）和莱夫科弗雷迪（Zoe Lefkofridi）声称，正是因为希腊欧洲化程度低，或者说，因为政策和政治表面上的欧洲化，使希腊未能真正地满足单一市场的要求、达到经济货币联盟的入盟标准，从而埋下了主权债务危机的隐患。虽然，从严格意义上说，并非希腊的非欧洲化或

———————

① 1993 年 11 月 1 日，《马斯特里赫特条约》生效，欧共体正式更名为"欧洲联盟"。1993 年之前，文中一般使用"欧共体"的称呼，1993 年之后改为"欧洲联盟"（简称"欧盟"）。间或有混用。

者欧洲化的不足导致了主权债务危机，但如果希腊真正实现了欧洲化，它就不会如此匆促和草率地应对危机；欧盟内的伙伴们也不会如此不情愿地救助希腊。危机期间，尽管希腊已处于经济崩溃的边缘，但国内政党仍未达成共识、团结一致准备结构改革、守护欧洲一体化的事业。相反，它们仍然基于自身利益和选票最大化的策略与欧盟和欧元区在救助条件上讨价还价。可以说，希腊的欧洲化具有很大的局限性。[①] 但疑欧主义者将希腊目前面临的危机单纯地归因于欧盟，显然不是基于客观理性的分析。如果我们进一步假设，希腊的欧洲化程度较深，希腊的政治和政策未被国内行政管理不善、政府治理能力低下和庇护主义所损害，那么危机是否还会发生？希腊还会不会仍是今天这般状况，令欧盟头疼不已？

寻求这些问题的答案，首先要回答什么是希腊的"欧洲化"？"欧洲化"这个概念又有着怎样的内涵和外延？如何评估和衡量希腊欧洲化的结果，并对希腊和欧盟的互动关系做出客观和理性的评价？据此，我们可对希腊危机对于欧洲一体化的影响和未来走向做出合理和恰如其分的判断。

英国著名学者也是希腊问题专家凯文·费瑟斯通

---

① Kostas Gemenis and Zoe Lefkofridi, "Greece: A Critical Assessment of Europeanization", in Charlotte Bretherton and Michael L. Mannin, eds. , *The Europeanization of European Politics*, Basingstoke: Palgrave Macmillan, 2013, p. 105.

（Kevin Featherstone）教授认为，欧洲化，就像全球化一样，是理解当代欧洲国家政治和社会发生的重要变化的一个着眼点。① 意大利学者格拉齐亚诺和葡萄牙专家温克等多位研究者则认为，从 20 世纪 90 年代末开始，欧洲化已经成为欧洲政治研究中极为重要而又极富争议的概念。他们主编了一本《欧洲化：新的研究议程》的著作专门梳理了欧洲化的概念、理论和方法论。② 而其争议性，主要来自定义的宽泛性。欧洲化不是欧洲一体化或者趋同的简单的同义词，虽然它们在某些方面相互重叠。作为一个社会科学的术语，它解释的范围非常广，包括历史、文化、政治、社会和经济等诸多领域。从动态学角度来说，它又是一个发生结构变化的过程，从不同的方面影响了欧盟成员国行为体、制度、观念和利益。从最宽泛的意义上来说，它所指涉的结构性变化是"欧洲"（欧盟）带来的③。从狭义上而言，"欧洲化"指的是成员国对于欧盟层面治理体系的反应与调适性变化。即使以后者而言，"欧洲化"

---

① Kevin Featherstone, "Introduction：In the Name of 'Europe'", in Kevin Featherstone and Claudio M. Radaelli, eds. , *The Politics of Europeanization*, Oxford：Oxford University Press, 2003, p. 3.

② Paolo Graziano and Maarten Vink, eds. , *Europeanization：New Research Agendas*, Basingstoke：Palgrave, 2006.

③ 有学者提出，欧洲化就是变得更像"欧洲"。参见黄伟峰《论欧洲化课题之各类研究取向及其限制》，《欧美研究》2013 年第 2 期，第 397 页。

的范围也是相当广泛的，其对象从成员国到申请入盟的国家，不一而足。

因此，鉴于欧洲化概念的宽泛性和复杂性，案例分析就显得尤为必要，或者说必不可少了。因为经验研究能够通过样本分析衡量欧洲化的范围和影响，并对欧洲化的理论概念进行限定和验证。欧洲化有等级和程度之分，同时又是动态发展的。它产生的结构性效应并非永久性和不可逆的。其影响有时体现为增量的、不规则和不均衡的，也就是说，欧洲化影响的不一致性始终存在①。对于欧盟成员国来说，这个特点尤为明显。而具体到某一个成员国，欧洲化对其政体、政治和政策的影响也各不相同。再深入到一国的政策领域，其影响更是深浅不一。这也是为什么"欧洲化"的研究必须深入到成员国的案例分析、一国的"欧洲化"又具体到某一政策领域的经验分析的原因。

在希腊身上恰好体现了欧洲化的特殊性。一方面，就希腊本身而言，相对于欧共体创始成员国，它是一个处于外围的小国②，在加入共同体之前，工业化程度较低，生活水平不高，民主化进程刚刚起步。而且因为外部威胁

---

① Kevin Featherstone, "Introduction: In the Name of 'Europe'", in Kevin Featherstone and Claudio M. Radaelli, eds., *The Politics of Europeanization*, Oxford University Press, 2003, pp. 3 – 4.

② 在欧盟第二轮东扩之前，希腊是唯一一个不与成员国接壤的欧盟国家。

（土耳其）的存在，其军事开支接近国内生产总值（GDP）
的7%；而且与老成员国相比，希腊具有不同的历史和政
治经济发展模式，在经济上是中央集权制，在政治上庇护
主义盛行；宗教上，信仰东正教，与欧盟多数成员国信仰
的天主教和新教迥然有别①。另一方面，希腊加入欧盟的
意愿非常强烈：一是在政治上需要借助入盟巩固民主政
体；二是在军事上为了应对外部威胁（土耳其），需要借
助欧盟保障国家的安全。但入盟四十多年来，希腊欧洲化
的程度相对创始成员国又是最低的，在执行和转化欧盟立
法上表现较差。可以说，希腊的欧洲化存在很大的局限
性。那么，究竟是什么原因导致希腊欧洲化的不足？

　　除了在现实层面上回答欧洲一体化给希腊带来什么
样的影响，在理论上，我们同样需要通过欧洲化的概念
或者理论，观察欧盟和成员国在双层结构上的互动和相
互建构。如费瑟斯通所言，在希腊发生的一切关系到我
们对欧洲化进程和未来的理解，这不仅包括希腊，也涵
盖对欧洲一体化的认识。② 自欧洲一体化诞生以来，一体

----

　　① 希腊学者斯塔夫里迪斯对此有专门的论述，参见 Stelios
Stavridis, "The Europeanisation of Greek Foreign Policy: A Literature
Review", p. 10, http://www.lse.ac.uk/europeanInstitute/research/
hellenicObservatory/pdf/DiscussionPapers/Stavridis-10.pdf。

　　② Kevin Featherstone, "Introduction: 'Modernization' and the
Structural Constraints of Greek Politics", *West European Politics*, Vol.
28, No. 2, 2005, pp. 223 – 241.

化的研究是随着实践的发展而不断产生出新的理论流派、观点和研究方法。"从其理论发展的历史脉络来看，它经历了一个从制度设计（联邦主义）、理论推演（功能主义）、现象解释（新功能主义）到中层理论解析（后功能主义、制度主义、自由政府间主义）和具体领域（机构、治理、决策、认同）研究的发展进程"。① 从 20 世纪 60 年代开始，欧洲（欧盟）的研究主要集中在对欧洲一体化的解释上，认为欧洲一体化进程就是将国家主权从国家层面让渡到欧洲层面②。随之，产生了联邦主义、功能主义、制度主义、自由政府间主义等解释欧洲一体化和欧盟本体论的理论。而自 20 世纪 90 年代后半期开始，随着欧洲一体化的深入，欧盟的作用越来越大，相关研究的方向也从欧盟是什么转向讨论欧盟起何种作用。欧洲一体化和欧盟的政策究竟如何影响相关成员国？由此，"欧洲化"这个中层理论（分析框架）应运而生，被用来解释和回答这个问题。它描述了新时期一体化在国内政治影响上的扩展，并尝试解释许多新的一体化现象。③

---

① 宋新宁：《欧洲一体化理论：在实践中丰富与发展》，《中国人民大学学报》2014 年第 6 期，第 8 页。

② 参见［德］贝娅特·科勒-科赫、贝特霍尔德·里滕伯格《欧盟研究中的治理转向》，《欧洲研究》2007 年第 5 期。

③ 李明明：《"欧洲化"概念探析》，《欧洲研究》2008 年第 3 期。

来自美国的欧洲问题专家薇薇·安·施密特也认为："学术研究（欧盟学术研究）从欧洲一体化转向欧洲化是自然而然的"，因为欧盟成立初期都是关于超国家合作的问题，随着欧盟的扩大（从 12 个、15 个到 25 个、27 个，再到如今的 28 个，英国退欧后变为 27 个）以及欧洲一体化的深入（单一市场的形成、共同货币的实现、欧洲安全与防务政策的实施、社会与就业政策的开放式协调机制的形成、移民流动以及欧盟睦邻政策的推行等），欧盟的功能和内外影响都在扩大。由此，学术界的兴趣也从关注超国家共同体的构建转移到欧盟制度的存在和成员国必须执行的欧盟政策，是如何改变国家政策与治理模式的。[①] 如果说以新功能主义与政府间主义为代表的传统一体化研究遵循了自下而上的研究路径，那么欧洲化则从上而下重点考察了欧洲一体化或欧盟对国内政策、政治乃至政体的影响，即国内变化在多大程度上归因于欧盟层面的机制运作和政策输出。[②] 因此，"欧洲化"理论被认为在传统的一体化理论研究难有起色的背景下，提出了新的议题和研究方法，是对一体化理论的新发展。德国学者赖纳艾辛甚至

---

① ［美］薇薇·安·施密特：《欧盟及其成员国：从自下而上到自上而下》，《南开学报》（哲学社会科学版）2010 年第 5 期，第 1 页。

② 吴志成、王霞：《欧洲化：研究背景、界定及其与欧洲一体化的关系》，《教学与研究》2007 年第 6 期，第 49 页。

认为，欧洲化概念越来越多的使用昭示着理论的彻底更新和研究课题的改变。①

当然，欧洲化概念的缺陷显而易见：多样化的定义使得"欧洲化"的研究范畴不断扩大，内涵的模糊使"欧洲化"概念很难被衡量。也就是说，对于研究者而言，欧洲化是什么？它是如何发生的？其传导机制是什么？又该如何来评估欧洲化的程度和范围？这些问题始终是研究者们需要攻克的难题。

而理论上的难题恰恰为经验研究提供了种子和发展的动力。如果我们从案例分析入手，这不仅有助于厘清欧盟（可以视为一个自变量）和成员国制度和政策（因变量）变化之间的关系、弥补欧洲化研究中的薄弱环节，而且能够在成员国的制度设置中寻找中间的干预变量，发现真正发生影响的机制，循此评估欧洲化的效应，以检验欧洲化理论框架在经验研究中的解释力，并进一步限定欧洲化的内涵与外延。从希腊这个特殊个案着手研究，可以补充欧洲化经验研究的样本分析、探寻欧洲化理论在实践运用中的局限性，并予以针对性的批判和反思。

本书写作的框架主要围绕希腊加入欧洲一体化的历程

---

① 参见［德］赖纳·艾辛《欧洲化和一体化：欧盟研究中的概念》，《南开学报》（哲学社会科学版）2009 年第 3 期，第 1 页。

展开:① 第一章为历史回顾，主要阐述希腊加入欧盟的四个阶段。既是为接下来的希腊欧洲化的案例分析铺垫背景，也便于解释为什么在希腊欧洲化的整个历程中选择了 20 世纪 90 年代中期这个时间节点，以及选择宏观经济政策调整、养老金改革与外交政策三个领域进行重点分析的原因。

第二章论述希腊如何借助入盟巩固民主政体以及加快现代化的转型，这是希腊加入欧洲一体化的重要动因和影响结果。除了安全保障和经济发展的考量之外，希腊加入欧洲一体化的重要原因是为了重建民主、巩固民主政体。成为欧盟的正式成员之后，希腊开始了真正的现代化历程。尤其在 20 世纪 90 年代后期，西米蒂斯就任希腊总理

① 吴志成和王霞在其文章中探讨了"欧洲一体化"和"欧洲化"概念的联系与区别。首先，欧洲一体化是欧洲化的基础与前提；其次，欧洲化是欧洲一体化的结果，也是其进一步发展的动力；再次，欧洲一体化与欧洲化都强调制度的作用和因果机制解释，都以过程为导向。两者的区别是：首先，侧重的层面不同。欧洲一体化侧重于欧洲层面，如超国家层面的制度建设，包括欧洲的政策、规范、规则、程序与政治过程。欧洲化则侧重于国家层面，指欧盟所引起的国内政治制度与政策变化。其次，方向不同。欧洲一体化意味着欧盟制度和政策的建立和发展；欧洲化是一体化进程对国家行为体、结构和进程的影响。再次，基本要素之间的关系不同。欧洲化基本要素间的关系比欧洲一体化基本要素间的关系更开放。两者相辅相成，不可分割，只有将它们放在一起，才能全面考察欧洲层面与国内层面的互动关系。参见吴志成、王霞《欧洲化：研究背景、界定及其与欧洲一体化的关系》，《教学与研究》2007 年第 6 期，第 52—53 页。

后，将"欧洲化"和"现代化"合为一体，加快了希腊融入欧洲和现代化转型的进程。

第三章是分析希腊欧洲化的局限性。从希腊欧洲化的历史和案例分析来看，希腊欧洲化存在的局限性是由希腊模式的缺陷造成的，比如庇护主义的政治文化、中央集权制政府治理能力低、管理效率不高以及历史上形成的缺乏协调和失序的社团主义。以上的理论解释和实证分析可以说明希腊主权债务危机爆发、希腊与欧盟关系之间紧张关系的根源。通过危机之后希腊与欧盟关系的演化分析可以指明未来希腊欧洲化研究亟待解决的问题和进一步发展的路向。

第四、第五和第六章分别以经济政策、养老金政策和外交政策为例，探讨欧洲化对希腊政策的影响。欧洲化对于希腊的影响主要体现在政体、政治和政策三个层面。按照西方学界目前完成的国别比较研究来看，欧洲化对于政策的影响最为显著。这同样适用于希腊。因此，希腊欧洲化的经验分析主要集中在政策领域，分别选择了经济货币联盟框架下的经济政策调整、养老金政策改革以及外交政策的欧洲化三个维度。因为希腊与欧盟的关系发展是一个由疏及近的过程，其欧洲化的影响也由浅入深。所以其时间节点主要选在 1996 年泛希腊社会主义运动党（简称"泛希社运党"）西米蒂斯上台前后、希腊欧洲化色彩最为浓厚的时期，刚好是为加入经济货币联盟实现经济趋同的时期。此外，养老金改革的推动也与加入经济货币联盟、为达到《稳定与增长公约》标准有关。而且前者属于欧盟硬治理的领域（共同体方法），后者属于软治理（开放式协调方法）的领域。第三个例子属于欧盟第二根支柱：共同外交政策。相比之下差异性大，更易于分析与比较。

第七章通过文献述评和经验观察的方式，对欧洲化给希腊其他重要的政策领域和政治带来的或宏观或细微的影响进行介绍，在整体上对希腊加入欧洲一体化后在内政和外交上带来的全方位变化进行概貌性分析和讨论。希腊欧洲化所呈现的普遍性和独特性，也反映了欧盟治理的能力和边界。

从经验分析来看，就本研究而言，始终存在样本选择的有限性、定量分析不足的问题。再加上希腊国情所致存在资料数据缺失的情况，也在相当程度上削弱了本研究的科学性。从理论探讨来说，欧洲一体化理论始终没有形成一个宏观的理论体系，更多的是马赛克式的拼图，即各种理论学说相互交织在一起对一体化现象做出各种解读和阐释。对于欧洲化这样的中观理论，显然也存在类似的问题，在本研究中就有历史制度主义、理性选择主义和社会学派制度主义等不同的理论视角的混合。按照理想的研究设计，本书应该完整收集希腊加入欧洲一体化的历史和实证材料来验证文中理论视角的恰当性。但由于研究时间、条件和禀赋所限，加上语言问题、资料收集的遗漏，也可能存在对问题的不完整解释等，无法达到理想的标准，只能做一初步探讨。

第一章 希腊加入欧盟的历史进程

第一节 1974—1981 年：希腊的
欧洲政策及其入盟[①]

希腊是第一个与欧洲经济共同体（European Economic Community, EEC）签署《联系国协定》（Association Agreement）的欧洲国家。第二次世界大战结束后，当法国和德国在为"欧洲联合"的伟大计划奔走之时，希腊正忙于战后经济重建、稳定内战带来的混乱局面，加上身陷"塞浦路斯争端"[②] 不能自拔，未能参与欧洲最初的一体化。

---

① 希腊加入欧盟的历史进程，参见"Greece's Course in the EU"，http：//www. mfa. gr/en/foreign-policy/greece-in-the-eu/greeces-course-in-the-eu. html；*Greece in the European Union：The New Role and the New Agenda*，Athens：Ministry of Press and Mass Media, Secretariat General of Information, 2002；宋晓敏编著：《列国志：希腊》，社会科学文献出版社 2008 年版。

② 因塞浦路斯占主体的希族人希望与希腊合并，在遭到英国殖民当局的反对后，发起了争取民族解放的武装斗争。（转下页）

1955 年 2 月，中右党派的康斯坦丁·卡拉曼利斯（Con-stantine Karamanlis）担任希腊总理后，开辟了希腊通往欧共体的通道。卡拉曼利斯深信欧洲联合是维护欧洲和平、稳定和发展的保障，并将为希腊的政治和经济带来重要影响。首先，如果希腊加入欧洲经济共同体，将有助于巩固希腊的民主制度、消除内战带来的政治斗争极端化的政治遗产；和欧洲民主国家的互动发展，将促进希腊政治走向正常化，国家走向民主化和现代化。其次，与高度发达的西欧经济接轨将会使希腊拥有庞大的市场和丰厚的财政资助以促进国内经济的发展。因此，卡拉曼利斯政府将希腊加入欧洲一体化视为政治议程的最优先事项。这是希腊早期欧洲政策的由来。需要强调的是，希腊加入欧共体，主要是出于政治上的考虑。

1958 年，希腊和欧共体开始非正式会谈。1959 年 7 月 24 日，希腊正式申请成为欧共体的联系国。在随后的两年中，除了偶尔提及希腊的正式成员身份问题外，几乎

（接上页）在格里瓦斯（"埃欧卡"组织的领袖）的领导下，对驻扎在塞岛的英国官员、警察机构和政府机构进行炸弹袭击。面对塞浦路斯混乱的局势，英国邀请土耳其参与塞岛问题的解决，从而加剧了两国的紧张关系，助长了塞岛希、土两族的矛盾。参见何志龙《塞浦路斯问题研究》，博士学位论文，西北大学，2003 年，第24—27 页；宋晓敏：《列国志：希腊》，社会科学文献出版社 2008 年版，第 93—94 页。

所有支持希腊的欧共体成员国都倾向于先确立其联系国地位，使其拥有缓冲的时间和空间来对国内经济进行调整，避免加入欧共体后受到突如其来的冲击。1961 年 7 月 9 日，希腊和欧共体在雅典正式签署《联系国协定》（*Association Agreement*）（又称《雅典协定》），希腊成为第一个正式提出申请并得到批准的欧共体联系国。《联系国协定》为希腊加入关税同盟设定的最后期限为 22 年，在此期间，希腊必须取消包括最为敏感的出口产品在内的一系列关税，调整农业政策和税收政策，以符合欧共体的标准。与此同时，欧共体将为希腊提供 1.25 亿美元的贷款，以支持其国内经济与欧共体标准趋同。1962 年 11 月 1 日，《雅典协定》正式生效，它给希腊经济带来了积极的影响，公众也开始对加入欧共体产生乐观看法。然而，1967 年 4 月上校军团的政变，打断了希腊融入欧洲一体化的进程。由于上校军团实施军事独裁，违背了欧共体民主、自由和尊重人权的理念，欧共体委员会转而冻结了《联系国协定》。

1974 年因为塞浦路斯危机的爆发导致上校独裁政权的瓦解。7 月，卡拉曼利斯重新上台执政后立即宣布"加快进入欧共体的进程是希腊外交政策的最优先目标"。8 月 22 日，希腊政府正式向欧共体部长理事会主席提出解冻《联系国协定》的请求。1975 年 7 月 12 日，希腊递交加入欧共体的正式申请。对希腊的申请，欧共体委员会首先表示热烈欢迎，并对它递交的申请书给予积极的评价。但是，欧委会拒绝让希腊马上加入欧共体，理由是有两个问题尚未解决：一是希腊和土耳其的关系因为塞浦路斯问题仍处于紧张状态，需要双方达成妥协；二是希腊经济需要按欧共体的标准和准则进行调整。对此，雅典政府作出积极反应。卡拉曼利斯展开私人外交，积极游说欧洲共同体重要成员国法国和德国以及欧委会支持希腊入盟，最终使欧共体撤销了保留意见。欧共体成员国态度改变的另一个重要原因，是卡拉曼利斯保证不将希土问题带入欧共体，从而平息了来自英国、丹麦和荷兰的反对之声。1976 年 7 月 27 日，在布鲁塞尔召开的欧共体部长理事会正式讨论希腊入盟的问题。1979 年 5 月谈判结束，5 月 24 日，希腊在雅典签署《欧洲煤钢共同体条约》；5 月 28 日，签署《欧洲经济共同体条约》和《欧洲原子能共同体联营条约》。希腊议会随后于 1979 年 6 月 28 日批准了入盟条约。

卡拉曼利斯当政期间（1974—1980 年），在机构上作了调整，要求外交部和协调部（经济部的前身）以及农业部之间进行有效协调，以满足入盟条件和转化共同体条约。1976 年，希腊议会通过 445/1976 法令，委托新成立的中央谈判委员会完成管理、协调和谈判希腊加入欧共体进程的任务，并对协调部负责；1977 年之后，由不管部部长主管；在外交部成立欧洲共同体事务司，其职责是与协调部紧密协调，支持其谈判入盟进程的工作。希腊入盟的谈判进程并不长，因为当时欧洲共同体的法律条文比较有限，欧洲政治合作又处于初期阶段，入盟标准不像中东欧国家加入时那样内容繁多、要求严格。而且，希腊政府的行政管理能力比较弱，许多欧洲共同体条约中规定的义务只能期待在入盟之后完成。1979 年在雅典签署共同体条约后，新民主党政府进一步授权给协调部来监管加快落实共同体法律条文的情况，并专门聘用了一批专家进入外交部欧共体事务司工作。有的专家担任驻布鲁塞尔的代表，还有部分专家直接为协调部服务。在加入欧洲经济共同体前夕，希腊颁布 1104/1980 法令将欧共体事务正式交给外交部负责，相关经济政策调整则由协调部主管。

自 1981 年 1 月 1 日起，希腊成为欧共体第 10 个正式成员。这是第二次世界大战结束后希腊历史上最为重要的事件，对于希腊国内政治和社会经济结构乃至对外关系、国际地位产生了深远的影响。[①]

虽然，希腊议会以绝对多数票批准了入盟条约，但是国内的其他政党和政治精英并未就希腊加入欧洲一体化达成共识。在当时，支持或反对加入欧共体成为政党竞争的核心议题。以新民主党为首的中右派联合其他保守党派组成了亲欧派联盟，但左翼政党强烈反对希腊加入欧共体，还认为欧洲

①　Panayotis C. Ioakimidis, "Greece in the EC: Policies, Experiences, and Prospects", in Harry J. Psomiades and Stavros B. Thomadakis, eds., *Greece, The New Europe, and the Changing International Order*, PELLA, 1993, pp. 405 – 435.

联合是帝国主义的"伎俩"。在此次议会关于批准希腊加入共同体条约的投票中，安德烈亚斯·帕潘德里欧（Andreas Papandreou）领导的泛希腊社会主义运动党仍然持反对立场。①

此外，必须强调的是，希腊加入欧共体时，无论其经济结构、水平还是文化认同都与其他九个成员国存在相当大的差距。1976 年 1 月，欧共体委员会递交理事会的意见中如此评价希腊："希腊目前经济发展所具有的结构上的特点限制了其与欧共体成员国经济同步统合的能力"。② 委员会还建议希腊在入盟之前先过渡几年时间进行转型的准备。20 世纪 70 年代末，希腊的国内生产总值（GDP）仅是欧共体平均水平的 50%。经济结构与其他发达的成员国相比更为落后。农业产业比例高，就业人员占 26% 以上，而欧共体的平均比例仅为 8%。工业不发达，小型和中型企业占据多数。但希腊加入欧共体，得到了最有影响力的创始国法国和德国的支持。法国基于政治考虑，希望借助入盟巩固希腊的民主政体，使其成为一个政治稳定的国家，在巴尔干这个欧洲的火药桶中发挥稳定器的作用。此

---

① Panayotis C. Ioakimidis, "Greece in the EC: Policies, Experiences, and Prospects", in Harry J. Psomiades and Stavros B. Thomadakis eds., *Greece, The New Europe, and the Changing International Order*, PELLA, 1993, pp. 405 – 435.

② Panos Kazakos, "Stabiliation and Reform in a Statist Regime, 1974 – 2011", in Panagiotis Liargovas ed., *Greece: Economics, Political and Social Issues*, Nova Science Publishers, 2011.

外，从文化认同的角度来考虑，希腊的加入标志着希腊文化完全附属于欧洲和西方文明。德国更多的是从其经济利益出发欢迎希腊加入。因为当时的德国已成为希腊最重要的进口国，希腊的入盟无疑会进一步加强其与德国的经济联系。面对犹豫不决的欧共体委员会，德国外交部长根舍（Hans-Dietrich Genscher）联手荷兰外交部长斯图尔（Max van der Stoel）共同推动了批准希腊入盟的政治决定。而从多数成员国和欧共体委员会立场来看，在希腊加入欧共体这个问题上，稳定民主政体的政治考虑战胜了对于希腊经济状况的消极评估。而且这项政治决定还包含了更多的地缘政治意义上的考量。在当时的冷战背景下，欧共体希望通过吸收希腊这样一个地理位置极为重要的国家确保它留在西方阵营作为抵御苏联的前沿阵地。而且，欧共体向南欧地区的扩大，可以增加欧共体的吸引力和国际上的影响力。也就是说，通过希腊这个案例展示，融入欧洲一体化可以作为南欧国家向民主政体转型的极为重要的方式。这也为欧共体未来的扩大（比如吸收西班牙、葡萄牙）建立了一个参照点。① 考虑到希腊极为落后的经济状况，欧共

---

① Eirini Karamouzi，"The Argument that Greece Was Granted EEC Accession Prematurely Ignores the Historical Context in which the Decision Was Made"，http：//blogs. lse. ac. uk/europpblog/2014/11/25/the-argument-that-greece-was-granted-eec-accession-prematurely-ignores-the-historical-context-in-which-the-decision-was-made/.

体委员会为希腊制定了多项援助计划，最为重要的是通过地区和共同农业政策（CAP）为希腊输送了源源不断的财政援助。①

第二节 1981—1985年：与欧共体的疏离

1981年10月希腊大选，泛希社运党获胜，帕潘德里欧出任总理并组阁。这个中左的政党和中右的新民主党在对待欧共体和西方的态度上截然不同。泛希社运党最初的立场是反西方和反欧洲化，希腊加入欧共体也一直被泛希社运党谴责为服从西方超级大国的利益。帕潘德里欧认为，欧洲共同体是美国资本主义霸权的"特洛伊木马"，加入欧共体将"巩固希腊作为资本主义体系卫星的外围作用，使国家的独立规划成为不可能；还将严重威胁希腊工业的发展；导致农民的灭绝"。② 帕潘德里欧政府还寻求"更为独立"的外交政策，要求与共同体重新谈判，在希腊和欧共体之间建立一种"特殊关系"。而且，与新民主党强调欧洲一体化的政治性不同的是，泛希社运党认为共

---

① "The Accession of Greece", http：//www.cvce.eu/content/publication/1999/1/1/61a2a7a5-39a9-4b06-91f8-69ae77b41515/publishable_ en.pdf.

② Kevin Featherstone ed. , *Europe in Modern Greek History*, London：C. Hurst & Co. （Publishers）Ltd. , 2014, "Introduction".

同体主要是经济上的共同体，强调经济合作优先于政治合作。1982 年 3 月，希腊在向欧共体递交的备忘录中，强调希腊在发展程度和经济结构上都和其他成员国存在巨大差异，要求在实施某些共同体政策上允许本国有特殊的例外，并提出共同体应给予进一步的经济支持帮助希腊重建经济。①

　　这一时期，希腊在执行欧共体的目标和政策上步伐迟缓，不仅没有落实欧洲经济共同体的新要求，而且，早期新民主党创议的改革方案和行政制度上的准备也被弃于一旁。从入盟一直到 1985 年前，希腊在对欧盟关系上还存在两个障碍：一是泛希社运党缺乏参与一体化的经验；二是泛希社运党亲苏和亲阿拉伯的立场与欧共体对外立场格格不入。为了表示本国外交的独立性，希腊甚至阻挠欧洲政治合作进程。例如，美国在西奈半岛部署维和部队（1981 年 11 月）、波兰实施戒严令（1982 年 1 月）、苏联击落误闯领空的南韩客运飞机（1983 年 9 月）、西欧部署中程核导弹以及马岛战争（1988 年）等事件上，希腊都采取了和其他成员国不一致的立场。正是因为希腊的不合作态度使欧共体一致表决机制变得更加困难，希腊也被其他成员国认为其以牺牲欧共体的团结为代价来坚持它的民族主义立场。在不少成员国眼中，希腊是一个"异类"、

---

　　①　林梅：《希腊社会党政府对外政策的独立倾向》，《国际问题研究》1984 年第 2 期，第 27 页。

不合作的伙伴。希腊在对欧共体关系上的消极态度，使其无法在实质上融入欧洲一体化。

甚至有学者认为，自 1981 年帕潘德里欧领导的泛希社运党上台执政后，希腊和欧共体的关系，不是趋同，而是趋异（divergent），甚至可称之为欧洲化的"缩减"。20 世纪 80 年代初期，帕潘德里欧政府以"国家的社会主义化"为名实施扩大社会开支的财政扩张政策，目的是通过给予自己的支持者更多的福利待遇，来获得对本党的支持。结果导致整个 80 年代希腊公共开支急剧上升。1975—1990 年，希腊公共支出占 GDP 的比例从 35% 增至 60%。其中 25% 增幅的五分之一发生在 1975—1980 年，其余的五分之四发生在 20 世纪 80 年代。这种趋势显然与欧共体稳固财政的政策方向背道而驰。1975 年，希腊的公共开支占 GDP 的 32.4%，比欧共体平均水平低 12.3%。到 20 世纪 80 年代末，希腊公共开支占 GDP 的比例攀升至 55.7%，比欧共体平均标准高出 8%。[①] 1981—1985 年，泛希社运党政府推行供应经济学的"结构学派"主张，加强政府在经济领域的干预力度、强调制度改革，如推动"民主计划""社会化"等，推行对自己有利的大规模扩

---

① George Pagoulatos, "Economic Adjustment and Financial Reform: Greece's Europeanization and the Emergence of a Stabilization State", *South European Society and Politics*, Vol. 5, No. 2, 2000, pp. 191 – 216.

大社会开支（远远超出政府收入）的政策，而将财政稳定抛诸脑后。同期，欧共体已开始推动欧洲货币体系的建设，强调稳定汇率、稳定货币以及财政的逐步稳固。当时的希腊是欧盟 12 个成员国中唯一未加入欧洲货币体系汇率机制的成员国。

需要指出的是，当时希腊政府大部分财政支出和信贷的扩张是基于特定的选民利益再分配的考虑。这种需求的增长非但没有推动经济的增长，反而因持续扩大的公共消费和预算赤字阻碍了经济的发展。这种特立独行的经济政策导致了与欧共体标准的趋异。[①] 1981—1985 年，为了履行成员国对于关税同盟的核心义务，希腊不得不取消贸易壁垒、推动贸易自由化，但这个过程相当缓慢。虽然关税和配额被取消，但基于政府干预经济的原则，取而代之以特定政策领域的保护主义，推行非关税壁垒，比如对进口征收管制税（1984 年起征、1989 年取消）以及进行出口补贴。除此之外，大量经营状况不佳、债务缠身的工业企业在"工业重建组织"（IRO）的监管下重新修修补补后回到市场。这些企业到了 20 世纪 90 年代仍然依靠财政输血（通常以非法补贴的形式）的方式保留了下来。

---

① George Pagoulatos，"Economic Adjustment and Financial Reform：Greece's Europeanization and the Emergence of a Stabilization State"，*South European Society and Politics*，Vol. 5，No. 2，2000，pp. 191 – 216.

　　在行政改革上，希腊政府推行的政策也与欧共体的方向背道而驰。例如，泛希社运党政府打着"民主化"的旗号，在公务员的录用上任人唯亲。1983 年，政府通过1320/1983 法令，取消公务员的竞争上岗，改为政治任命，致使大量缺乏经验的泛希社运党的支持者进入公共部门担任要职。这一时期，公共管理部门迅速膨胀，新的政府机构、部门和企业如雨后春笋般涌现。短短数年，公务员数量成倍增加。泛希社运党的行政改革使早已存在的庇护主义政治文化进一步蔓延。与此同时，社会经济利益的再分配导致了更大的社会不平等，由此建立了保护特殊利益的经济社会模式。其特点之一是在公务人员的任用上呈现"庇护主义"特征；之二是政府机构的集权化；之三是政府对经济的强大的管制。这些痼疾导致了希腊行政管理制度上的效率低下、政策产出低。虽然，希腊的官僚制度决定了其政策执行的散漫和低效，但相比之下，外交政策部门表现略好。这一期间，泛希社运党政府在外交部内部建立了一个小型的灵活的秘书处，专门负责欧共体事务，比如监管所有与欧共体相关的政策、驻布鲁塞尔的各个工作小组的工作。与此同时，外交部的协调作用进一步加强，通过部门之间的预备会议等方式加强了机制化。但是帕潘德里欧的行政改革使大量缺乏经验的支持者进入部委，导致部门间协调会议成为讨论如何争取和分配共同体基金的场所。这种分配往往基于政治和政党的标准，绝大部分没有用于完成欧共体的任务而是作为个人的私利被大量挥霍和浪费。

第三节　1985—1995 年：泛希社运党政府对欧盟态度的转变[①]

1985 年，泛希社运党再次赢得大选后继续第二任期的执政，随后，帕潘德里欧政府对于欧盟的态度明显改善。其改变的一个主要原因是欧盟设立了农业和凝聚政策基金，对希腊产生了巨大的吸引力，也导致泛希社运党迅速软化反欧共体的立场。1988 年，随着欧共体首批结构资金流入希腊，双方关系进一步改善。自加入欧共体以来，希腊作为最贫穷的一个成员国，开始收获欧共体财政援助的果实。正是在这一时期，希腊开始支持《单一欧洲法令》，赞成联邦主义的一体化模式以及扩大欧盟委员会和议会的权力。1989 年 4 月，希腊议会向欧盟递交关于支持欧洲联邦化的备忘录。帕潘德里欧改变对欧共体态度的另一个原因是希望借助欧共体来维护本国的安全。当时，希腊周边面临诸多不安全因素。首先是希腊和土耳其关系紧张。

---

① 20 世纪 80 年代下半期到 90 年代上半期的经济政策数据，引自 Ralph C. Bryant, Nicholas C. Garganas and George S. Tavlas, eds., *Greece's Economic Performance and Prospects*, Bank of Greece, The Brookings Institution, Athens, Washington, D. C., 2001, pp. 16 – 21。

1987 年，两国几乎处于交战边缘。其次，东欧剧变导致希腊周边地区局势混乱。因此，支持欧共体超国家机制的作用与影响，建立强有力的欧共体机构，倡议欧洲共同防务和安全一体化，符合希腊的国家利益。对于上述目标和利益的追求促使泛希社运党政府最终改变反欧洲化的立场，开始积极参与欧洲的一体化。

1985—1995 年，也是欧洲一体化和欧共体快速发展的时期。1987 年《单一欧洲法令》生效、1993 年《欧洲联盟条约》（又称《马斯特里赫特条约》，简称"马约"）生效。1995 年，欧洲自由贸易联盟（EFTA）国家奥地利、芬兰和瑞典加入欧共体。欧盟启动东扩进程，中东欧候选国开始漫长和复杂的入盟谈判。

随着欧共体条约修订和补充对成员国国内法律转化和政策调整的要求越来越多，以及泛希社运党政府本身对欧共体事务愈益重视，希腊在机构上进行了相应的调整以更好地履行成员国的义务。其一，外交部在欧共体事务上确立了决定性的领导地位，政府专门委派外交部第一副部长直接负责欧洲事务；其二，随着欧洲事务在各个部门和领域之间的渗透和扩展，对于国家行政管理提出了新的挑战和要求。为此，外交部设立了专门的会议协调相关事务，并建立了国际事务和欧洲关系委员会作为协调机构，先是隶属外交部，继而提升到内阁会议层级。

为了转化和执行共同体法律，希腊于 1986 年通过

1640/1986 法令，成立了外交部下属的欧共体法律部，主要为相关部委部门提供法律支持和建议，并在欧洲法院代表希腊，以保障本国法律和欧共体法的一致性。这一期间，希腊政府将推动希腊与欧共体的社会经济融合提上重点议程，它不仅放弃反欧洲化的立场，而且以欧共体欠发达成员国的保护人自居，提议欧共体支持这些国家的现代化。在欧共体机构改革会谈中，充当一体化进程中弱势方（如爱尔兰、葡萄牙）利益代言人。通过这种方式，希腊和欧共体之间的隔阂逐渐弥合。20 世纪 80 年代末期，泛希社运党政府和欧共体的合作更为密切。希腊积极参与了欧洲政治和机构未来设想的讨论。这一时期，希腊欧洲政策开始转向通过积极参与欧洲一体化的建设，例如参加忽略已久的欧洲政治合作，为自己谋求更多的政治和经济利益。

20 世纪 80 年代中后期，欧共体的单一金融市场和资本自由化的轮廓已清晰可见，并且要求成员国调整金融制度，为单一市场的建设和欧洲货币合作奠定基础。欧共体层面上的金融和资本流动的自由化作为外部约束，对希腊的经济政策形成调适性压力，在欧共体的要求下，希腊开始致力于取消信贷管制、加强利率管理等金融市场化的改革。首先是推动信贷自由化。1987—1992 年，希腊政府陆续解除对于制造业等行业的信贷的管制，转向市场化管理，同时取消一些行业和企业的信贷补贴制度。其次是证券交易的自由化。

此外，1985 年泛希社运党连任上台后遭遇财政支付危机也为经济政策的调整、创造稳定的宏观经济环境提供了倒逼改革的动力。1980—1984 年，希腊年均通货膨胀率达到 20%，公共赤字急剧上升，到 1985 年，政府外债占 GDP 的比例达到 18%。希腊政府紧急出台了由经济部长西米蒂斯设计的宏观经济稳定政策，重点是恢复支付平衡，为中长期的经济调整打下基础。1985 年 10 月，政府启动了一揽子稳定计划，主要措施包括：（1）将德拉克马贬值 15%；（2）进口商品预缴押金；（3）调整工资与物价挂钩的机制，以抑制工资过快上涨、控制劳动力成本；（4）公共部门借贷需求每年（1986 年和 1987 年）削减 4% 的 GDP；（5）通过降低国内借贷增长速度和制定合理的利率来收紧货币政策。上述计划被认为是完成全面经济政策调整的第一步，目标是恢复支出平衡、减少希腊和主要贸易伙伴国的通胀差异。这项计划得到了欧共体的支持，并为此发放了 17.5 亿埃居（欧洲货币单位）贷款，客观上加快了希腊经济政策调整的步伐。这项为期两年的计划成功扭转了宏观经济不平衡的趋势。1987 年，政府外债占 GDP 的比例降至 13%。紧缩的货币政策成功降低了银行信贷的增长速度，并制定了积极的利率。经常项目赤字从 1985 年占 GDP 的 8% 降至 1987 年的 2%。通货膨胀率从 1985 年 9 月的 20% 降至 1987 年 12 月的 16%。1987

年年底，当宏观经济环境刚刚有所改善，泛希社运党政府就宣布政策导向从"调整"转向"发展"。帕潘德里欧总理希望借着经济形势好转的机会提前大选，以争取连任。希腊的财政扩张政策死灰复燃，通货膨胀率重新反弹，到1989年年底，政府债务占GDP的比值攀升至70%。1989—1990年先后上任的联合政府非但没有控制公共开支，反而成倍增加。

1990年4月，偏向新自由主义的新民主党在大选后上台执政。新任总理康斯坦丁·米佐塔基斯（Konstantinos Mitsotakis）明确承诺要推动经济的自由化、市场化和私有化，并于1990年年底出台了三年的中期经济调整计划，包括将通货膨胀率降至8%，公共部门借贷需求达到GDP的3%；为了提升经济竞争力，进行市场为导向的结构改革。其议程包括劳动力和保险市场的小步自由化、市场自由化措施以及行业开放竞争；削减公共部门就业人数（在三年裁减10%）以及私有化。欧盟要求的自由化、市场化的改革压力得到了回应。1991年，新民主党向欧共体申请了新的支出平衡贷款。欧共体委员会承诺提供3年总额为22亿埃居的贷款，但强烈要求希腊实施严格的经济调整政策，以及更为严格的财政监管机制。

由于新民主党在议会中仅占一席优势，关键改革议案很难获得多数通过，而且米佐塔基斯的改革触动了公共部门、国有企业等部门和工会的利益，遭致其强烈的抗议和抵制。因此，三年改革的结果与政策目标相去甚远，不仅在反通货膨胀、削减公共赤字上未能达标，而且结构改革进展缓慢。像私有化计划仅在经营不善的国有企业中获得了成功，其他领域的尝试均告失败，包括小型银行、造船业等。在《单一欧洲法令》的实施压力下，希腊政府推行了一些市场自由化措施，但政府采购、电信私有化的改革因遭到利益集团等顽强抵制而无法实施。简而言之，新民主党政府在三年任期内的经济调整乏善可陈，但其最重要的经济遗产是设法扭转了 20 世纪 80 年代初期的扩张性政策，引导本国政策朝着欧共体的财政稳定、经济趋同方向努力。

在欧共体层面，为了进一步推动欧洲一体化的发展，于 1991 年年底达成了旨在建设经济货币联盟的《马斯特里赫特条约》。希腊议会也于 1992 年 7 月批准了马约。为了避免被欧共体边缘化而最终获得经济货币联盟的入场券，无论在任的新民主党政府还是后任的泛希社运党政府都致力于使本国经济向经济货币联盟的标准趋同。1993 年年末，帕潘德里欧领导的泛希社运党再次上台后，实施了与新民主党相似的经济战略，努力使各项经济指标向马斯特里赫特标准趋同。

但是，希腊在目标和政策上向欧盟靠拢，并不能掩盖双方在重大问题尤其是外交事务上的分歧。希腊也由此被认为是欧盟中"尴尬的小伙伴"。例如，希腊对塞尔维亚

共和国及其总统米洛舍维奇的单方面支持，使其在欧共体
决策中遭到孤立。1994年9月《经济学家》杂志曾经如此
描述希腊：尽管待在欧盟已有13个年头，而且每年享受6
亿美元的资助，但希腊看上去更像一个不稳定的巴尔干国
家，而不是西欧的一分子。它的种种表现常常会激怒自己
的欧盟伙伴，首先是它对欧洲义务漫不经心，其次是执行
欧盟指令时行动迟缓，最后是对欧盟改善与土耳其关系充
满敌意。

　　但总体来看，与20世纪80年代初期相比，希腊对欧
共体的态度从消极变为积极，其形象从欧洲外交政策的
"害群之马"、欧盟经济的"拖后腿者"，到具有更多共识
的伙伴国，从"发展型"国家向"稳定型"国家转变。这
个特点在泛希社运党1993年上台后更为明显。如在1994
年1月至6月担任部长理事会主席国期间，希腊积极推动
塞浦路斯加入欧盟，促使塞浦路斯和马耳他一起成为第一
批欧盟南扩的对象国。在希腊的倡议下，欧盟开始就新候
选国和地中海国家进行谈判。在轮值主席国任期结束前，
希腊还致力于马约的修改，为1997年10月《阿姆斯特丹
条约》的诞生打下了良好的基础。

第四节　1995—2009年：欧洲化的活跃期

　　1996年帕潘德里欧病重辞职后，亲欧派西米蒂斯接任

总理，希腊向趋同标准靠拢的经济调整开始提速，与欧盟的关系进入一个新的活跃期。欧盟层面对希腊政策的影响更为显著。一方面，希腊国内对于经济调整的社会共识逐步扩大，不仅在整体上认可欧盟的政策，而且对于为加入经济货币联盟所必须付出的代价上也比以往有了更为广泛的理解和接受。西米蒂斯执掌政权后，也进一步扩大了支持经济货币联盟和欧洲一体化的党内力量。达到马斯特里赫特标准和加入欧洲经济货币联盟已经成为政府的优先议程。西米蒂斯提出，在 2000 年之前达到马斯特里赫特标准，在 2001 年年初加入经济货币联盟。趋同标准包括债务占 GDP 的标准要达到 60%。这个任务对于希腊政府而言无疑相当艰巨，在很多人看来近乎不可能完成。有学者认为，如果政府继续维持当时的 5% 的借贷需求，实际长期利率为 5%，实际年产量增长为 4% 的话，预计需要 14 年才能将债务削减至 60%。

在机构改革上，西米蒂斯任用一批支持改革的技术型官员在经济部等部门任职，克服行政管理上效率低下的痼疾，切实解决通货膨胀和财政赤字的问题。在外交事务上，将 C 总司（DGC）升级，专门负责欧盟事务。在欧盟资金的资助下，希腊在基础设施的建设上也取得了显著的成效，为 2004 年奥运会的举行作了大量准备工作。

2000 年 6 月在葡萄牙举行的欧盟理事会会议上，希腊正式被批准成为经济货币联盟的第 12 个成员国。从 2001

年1月1日开始，欧元成为希腊的官方货币。2002年1月1日起，欧元在希腊开始正式流通。始于1996年的加入经济货币联盟的努力，几乎倾尽了希腊的财力和人力。但毋庸置疑的是，希腊在一体化进程中迈出了关键的一步。

2000年尼斯会议后，希腊开始积极推动更为紧密的欧洲一体化，特别是在共同安全和防务政策领域，因为这符合希腊的本国利益。它希望通过欧盟共同安全和防务框架的实现，将自己的安全牢牢地绑在欧盟这驾"和平号"马车上，通过欧盟来保障希腊边界的安全。2001年希腊成功加入欧元区后，希腊政策的"欧洲化"色彩愈益浓厚。2003年，希腊第四次担任欧盟轮值主席国，并出色地完成了任务。

虽然，西米蒂斯的改革是自20世纪70年代希腊恢复民主政体以来最为成功的，但在范围和深度上仍然是有限的，这种局限性是希腊制度能力的缺陷、根深蒂固的庇护主义政治文化造成的。[①] 当改革深入到结构性调整时，就遇到了国内政党内部、工会等既得利益集团的阻挠而只能浅尝辄止。尤其是第二任期中推行的劳动力市场改革、私有化等改革进展有限，在社会保障制度上，欧洲化也未带来可观的成果。相反，当西米蒂斯在2001年春季启动养

---

① Kevin Featherstone and Dimitris Papadimitriou, *Prime Ministers in Greece：The Paradox of Power*, Oxford：Oxford University Press, 2015, p. 164.

老金改革时，有85％的工人加入希腊劳工联合会发起的一日大罢工（2001年4月26日），西米蒂斯面对汹涌而来的抗议只好让步，将改革计划分解、逐步实施。① 但是，西米蒂斯政策的欧洲化与现代化改革不仅使希腊成功加入欧元区，而且为国内政治奠定了温和的政治意识形态、实用主义的政治实践，并将希腊与欧盟的稳定关系带入了21世纪。

2004年大选，泛希社运党败给了科斯塔斯·卡拉曼利斯（Costas Karamanlis）领导的新民主党。卡拉曼利斯就任总理后未能像西米蒂斯一样积极推动改革，而是执着于揭露西米蒂斯在任时经济数据造假，指责前任政府使用借贷的现金支付社会保障开支，预算中未列入军事开支导致大量债务被隐藏起来。此外，2004年奥林匹克运动会的巨额开支（70亿欧元）使政府预算雪上加霜。2004年，希腊财政赤字飙升至5.3％。2007年大选获胜连任后，新民主党仅获得少数议席的优势，缺乏足够的支持力量通过重要的改革议案。②

2009年年底，在国际金融危机和国内政府开支过度的

---

① John S. Koliopoulos and Thanos M. Veremis, *Modern Greece： A History Since 1821*, Wiley-Blackwell, 2010, p. 195.

② Pantelis Sklias and Nikolaos Tzifakis, eds., *Greece's Horizons： Reflecting on the Country's Assets and Capabilities*, Springer-Verlag Berlin Heidelberg, 2013.

双重影响下，希腊经济遭遇了严重的危机，11 月新上台的泛希社运党政府向议会递交 2010 年政府预算案，将 2009 年新民主党估计的政府预算赤字 3.7% 修改为 12.7%，公共债务占国内生产总值的比重达 113%，远远超出欧盟《稳定与增长公约》确定的 3% 和 60% 的上限。消息一经公布立即在资本市场引起震荡，希腊国债利率飙升，欧元汇率急转直下。国际信用三大评级机构相继调低希腊主权债务信用的评级，导致市场看空，国债融资成本急剧上涨。畸高的融资成本使希腊的债务链难以为继，主权债务危机由此爆发。2010 年，从希腊爆发的主权债务危机迅速蔓延到欧洲，进而引发了欧洲债务危机。

第五节　2009 年之后：危机阴影下的希腊与欧盟关系

2010 年，随着 5 月 19 日一批国债的到期，希腊急需筹措 85 亿欧元资金，在市场上无法以可持续的价格融资的情况下，希腊政府于 4 月 23 日正式向欧盟和国际货币基金组织申请双边财政援助。5 月 2 日，欧盟和国际货币基金组织同意 1100 亿欧元援助希腊的计划。这是希腊获得的第一轮救助。这轮救助虽然使得希腊免于债务违约风险，却未能使希腊走出经济衰退，具体表现为三个方面：（1）国债利率继续攀升，投资者信心没有恢复；（2）资产价格大幅下降；（3）宏观经济继续下滑，债务风险持续积累。

由于第一轮救助收效甚微，希腊经济持续衰退，国内政局混乱，改革停滞不前。2012年2月21日，欧盟委员会、欧洲中央银行和国际货币基金组织组成的"三驾马车"为希腊提供第二轮救助，总金额为1300亿欧元。大量贷款和流动性的注入只能从表面上暂时拖延危机的脚步。如果不能有效开展结构性改革，提高本国生产率，希腊的经济和财政状况不可能得到根本性改善。即使有了短暂的改善，但如果缺乏实质性的经济结构调整作支撑，其经济仍然十分脆弱。2015年6月25日，对希腊的第二轮救助协议即将到期，"三驾马车"在欧元区峰会上提出新的协议草案，同意向希腊提供第三轮贷款，但要求希腊继续削减养老金支出、提高退休年龄和上调增值税率等，以便在2016年实现相当于占GDP 1%的增收，但遭到希腊政府的拒绝。6月30日，希腊因拒付国际货币基金到期的16亿欧元贷款，成为该组织历史上第一个违约的发达国家。7月5日，希腊进行全民公投，决定是否接受"三驾马车"的新一轮救助改革方案，结果有61%的票数反对"以改革换资金"。但经过一周的讨价还价，欧盟最终与希腊达成和解。8月11日，希腊和国际债权人就第三轮救助达成协议，总金额为860亿欧元，为期3年。① 协议备忘录要求希腊改革围绕四个支

① 丁纯：《第三次希腊危机与救助》，《社会观察》2015年第9期。

柱展开：恢复财政的可持续性、维护金融的稳定性、提升竞争力并提振经济增长、实现国家和公共管理的现代化。2018 年 6 月，欧元集团 19 国财政部长在卢森堡举行会议决定，希腊在 8 月 20 日第三轮救助计划到期后即可退出救助计划。此次会议上，债权方不仅同意发放最后一笔 150 亿欧元贷款，还将希腊还贷期限延长 10 年。8 月 20 日，欧盟委员会对希腊完成第三轮救助计划表示祝贺。① 欧元区债权方认可希腊 8 年来遵照要求履行承诺，落实一系列改革和财政紧缩政策，并将还贷期限延长，为希腊重返国际金融市场、恢复经济增长提供缓冲空间。欧盟和希腊双方都认为，希腊主权债务危机至此结束。②

　　自 2010 年希腊危机演变为欧洲主权债务危机后，它已成为欧洲一体化进程的分水岭，不仅使欧元经受了面世以来最大的考验，也促使欧盟化危机为良机，弥补制度缺陷，深化经济政策的协调，进而推动欧洲模式向可持续方向发展。同样，危机也成为希腊经济与社会模式调整的一个转折点。救助备忘录提出的经济调整计划的短期目标是稳固财政，恢复市场对希腊的信心；从中长期来看，则是要改变经济结构的弱点，提高竞争力，推动希腊改变消费

---

　　① 《希腊正式进入"后救助时代"》，国际视点，http：// world. people. com. cn/n1/2018/0822/c1002-30242666. html。
　　② 《希腊债务危机终结》，https：//baijiahao. baidu. com/s？id = 1603974712745394629&wfr = spider&for = pc。

为主导、以过度赤字换取经济增长的方式，向投资和出口为导向的经济模式发展。

然而，希腊实施了"谅解备忘录"的纾困计划中的"紧缩措施"后，对经济和民众生活造成了巨大的打击。首先，失业率空前高涨，跃居欧盟最高水平。2010 年，希腊登记失业率为 12.7%，到 2013 年突飞猛进，达到 27.5%。2014 年略有下降，但仍然高达 26.8%。青年失业率 2010 年为 32.2%，2013 年达到 57.5%。2015 年仍然维持在 50% 的水平。其次，人均收入大幅下降，贫困率上升。处于贫困风险的人口从 2010 年的 20.1% 上升到 2013 年的 23.1%，远远高于欧盟 27 国的平均值 17%。①

经济萧条、失业率高企和生活水平下降，使许多希腊民众对欧盟心生怨气，认为欧盟的紧缩改革要求导致了目前的困境。激进左翼联盟正是动员了这种不满情绪，打着"反紧缩"的旗号于 2015 年上台执政，从而打破了 20 世纪 70 年代中期以来希腊国内政坛由新民主党和泛希社运党两大政党轮流执政的格局。激进左翼联盟领导人阿莱克斯·齐普拉斯（Alexis Tsipras）成为希腊独立建国以来最

---

① Dimitri A. Sotiropoulos，"The Social Situation of Greece under the Crisis：Basic Socio-economic Data for Greece，2013"，May 2014；EIU，"Country Report：Greece"，December 2014.

年轻的总理。① 然而因为债务到期违约、国家面临破产，齐普拉斯政府被迫于2015年7月与国际债权人签署第三轮救助协议。9月，希腊提前举行大选，激进左翼联盟再次以微弱多数赢得大选后，实施了更为严苛的紧缩措施。这些措施使激进左翼联盟连续遭遇了政党分裂、民众抗议和执政危机，② 最后导致2019年大选失利。新民主党在大选中再次获胜，基里亚科斯·米佐塔基斯（Kyriakos Mitso-takis）就任总理。

第六节　精英政治、疑欧主义与欧洲一体化

1974年，希腊恢复民主政体后，按照西方的民主体制建立了精英政治。③ 在希腊加入欧盟的过程中，政治精英发挥了决定性作用。以卡拉曼利斯为首的亲欧派保守党认为，加入欧共体，将为希腊带来经济现代化、应对来自土

---

①　参见宋晓敏《从希腊大选看危机对希腊以及欧洲政党生态的影响》，《当代世界》2015年第3期。

②　王聪聪、陈永琦：《希腊激进左翼联盟的政治崛起和执政表现探析》，《当代世界与社会主义》2019年第2期，第141—147页。

③　刘作奎在一篇关于希腊政党政治的文章中分析了希腊精英政治的由来及其发展变化，具体参见刘作奎《在大众政治和精英政治之间：希腊政党政治的发展轨迹与前景》，《当代世界》2019年第11期。

耳其威胁的外部安全以及民主化。因此，卡拉曼利斯上台后不久，即于 1975 年 6 月 12 日递交了加入欧共体的正式申请。但当时的疑欧主义势头强劲。除了中间联盟支持新民主党的欧洲政策，其余的政党纷纷予以反对。希腊共产党（KKE）呼吁撤回联系国协定。泛希社运党抨击欧共体是"服务于损害国家主权的帝国主义和资本主义利益"的组织，是外国势力干预希腊内政的国际阴谋。其领袖安德烈亚斯·帕潘德里欧主张走"国家社会主义"（a national road to Socialism）和"自主发展"（self-generating development）的道路，对内用国内生产替代进口，对外积极与地中海和北非国家发展合作，并提出"希腊属于希腊人"，与新民主党的口号"希腊属于西方"争锋相对。该党声称"欧共体与北约同属于一个辛迪加"，妄图串通起来将希腊的依附地位制度化。显然，以泛希社运党为主的疑欧主义以民粹主义为基底，将自己定义为唯一以"自豪、独立和受人尊敬"的外交政策维护国家主权的政党。

尽管国内政党对希腊加入欧洲一体化存在严重分歧，但卡拉曼利斯力排众议，加速推动了入盟谈判。希腊议会于 1979 年批准了欧洲共同体条约，但遭到泛希社运党和希腊共产党的联合抵制。卡拉曼利斯放弃总理之职后，于 1980 年 5 月当选为总统。泛希社运党在 1981 年的大选中获胜，标志着疑欧主义在希腊成为主流。但该党无法履行其 1977 年许下的入盟全民公投的承诺，因为这遭到了手握批准全民公投权力的总统的反对。泛希社运党的疑欧和对抗立场只持续到 20 世纪 80 年代中期。由于其独立经济政策的不可持续，在源源不断获得欧共体的基金和贷款后，其"国家例外主义"战略逐渐隐退，并对外改变了关于欧共体的说辞。自泛希社运党对欧立场发生重大转变以来，国内疑欧主义渐渐退潮，主流政党和公众舆论都向欧共体一边倒，没有一个政党对希腊的亲欧立场构成重大威胁。在 1990 年代和 2000 年代，疑欧主义仅局限于少数次要的反对党，如希腊共产党、左翼与进步联盟（SYN）、人民东正教（LAOS）和民主社会运动（DIKKI）。在此期间，希腊民众高度支持欧洲一体化和统一货币欧元。

1982 年春季，泛希社运党第一次选举胜利后未到 1 年，希腊民众对欧盟的支持率降至"欧洲晴雨表"民调记录中的最低点，仅为 33%。从 1985 年泛希社运党的第二个任期开始，民众对欧洲一体化的支持逐渐上升，尤其是 1988 年秋季，其支持率达到 66%，首次与欧盟成员国平均水平持平。自此之后在相当长一段时间内，始终高于成员国的平均支持率。1991 年春季，希腊对于欧盟的认可度达到 76% 的高点，是 20 世纪 80 年代最初 5 年支持率的 2 倍。1993 年秋季，希腊支持"欧洲统一"的比例达到 85%，表明公众的亲欧立场达到新的高峰，希腊成为最亲欧的成员国之一。在这一时期，希腊人对于"国家从入盟中受益"的信念进一步巩固。①

表 1 - 1　　　希腊及欧盟成员国对于欧盟成员身份的支持率

（认为"加入欧盟是好事"）　　　单位:%

希腊	42	38	33	45	42	47	38	45	45	39	44	51	48	58	51	66	67
成员国	50	53	52	51	54	55	55	58	57	60	62	62	60	65	58	66	65
年份	1981	1981	1982	1982	1983	1983	1984	1984	1985	1985	1986	1986	1987	1987	1988	1988	1989
希腊	70	74	75	75	76	73	74	71	68	73	64	65	57	58	51	57	61
成员国	63	65	65	69	72	69	65	60	58	60	57	54	54	54	48	48	46
年份	1989	1989	1990	1990	1991	1991	1992	1992	1993	1993	1994	1994	1995	1995	1996	1996	1997
希腊	60	59	67	54	59	61	61	57									
成员国	49	51	54	49	51	49	50	48									
年份	1997	1998	1998	1999	1999	2000	2000	2001									

资料来源：Dionyssis G. Dimitrakopoulos and Argyris G. Passas eds. , *Greece in the European Union*, Routledge, 2004, Table 8. 1。注：1981—1985，成员国数量为 10 个，支持率取平均数；1986—1994 年，成员国数量为 12 个；1995—2001 年，成员国数量为 15 个。

从 20 世纪 90 年代后期开始，由于内部经济衰退、高失业率和社会分裂的加剧，外部海湾战争、科索沃危机以及东欧剧变、移民潮带来的动荡，尤其是希腊在对待塞尔维亚问题的立场上与欧盟发生了分歧，使本国公众对于欧

① Dionyssis G. Dimitrakopoulos and Argyris G. Passas, eds. , *Greece in the European Union*, Routledge, 2004.

盟的支持率开始下降，但比例仍然高于欧盟成员国的平均
水平。西米蒂斯执政后，在其将国内改革与发展和欧洲化
挂钩后，使公众对于欧盟的认同与支持率再次上升。在对
欧盟的优先事项上，如引入单一货币、共同外交和防务政
策、欧盟扩大上，希腊也是支持率最高的国家之一。民众
对于欧洲一体化的支持进一步巩固。有学者分析认为，这
是因为政治精英在塑造公众对欧态度上具有重要作用，正
是政党的政策立场塑造了其支持者对欧洲一体化的态度。①

　　总体而言，希腊公众的亲欧态度主要得益于四个因
素：其一，政党和政治精英对欧立场的趋同；其二，从成
员国身份中获得的经济利益；其三，从成员国身份中获得
的政治安全感；其四，从 1996 年开始，认同从欧洲（欧
盟）的角度看待国家的现代化和国内治理改革。

　　2009 年债务危机发生后，希腊经济陷入衰退，失业率
飙升，贫困率急剧上升。为免于国家破产，希腊接受了三
轮救助，条件是接受"三驾马车"（欧盟委员会、欧洲中
央银行和国际货币基金组织）监督的以预算削减、进行大
幅度结构改革为主的紧缩计划。该计划在一定程度上左右
了希腊经济政策的制定，也被希腊民众视为对国家主权的

---

　　①　Yiannis E. Mavris, "From Accession to the Euro: The Evolu-
tion of Greek Public Attitudes toward European Integration, 1981 -
2001", in Dionyssis G. Dimitrakopoulos and Argyris G. Passas, eds.,
Greece in the European Union, Routledge, 2004.

干涉。而且紧缩改革实施后，希腊民众生活水平急剧下降，也改变了其对于欧洲一体化的积极态度。

自 2009 年起，希腊人对欧盟持负面看法的比例急剧上升，远远高于欧盟平均水平。在 2013 年危机最严重时，大约一半的希腊受访者对欧盟持负面看法，而欧盟公民的这一比例大约为 28%。希腊民众认为，欧盟通过紧缩计划干预债务国的经济政策导致本国经济萎靡不振。期间欧洲难民危机发酵，希腊成为中东北非难民登陆欧洲的"前线"国家，容纳几千人的难民营累计收留了几万人，使希腊政府不堪重负。希腊民众认为，欧盟在帮助本国处理难民危机上未尽全力。2015 年秋季，希腊人对欧盟的不信任水平创历史新高，达到 81%，比欧盟平均值水平高出 26%。多重危机夹击下，希腊的疑欧主义抬头，反建制的民粹主义政党——激进左翼联盟在 2015 年 1 月的选举中获得成功，并与右翼政党独立希腊人党（ANEL）联合组阁，一举打破了 20 多年来两大主流政党轮流执政的格局。[①] 这场选举标志着亲欧主流政党的失败。新民主党的得票率大幅下降，仅为 27.81%。泛希社运党的支持率更是一落千丈，仅获得 4.68% 的选票。这表明疑欧主义在希腊再次兴起，公众对欧盟的态度明显体现出疏离与抗拒，导致疑欧和反建制的政党通过大选上台。

---

①　宋晓敏:《从希腊大选看危机对希腊以及欧洲政党生态的影响》,《当代世界》2015 年第 3 期，第 54 页。

　　为中止让希腊套上"紧箍咒"的欧盟救助计划，齐普拉斯提议对其进行全民公投。2015 年 7 月 5 日，希腊举行全民公投，票上印的问题是："（希腊）是否应该接受欧盟委员会、欧洲央行和国际货币基金组织 2015 年 6 月 25 日向欧元集团提交的协议草案"。① 超过 60% 的希腊人对新救助协议说"不"。② 但以德国为首的欧盟债权人对此毫不退让，面对即将到期的债务，齐普拉斯政府不得不放低姿态，做出妥协。仅仅几周后，希腊政府就签署了一项临时救助协议，表明想继续留在欧元区。打着反建制、反紧缩旗号的激进左翼联盟上台后，对欧反抗立场已逐渐开始软化。

　　希腊入盟三十余年来，欧盟对其的渗透与影响涉及各个领域。尤其是希腊已放弃德拉克马，使用欧元，如果退出欧元区后，恢复本国的货币代价巨大。而且希腊的债务已高达 GDP 的 180%，如果不接受欧盟等"三驾马车"的救助，破产就在眼前。在主流政党中，在债务危机背景下，亲欧的立场并未改变。新民主党和泛希社运党始终将本国的西方化和经济现代化与欧盟挂钩。双方的竞争点在于借助欧盟达到的优先目标。新民主党更重视经济繁荣和

---

　　① 《希腊公投"不"在"是"前，明示政府态度》，新华网，http：//www. xinhuanet. com/world/2015-07/06/c_ 127987795. htm。

　　② 激进左翼联盟与极右翼金色黎明党公开支持"不"阵营，而亲欧的新民主党、泛希社运党和新成立的中间派（The River）则支持新救助协议草案。

生活质量，其主要目标是确保希腊公民拥有与欧洲公民相当的生活水平。泛希社运党更关注社会权利和社会凝聚力的问题，它认为希腊加入欧盟是解决社会不平等和确保公平的一种方式。此外，两党都认为欧盟为希腊提供了外部安全和地区稳定。它们支持土耳其加入欧盟，以依托欧盟的框架解决塞浦路斯争端以及与希腊边界有关的问题。在这场经济危机中，新民主党主张通过欧盟的持续参与来限制经济危机的消极影响。泛希社运党虽然批评欧盟的新自由主义政策导致了债务危机，但同样希望通过欧盟来帮助本国解决危机。而激进左翼联盟的倾向也是柔性疑欧主义，即"并非原则性地反对欧洲一体化或欧盟成员资格，但是其对一个或多个政策领域的关注导致了对欧盟有限的反对，或认为其国家利益和欧盟当前发展轨迹并不一致"；这与刚性疑欧主义有着显著区别，即"有原则的反对欧盟和欧洲一体化"，认为自己的国家应该放弃成员资格，或者反对欧洲一体化当前提出的整体计划。①

债务危机导致希腊公众舆论中疑欧的声音越来越多，也促成了疑欧派政党激进左翼联盟上台执政。但需要指出

---

① Paul Taggart and Aleks Szczerbiak, "Contemporary Euroscepticism in the Party Systems of the European Union Candidate States of Central and Eastern Europe", *European Journal of Political Research*, Vol. 43, No. 1, 2004, pp. 3 - 4. 转引自李明明、陈志忠《欧盟激进左翼政党的兴起与欧洲一体化》，《当代世界社会主义问题》2015 年第 3 期，第 70 页。

的是，其在大选中获胜的另一个重要原因是，它不是危机的肇始者和责任方，其反体制和抗议欧盟债权人的立场也为其增加了选票。无论是新民主党还是泛希社运党都因为曾是执政党的身份，被选民认为是危机的责任方而受到支持率下降的惩罚。

进一步而言，激进左翼联盟在执政期间，已经软化了疑欧立场，而主要反对党新民主党一再坚持其亲欧立场，双方都达成了在欧盟内解决危机的共识。2019 年 7 月 7 日，希腊举行新一届议会选举。新民主党获得了 39.6% 的投票，获得议会超过半数的议席。"激进左翼联盟党"（Syriza）的得票率为 31.6%，极右翼的"金色黎明党"（Golden Dawn）由于未能跨过 3% 的得票率门槛，失去了进入新一届议会的资格。这表明，希腊民众选择与民粹主义、极右翼势力划清界限，回归主流的传统政治模式。① 2020 年夏季，随着危机的消退，希腊民众对欧盟的不信任水平显著降低，达到 63%。②

尽管亲欧的民意基础在危机中受损，但希腊将本国的发展锚定在欧洲一体化大船上的方向并未偏离。20 世纪

---

① 《希腊大选变天！与民粹、极右翼划清界限，低迷经济促希腊政治回归主流》，《第一财经》，2019 年 7 月 8 日，https：//baijiahao. baidu. com/s? id=1638473397370473949&wfr=spider&for=pc。

② "Standard Eurobarometer 94"，https：//ct24. ceskatelevize. cz/ sites/default/files/2555825-eb_ 94_ fir_ en. pdf.

90年代和21世纪的最初十年，在希腊社会已经形成了欧盟成员国身份认同的牢固根基，并将发达的伙伴国作为自己追求的偶像，将欧盟作为本国实现现代化的支撑力量。政治精英和中产阶级正是这种认同的核心基石。而它的形成也是基于三十年来希腊从欧盟获得的利益。绝大多数希腊人无法想象离开欧盟后的未来会是什么样子。从政党来看，反对希腊的欧盟成员国身份的仅有希腊共产党和金色黎明党（极右翼政党）等小党。从民众来看，要求希腊离开欧盟，与其他国家（如俄罗斯）建立战略联盟也只占少数。2015年一项民调显示，70%的民众要求留在欧元区。① 毕竟德拉克马给许多民众留下了高通货膨胀、低增长的噩梦般的记忆，而且，离开欧元区对大部分希腊人来说，无异于失去30年来取得的社会经济和政治发展成果。退出欧元区，也意味着国家和民族完成现代化目标的努力的失败，宣告1974年以来加入欧洲核心圈的战略的破产。尽管改革是严苛和痛苦的，但在"三驾马车"的监管下，希腊正在发生变化，无论在实践中出现多么大的挫折和困难，这场改革正以史无前例的规模在展开。②

---

① 《希腊公投：70%以上民众希望留在欧元区》，新浪财经，2015年7月6日，http：//finance. sina. com. cn/360desktop/world/20150706/102922599924. shtml？from = wap。

② "Reinventing Europe：Desperately Hanging on in Greece"，http：//www. ecfr. eu/article/commentary_ desperately_ hanging_ on_ the_ view_ from_ greece。

第二章　民主巩固与现代化

第一节　民主转型与民主巩固

从希腊加入欧共体/欧盟的历程来看，希腊作出入盟的选择是基于政治稳定、安全保障、经济发展的考量。随着历史档案的挖掘，越来越多的西方学者认为，加入欧洲一体化与希腊的民主化进程具有密切的关系。卡拉曼利斯上台执政后未到一年，即在 1975 年 6 月 12 日提交了希腊加入欧洲经济共同体（EEC）的正式申请。同一天，卡拉曼利斯通知共同体九个成员国的大使，声称："希腊属于并渴望属于欧洲，它在政治、经济和历史等许多方面与欧洲有着长期的联系。今天的倡议是我 15 年前倡议的政策的自然延续……希腊不希望仅仅因为经济原因而成为正式成员。原因主要是政治性的，涉及民主的巩固和国家的未来"。[①]

---

① Eirini Karamouzi，"A Strategy for Greece：Democratization and European Integration，1974—1975"，http：//journals．open edition．org/cdlm/7858.

民主化作为民主制度建立与完善的过程，主要包含三个阶段：威权政体崩溃；向民主政体转变；民主政体巩固。民主转型的动因包括经济发展、社会结构、早期民主化国家的示范效应、外部势力影响、威权政体自身的结构危机、政治精英的策略选择等多重因素。① 对于希腊而言，自20世纪70年代中期以来，其民主化呈现的是民主制度的恢复、民主的重建进程。

通过对希腊民主化进程的考察，美国学者林茨和斯泰潘认为，除了威权政体自身存在的危机之外，正是欧共体的外部影响促进了希腊民主的转型与巩固。在此过程中，欧洲经济共同体运用了"大棒"加"胡萝卜"两种手段。前者是指上校军团掌权1个月后，欧共体委员会立即单方面冻结了《雅典协议》，搁置了与希腊的入盟谈判。后者是指1974年，军人政权垮台后，欧共体迅速恢复了这一协议，并给予源源不断的援助。②

---

① 关于民主转型、民主巩固的概念解析及其与民主化的关系，参见欧阳景根《民主转型与巩固：民主化理论模式的评析与民主巩固的序列分析模式建构》，载李路曲主编《比较政治学研究》第3辑，中央编译出版社2012年版，第35—57页；王菁、李想：《"民主化"、"民主转型与民主巩固"概念的澄清与辨析》，《青岛大学师范学院学报》2011年第3期。

② ［美］胡安·J·林茨、阿尔弗莱德·斯泰潘：《民主转型与巩固的问题：南欧、南美和后共产主义欧洲》，孙龙等译，浙江人民出版社2008年版，第141页。

　　1974 年 7 月 24 日，独裁的上校军团倒台后，军队上层官员和旧政府的资深人士召开会议，决定邀请前总理卡拉曼利斯回国执政。从其 20 世纪 50—60 年代执政经历来看，卡拉曼利斯所持的保守立场、对于上校军团的批判态度、反对君主制以及在政治上的中间路线等，被希腊上层精英和民众视为实现政治制度改革、巩固民主的"救星"。希腊经历 7 年独裁统治后，留下了机构和制度上的"民主空白"。曾经在国内外政策上呼风唤雨的保皇党和军方势力失去了重要的影响力后，重塑民主的重担被压在卡拉曼利斯及其政治伙伴肩上。

　　林茨等认为，希腊的民主转型开始于 1974 年 7 月 21 日，结束于 1974 年 12 月 9 日，持续 142 天，在南欧与南美诸国中速度最快。7 月 21 日，独裁政权倒台；24 日，卡拉曼利斯抵达雅典后，立即启动向民主过渡的进程。他组建了一个主张民族团结的文官政府，并快速实施建立民主制度的战略，包括废除独裁政权的宪法秩序，使希腊共产党以及极左翼等政党完全合法化；解除戒严令，恢复公民自由，等等。11 月，希腊举行了议会选举，各个政党从极右的威权主义政党到极左翼政党在第二次世界大战之后首次公平参与竞选。而卡拉曼利斯于 1974 年 10 月创立的中间偏右政党——新民主党赢得 54% 的选票，在议会获得 219 个席位，以压倒性优势获胜。同年 12 月，希腊 70% 的选民通过新政府组织的全民公决，决定废除君主制，代之以共和政体。[①] 王权制度的废除也消除了一直以来造成国内政治局势不稳的主因。

与此同时，希腊民主转型的前提是与以往制度和政策遗产的割裂，其中一项重要内容是消除外部势力（美国）的干预。希腊的外部干预可追溯到 19 世纪 30 年代独立建国时期，其政体和政治制度的建立深受外部大国的影响。在民族国家的建立过程中，希腊还参加了各种联盟。这一方面使其维护了国家安全，推动了经济的发展；但另一方面导致了有缺陷的民主制度，使国内民主政治深受外部的干扰甚至干预。

第二次世界大战结束后，美国替代英国成为希腊的保护国。1947 年，《杜鲁门宣言》出台后，美国拨款 40 亿美元对希腊进行经济和军事的援助，成功削弱了苏联在地中海地区的影响，确保了北约和美国在该地区拥有最为重要的战略地位。而希腊统治阶层对于保护国的认可也为美国干涉希腊内政打开了方便之门。[②]

但是，要完全消除外部势力的干预并不容易。卡拉曼利斯上台后面临的最为棘手的问题是如何应对土耳其侵略塞浦路斯的问题。7 年上校军团的独裁，导致军队内部的

---

① Takis S. Pappas, *Populism and Crisis Politics in Greece*, Palgrave Macmillan, 2014, p. 14.

② Eirini Karamouzi, "A Strategy for Greece: Democratization and European Integration, 1974 – 1975", p. 3.

混乱，边防失守。如果贸然疏远美国和北约，只会使敌人受益。与此同时，卡拉曼利斯必须满足民众对于国家独立、免于外部势力干涉的要求。因此，他必须在这两者之间谨慎平衡。

1974 年 8 月 14 日，希腊宣布退出北约军事组织，要求就美国撤出军事基地和设施进行正式谈判，因为国内民众对于美国和北约未能阻止土耳其入侵塞浦路斯感到不满和愤怒。希腊公众普遍认为，减少外部干预是建立多元民主的首要前提条件。卡拉曼利斯在写给密友的信件中称："民主政体的建立需要改变希腊与美国的关系"。因此，在这一时期，卡拉曼利斯的外交重点转向欧洲，被外界解读为其在寻求美国的替代国。但即使退出北约、寻求加入欧洲一体化，希腊也没有断绝与美国的关系。相反，卡拉曼利斯选择了多边外交政策：一是继续拽住美国，寻求安全保护；二是尽快向欧共体靠拢，以此为依托，稳固民主政体。希腊仍处于冷战前沿阵地，① 需要美国给予安全上的保障，而欧洲共同体在安全保障上的局限性是显而易见的。但卡拉曼利斯深信，如果要建立一个合法的政府、推行经济现代化，必须要加入欧洲共同体以实现民主的巩固。因为共同体成员国的身份是加强民主、减少独裁复辟风险的政治工具。

---

① 冷战期间，希腊西北和北部的三个邻国：阿尔巴尼亚、南斯拉夫（包括马其顿共和国）和保加利亚均为社会主义国家。

上校军团执政期间，希腊政府曾要求恢复《联系国协定》，但遭到欧共体的强烈反对。欧共体宣称，民主缺失是进一步一体化的主要障碍。相较于美国对上校军团的漠然甚至默许，欧洲经济共同体积极通过外交和经济手段施压，希望瓦解军事独裁政权的合法性。卡拉曼利斯也由此认为，欧洲共同体与自由民主价值密切关联，欧洲一体化的进程就是维护民主价值的过程；成为欧共体的一员无疑对希腊民主的巩固具有关键作用。1974—1975 年，希腊从独裁转向民主政体，欧共体给予了重要的支持。1974 年 8 月 22 日，卡拉曼利斯上台后不久，立即提出激活《雅典协定》（《联系国协定》）。欧共体高层官员包括欧洲议会议长科内利斯·伯克豪威尔（Cornelis Berkhouwer）等对此表示强烈支持。该协定启动后向希腊提供的贷款以及为其经济带来的收益助推了希腊民主的转型。

国外学界认为，希腊加入欧洲一体化与民主化进程是相互交织、互为支撑的。在转型的所有阶段，希腊政府都确保这两个方面的相互补充。第一，1974 年 9 月 23 日，颁布取消禁止希腊共产党活动的第 509 号法令。① 在接受著名法国记者罗杰·马西普（Roger Massip）的采访时，卡拉曼利斯承认："为了将我们（希腊人）等同于西方的民主国家，希腊共产党的合法化是一项必要的措施。如果

_____

① 1947 年，希腊共产党在内战战败后被禁止活动。

我没有这样做，我们就无法让我们的欧洲伙伴相信我们恢复希腊民主的真诚努力"。他强调，民族和解、终结内战的分裂以及共产党的合法化是成为欧洲民主国家、实现人人平等的必要措施，这也使欧洲伙伴确信我们努力恢复希腊民主的诚意。由此可见，回归欧洲，加入欧洲一体化，已经渗透到卡拉曼利斯的民主转型战略中。

第二，1974 年 8 月取消军事独裁政权通过的宪法，恢复 1952 年宪法，重申文官对军队的控制。此外，根据重建民主制度的需要，对个人和社会权利做了具体规定。这向欧共体传递了民主转型的信息：希腊希望在"民主欧洲"中占有一席之地。即使希腊尚未恢复民主选举，欧洲人已经对卡拉曼利斯迈向民主的步伐给予积极的回馈，并鼓励希腊进一步推进民主进程。1974 年 9 月 17 日，欧共体决定激活《联系国协定》。虽然欧共体委员会完全可以以希腊未举行民主选举为由拒绝恢复希腊的成员国身份，但它认为，作为西方文明的摇篮，希腊拥有特殊的理由获得自己的支持。通过《联系国协定》的解冻，欧共体表达了希腊恢复民主、巩固民主进程的期许和热情。

尽管欧洲经济共同体很快就重新启动了《雅典协定》，但希腊达到怎样的条件才能真正成为成员国，欧共体内部始终存在分歧。对此，卡拉曼利斯指出，如果想要收获欧共体在政治和经济上的支持，必须加快民主进程。希腊不仅需要一个文官政府，还需要民主的选举。因此，卡拉曼利斯向民众宣布，11 月 17 日进行大选，这刚好是学生抗议上校军团独裁统治①的周年纪念日。

在这场选举中，卡拉曼利斯领导的新民主党获得 54% 的选票、219 个议席。当时它提出的竞选口号是："选择卡拉曼利斯还是坦克"，由此也反映了民众对于民主和稳定的渴望。为了巩固民主政权，继议会选举之后，希腊还举行了有关君主制的全民公决。1974 年 12 月 8 日，将近 70% 的希腊人投票赞成共和制，反对恢复君主制。至此，旧体制的两个支柱——军方主政和君主制全部被推翻。政治权力集中于政党和议会之手，一个正在形成中的真正的民主国家形象展现在欧共体面前。"民主转型完成的标志是，只有通过选举的政治程序才能产生政府成为广泛共识，政府权力的获得则是自由和普遍选举的直接结果，并且这一政府事实上拥有制定新的政策的权力，而行政权、立法权和司法权来源于新的民主程序，不必与其他法律主

---

① 1973 年 11 月，为反对军人政权，希腊大学生举行大规模示威游行活动，占领了雅典理工学院。11 月 16—17 日晚，上校军团派出军队和警察镇压，导致学生伤亡，大量学生被逮捕。学生运动虽然被镇压下去，但也导致上校军团首领帕帕多普洛斯上校的下台，由约安尼季斯准将取而代之。参见宋晓敏编著《列国志：希腊》，社会科学文献出版社 2005 年版，第 96 页；［英］李察·克罗格：《错过进化的国度：希腊的现代化之路》，苏俊翔译，左岸文化 2003 年版，第 174—175 页。

体分享权力。"① 从这个意义上而言，大选和全民公决标志着希腊完成了民主转型。胜选之后，卡拉曼利斯重申政府最主要的目标是恢复民主、巩固民主。

　　毋庸置疑，欧洲经济共同体在此过程中发挥了重要作用。它重启希腊入盟谈判增加了新政府的合法性。与此同时，卡拉曼利斯政府将加入欧洲经济共同体的前景，作为其民主转型战略的一部分。但他也清醒地认识到，长期来看，欧共体的支持并非是确保无虞的。例如，农业政策的一体化与第二轮财政协议谈判遭遇困难，欧洲对希腊民主转型的兴趣并不能保持长久，希腊亟须成为欧共体平等的一员。1975 年 2 月 24—25 日，法国外长让·索瓦尼亚格（Jean Sauvagnargues）访问希腊，卡拉曼利斯明确提出要申请完全成员国地位。1975 年 4 月至 5 月，卡拉曼利斯在对法国和德国的正式访问中，强调了其欧洲政策的一致性。与卢森堡首相加斯东·托恩（Gaston Thorn）商谈后，卡拉曼利斯对自己的目标充满信心。随着希腊从欧共体获得的经济和政治利益的前景日趋明朗，民众的信心也进一步增强，越来越多的人相信融入欧洲有助于稳固民主、经济繁荣。这使得卡拉曼利斯推进民主巩固的速度进一步加快。

---

　　① ［美］胡安·J·林茨、阿尔弗莱德·斯泰潘：《民主转型与巩固的问题：南欧、南美和后共产主义欧洲》，孙龙等译，浙江人民出版社 2008 年版，第 3 页。

1975 年 6 月 11 日，希腊新宪法生效，标志着宪政结构
在民主领域中得到巩固。这是民主恢复的最后一步，也为
希腊加入欧共体扫除了法律障碍。在新宪法生效后的第二
天，卡拉曼利斯政府申请成为欧洲经济共同体的正式成员。
《每日报》（Kathimerini）在头版刊登了一篇文章，重点报
道了希腊总理寻求加入共同体的原因。除了经济和安全因
素外，民主层面是最突出的原因。申请加入欧共体是希腊
民主转型的最后一步，同时也是民主巩固的起点。换而言
之，加入欧共体的前景对希腊民主转型产生了重要影响，
正式申请和最后的加入是希腊民主巩固的最终保障。虽然
希腊并未期待欧共体九位成员国成为国家民主的守护者，
但希望通过加入更广泛的志同道合的西方民主国家集团，
使本国的民主体制得到加强，同时警告任何妄图破坏民主、
恢复独裁威权的人士：废除民主意味着立即从共同体中除
名，这将产生严重的内外后果。因此，许多国外学者认为，
从这个意义上说，欧洲经济共同体是庇护民主的安全港。

希格利认为，一种巩固的民主意味着，建立了"符合
各种民主的程序性标准的政体，而且在这一个政体当中，
所有政治集团接受建立的政治制度并遵守游戏的民主规
则"。① 林茨和斯泰潘则根据三个要素来界定巩固的民主：

---

① 欧阳景根：《民主转型与巩固：民主化理论模式的评析与
民主巩固的序列分析模式建构》，载李路曲主编《比较政治学研
究》第 3 辑，中央编译出版社 2012 年版，第 35—57 页，第 44 页。

就行为而言，一个巩固的民主政体之中，没有重要的民族、社会、经济、政治或者制度性的行动者将重要的资源用于建立非民主的政体，或者用于暴力，或者用于寻求外国的干涉从而获取独立。就态度而言，一个巩固的民主政体之中，绝大多数民众都具有这么一种信念，即民主程序和制度是治理社会集体生活最合适的方式，反体制力量的支持者非常少，或者是或多或少地被孤立于民主的支持者。1985 年举行的南欧国家民意调查显示，希腊受访者认为"民主优于其他任何政体"的比例高达87%，而西班牙仅为 70%，葡萄牙为 61%。① 就制度而言，一个巩固的民主政体之中，全国范围内的统治力量和非统治力量都服从于特定的法律、程序和制度，并且习惯于在这些法律、程序和制度范围内解决冲突，而这些法律、程序和制度产生于新生的民主程序。

基于上述分析，欧阳景根认为，民主的巩固是指新兴民主国家从威权政体崩溃后民主政体的建立到民主政体的巩固这一段时间，通过种种手段与途径来实现新建民主制度的制度化、合法化与稳定化的过程，其结果表现为，它能够在体制内应付与解决任何可能的冲突、挑战与危机，而不至于被替代性的制度所取代。民主的巩固会经历一个

①　［美］胡安·J·林茨、阿尔弗莱德·斯泰潘：《民主转型与巩固的问题：南欧、南美和后共产主义欧洲》，孙龙等译，浙江人民出版社 2008 年版，第 141 页。

较长的过程，有人认为需要十年左右，也有人认为可能需要一代人的时间。①

在第三波民主化浪潮中实现政体转型的国家中，希腊被认为是实现了民主巩固的国家。② 自 1974 年之后，希腊的主流政党逐渐朝着中间路线靠拢，并成为民主的倡导者。尽管 1974 年之后，在经济发展模式和分配问题（收入和社会福利）以及融入当时的欧共体（现在的欧盟）的问题上，右翼和左翼之间发生了激烈的争论，但并未出现 1974—1975 年葡萄牙经历的政治不稳定的危险，也没有出现任何极端化问题。所有的政党在司法过渡上都采取了相对温和的立场。③1975 年，卡拉曼利斯总理还利用稳定多数的优势在议会通过了新宪法。同年，原上校军团的执政者包括主要官员因镇压雅典理工学院学生运动而被提起诉讼，但基本上都未被处以死刑。

---

① 欧阳景根：《民主转型与巩固：民主化理论模式的评析与民主巩固的序列分析模式建构》，载李路曲主编《比较政治学研究》第 3 辑，中央编译出版社 2012 年版，第 35—57 页，第 45 页。

② 国内学者包刚升选取 73 个第三波民主化国家，评估其 40 年间（1974—2013 年）的表现，认为实现民主巩固的国家占 30% 左右，希腊名列其中。参见包刚升《第三波民主化国家的政体转型与治理绩效（1974—2013）》，《开放时代》2017 年第 1 期，第 76—95 页。

③ Dimitri A. Sotiropoulos, "Democracy in Greece, Forty Years On", https：//eu. boell. org/sites/default/files/uploads/2014/04/greece_ 1974_ 2014. pdf.

希腊著名的政治学专家索蒂罗波罗斯（Dimitri A. Sotiropoulos）认为，自希腊恢复民主政体后，至少经受了两次考验，即1981年和希腊主权债务危机时期。1981年，安德烈亚斯·帕潘德里欧领导泛希社运党击败了新民主党，以48%的选票获得了大选胜利。一个左翼社会主义政党上台执政，在希腊历史上是首次。同期由保守的、反左翼的卡拉曼利斯担任总统，实现了与泛希社运党帕潘德里欧总理的和平"共存"。这表明在恢复民主政体后希腊议会制度体现的稳定性，也标志着希腊民主的巩固。

2009年主权债务危机爆发后，无论是选举程序的合法性、政府的更替，抑或议会制度都表现出相对的稳定，没有出现民主倒退的现象。在2010—2014年期间，希腊民主经受了自1929年以来最严重的经济危机的冲击，但街头抗议、示威游行等运动都没有动摇议会等民主机构的运作，民主选举有序进行。这表明，希腊已经成为一个稳定的民主国家和现代经济体。当然，要克服经济危机并在社会保障、性别平等标准方面与其他发达的欧盟成员国趋同与融合，希腊还有很长的路要走。

第二节 现代化的争论

"第三波"国家的民主巩固过程大多蜿蜒曲折，是因为这些国家通常面临民族—国家构建、现代化发展与民主制度化等多重任务。就希腊而言，早在 19 世纪 30 年代初独立建国后，即已开始民族—国家的建构，与此同时，通过民主政治制度的建立，进入了现代化的历程。由于当时经济落后、民主政治制度尚未成型，加上身份认同的纠葛，致使希腊的现代化进程曲折而缓慢。而国外学界较有共识的是希腊真正的现代化始于加入欧共体之后，富有成效的阶段是 20 世纪 90 年代西米蒂斯执政时期，因为他尝试将希腊的现代化与欧洲化合为一体。早在 1985—1987 年就任经济部部长时，西米蒂斯的口头禅就是"现代化"和"欧洲化"，并认为这是希腊的同义词。① 1993 年泛希社运党重新掌权后，其推行的国家制度改革是为加入欧元区的目标服务的，西米蒂斯总理在 1996 年接替安德烈亚斯·帕潘德里欧就任总理后，着力追求这一目标。他把加入欧元区作为国家社会经济和制度现代化的核心推动力。20 世纪 90 年代后期，在民主化取得显著进展后，现代化成为希腊的政治话语主题、政治行动的指导原则以及西米蒂斯执政期间重点推行的战略。②

　　当然，国外学界的很多讨论也认为，一国的改革与变

---

① Kevin Featherstone "Introduction: ' Modernisation ' and the Structural Constraints of Greek Politics ", *West European Politics*, Vol. 28, No. 2, 2005, p. 227.

② 2016 年，"希腊瞭望台"（the Hellenic Observatory），召开了"希腊：现代化与欧洲 20 年"的研讨会，讨论希腊与欧盟的关系。会上热议的一个中心问题是：现代化（的不足）是希腊主权债务危机的主要原因吗？为了解决危机是否要完成现代化的进程？

化既有内因又有外因。对于希腊而言，外因除了欧盟的影响（欧洲化）之外，还有全球化等。内因一般是指国内的政策变化是由自身经济社会发展出现的问题倒逼改革引起的，或者说国内的改革派主动力推的结果。更进一步而言，成员国国内的政策变化也有可能是多种因素综合影响所致，例如全球化、欧洲化以及国内自主改革相互交杂，而并非仅仅是由欧盟带来的。但希腊的欧洲化在欧盟成员国中具有其特殊性。从20世纪70年代开始尤其是90年代以来，希腊重要的政治和经济政策变化都带有欧盟的印记。在20世纪90年代中后期，泛希社运党的西米蒂斯上台后更是将国内的现代化视为欧洲化来推进。戴蒙多罗斯（Nikiforos Diamandouros）通过大量的调查研究后认为，欧盟是当代希腊经济和政治改革强有力的影响者。艾欧柯米迪斯（Panayotis Ioakimidis）也在其著述中强调了欧盟对希腊政治、政体和政策的深层影响。他指出，在当代希腊，现代化被解读为"西方化"或者更精确地来说是"欧洲化"。① 本书将在这一小节对希腊的现代化与欧洲化的缘起与融合进行梳理和阐释，从而进一步确认自20世纪80年代尤其是90年代中期后希腊国内的重要改革与欧盟具有密切的关系，全球化等外在因素的相关性并不显著。对于

---

① Panayotis C. Ioakimidis, "The Europeanization of Greece: An Overall Assessment", *South European Society and Politics*, Vol. 5, No. 2, 2000, p. 76.

希腊这样的小国而言，现代化是欧洲化的核心元素，其对希腊国内的影响甚至超出了民主巩固和经济发展。①

一 身份认同与现代化

一般而言，现代化是指进步的变化。广义来说，现代化作为一个世界性的历史过程，是指人类社会从工业革命以来所经历的一场急剧变革，它以工业化为推动力，导致从传统农业社会向现代工业社会的全球性的大转变，它使工业主义渗透到经济、政治、文化、思想各个领域，引起深刻的相应变化；狭义而言，现代化指落后国家迅速赶上先进工业国家水平和适应现代世界环境的发展过程。② 本书所讨论的希腊现代化是狭义范围内追赶欧盟发达成员国的过程，其主要内容包括政治领域的自由化和民主化、经济中的私有化和市场化，以及社会的多元化和个性化。如果说希腊建国后，在向西方看齐的背景下，现代化被理解为希腊对发达西方的追赶；那么在 1981 年加入欧洲共同体后，现代化可被理解为欧洲化背景下的改革过程。

历史地看，希腊是一个"现代化"姗姗来迟的国家。在西欧国家经历现代化的时期，希腊无论是政治还是文化

---

① Spyros Economides, "The Europeanisation of Greek Foreign Policy", *West European Politics*, Vol. 28, No. 2, 2005, p. 475.

② 中国知网工具书：《现代化》，https：//qa. cnki. net/web/query? q = % E7% 8E% B0% E4% BB% A3% E5% 8C% 96。

都走上了与西欧国家不同的道路。从文化和历史上来看，希腊民族国家为大家所记起的并不是它在现代化进程中的地位与影响，而是古代希腊对于"希腊主义"的贡献、雅典民主的荣耀、斯巴达的军事实力以及古希腊哲学和文学对世界的影响。希腊的现代性或者说现代化是 20 世纪的现象。自 15 世纪后半期开始被奥斯曼帝国占领和统治的三百多年中，希腊基本上错过了西欧国家发生的重大事件，包括文艺复兴、工业革命等。希腊迈入现代时期是从摆脱奥斯曼土耳其帝国统治的独立战争开始的。也正是从这一时期开始，希腊陷入了关于其属于西方还是东方的争论。主张希腊属于西方的一派又被称为现代派，主要由知识精英和商人构成，他们从西欧和中欧地区带来了自由主义的理念。东方派又被称为传统派，主要由东正教教会势力组成，主张捍卫宗教、传统和社会等级制，即维持从奥斯曼帝国沿袭下来的制度。也正是从此时起，希腊尝试重新发现民族主义的现代形式。当它摆脱奥斯曼帝国的统治、致力于建立一个独立的民族国家的时候，发现回归到"东正教"、反对土耳其、反对穆斯林化的大希腊主义不足以支撑一个完整的"自我认同"，需要为作为一个现代民族国家而崛起的希腊奠定政治、法律和话语的认同根基。然而，这个重新探索和定位的过程比预期的更为曲折和漫长。希腊走西方道路还是东方道路的争论延续了一个世纪之久。

19 世纪 30 年代，民族解放战争胜利后，希腊建立了独立的民族国家。为了让希腊成为欧洲大家庭的一员，在西方派精英的支持下，希腊迎来了巴伐利亚的奥托王子就任希腊国王，由此开启了现代希腊的君主专制制度。因卷入与土耳其的领土纠纷而未得到英法保护国的支持后，奥托国王在军事政变中退位。1863 年，英国、法国和俄国又选择了丹麦的乔治王子担任希腊的国王。在乔治国王在任期间，实施了君主立宪制度，权力向政府和议会转移。著名政治改革家卡里拉奥斯·特里库皮斯（Charilaos Trikou-pis）于 1882 年担任希腊政府总理后，首次提出现代化的改革议程，这个现代化的内涵就是西方化，即模仿欧洲大陆先进国家的模式建立本国的制度。由于当时希腊经济极为落后、政治体制尚未成型，还远远谈不上向现代国家形态转型，因此，特里库皮斯的现代化仅仅是个开始，此后因为政局的动荡和外部的战乱而中断。与此同时，希腊的领土边界处于不断扩张中，对于民族的认同也随之发生不小的变化。经过爱奥尼亚岛屿的回归，又经过 1912—1913 年两次巴尔干战争等，希腊的领土增加了 70%。收复领土、建立大希腊的民族统一主义——"伟大理想"（Great Idea）成为国内一股重要的政治思潮，也左右了 19 世纪希腊外交政策的方向。这股势头在 1922 年"小亚细亚"战争失败后受到遏制。1923 年 7 月，希腊与土耳其签署《洛桑条约》，约定将东色雷斯和士麦那地区划归土耳其；土耳其境内的希腊人和希腊境内的土耳其人被强制交换。大约有110万希腊人迁至希腊王国，38万左右的穆斯林移居土耳其，还有将近10万希腊难民从十月革命后的俄国及保加利亚回到祖国。希腊由此成为巴尔干地区单一民族比例最高的国家，希腊族占据总人口的98%左右。①

同质社会的产生使希腊的民族认同更为统一，但对于国家的认同、与西方的关系仍然处于模糊状态。在希腊探索自我认同的过程中，现代化被屡屡提及。它不仅要解决"我是谁"的问题，还要寻找国家发展的方向。但在希腊的自我认同的建构中，现代化逐渐与西方化相提并论，确切地说，现代化就是学习西欧先进国家的工业化、城市化等。总体来看，希腊究竟是属于西方还是东方以及走什么样的道路的百年话题，在希腊加入欧共体后，有了确定的答案。②

在上校军团独裁政权倒台后上任的新民主党领袖卡拉曼利斯作为主张希腊西方化的代表，在其竞选纲领中明确宣称"我们（希腊）属于西方"，强烈表达出国内保守派塑造西方认同感并通过加入欧共体来进一步稳固"欧洲认同"的意

① Spyros Economides, "Greece and the New Europe in the 1990s", in Philip Carabott ed. , *Greece and Europe in the Modern Period: Aspects of a Troubled Relationship*, Centre for Hellenic Studies, 1995.

② Arghyrios A. Fatouros, "Political and Institutional Facets of Greece's Integration in the European Community", in Harry J. Psomiades and Stavros B. Thomadakis, eds. , *Greece, The New Europe, and the Changing International Order*, pp. 23 – 40.

愿。他认为，希腊一旦拥有欧共体的成员国身份，将有助于巩固希腊的民主制度，保障基本自由、多数统治原则以及法治。但卡拉曼利斯的主张在国内并未获得统一的认识，中左派泛希社运党和左派希腊共产党都表示反对，希腊社会对此亦无高度的认同。强调反西方化和民族主义的泛希社运党在1981年大选中战胜新民主党获得48%的选票，即是有力的证明。但泛希社运党执政后，欧共体对于希腊的资源和利益的输送逐渐改变了中左翼政党反西方化的立场和抵制欧共体的态度。随着希腊更深地融入欧洲一体化，希腊的"西方认同"和"欧洲认同"拥有了更为广泛的社会基础。到1996年泛希社运党领袖西米蒂斯上台后，希腊对于欧洲认同进一步加深，并将国内的现代化进程与欧洲化连在一起。研究希腊和欧盟关系史的学者瓦姆瓦卡斯（Nancy A. Vamvakas）认为，西米蒂斯在担任总理期间，是将欧洲化作为现代化的同义词使用的，其现代化的改革议程也是在欧洲一体化背景下制定的。西米蒂斯不仅希望通过欧盟的授权赋予国内改革的合法性，[①] 而且，他认同欧盟的政策方向与希腊内在的改革需求是一致的。

如果说现代化指的是从传统向现代过渡的过程，那么对希腊而言，它有更具体的含义。在西方化的背景下，现代

----

① Nancy A. Vamvakas, *Europeanizing Greece: The Effects of Ten Years of EU Structural Funds, 1989—1999*, University of Toronto Press, 2012.

化被理解为希腊对发达西方的接近与趋同，在希腊于 1981 年加入欧洲共同体后，现代化也被理解为欧洲化背景下的改革过程。20 世纪 80—90 年代，在希腊也兴起过对于全球化的讨论。就理念层面而言，因为希腊的政治文化、经济结构以及社团主义的特性，国内对于全球化存在很大的分歧。偏右翼的新民主党倾向于在积极或中立的立场讨论全球化，而偏左翼的泛希社运党和希腊共产党的态度更为消极，甚至将全球化概念化为"新的野蛮动力""帝国主义的新形式""市场对社会的统治"。希腊工会和教会在讨论全球化时往往带有意识形态的色彩。希腊大主教曾对全球化进行过猛烈抨击，认为它是希腊重大而直接的威胁，是经济剥削、对身份认同和文化的毁灭，是邪恶的力量。

就雇主而言，他们默认全球化的客观存在和适应市场化的需要，但避免过多使用"全球化"一词，也未就全球化本身展开讨论。但雇主组织如希腊工业联合会（SEV）悄悄推动了"经济全球化"的议程，并将市场自由化、放松管制、私有化、劳动力市场灵活性、减税等作为其政策建议的核心。与此同时，在融入欧洲成为希腊社会共识的背景下，将欧盟视为希腊经济全球化的目标、政策和实践的推动者。①

---

① Andreas Antoniades, "Examining Facets of the Hegemonic: The Globalization Discourse in Greece and Ireland, Review of International Political Economy", *Review of International Political Economy*, Vol. 14, No. 2, 2007, pp. 306–332.

二 欧洲化的由来

关于欧洲化的研究文献丰富而多样，而学界最初达成的共识是，欧洲化是欧洲一体化研究中极为重要又富有争议的概念。① 初期被历史学家、人类学家、社会学家和政治学家用于描述种种不同的现象，包括欧洲文化的渗透一直到欧洲社会习性的扩散，但从 20 世纪 90 年代中期开始，这一术语被引入欧盟研究后，主要被用于在欧洲一体化的框架下分析欧盟与成员国（候选国）的互动关系，特别是欧盟的影响与成员国的政策、政治和政体的变化与转型之间的关系。② 而戴森（Kenneth Dyson）和格茨（Klaus Goetz）的定义更为全面，他们认为欧洲化就是从上至下和从下至上的复杂的互动的过程，在这个进程中，成员国政体、政治和公共政策为欧洲一体化重新塑造，国内行为体借助欧洲一体化来重塑国内的权力格局。它可能产生连续

① 在英国学者米歇尔·奇尼主编的拥有广泛影响力的《欧盟政治》教材（第五版）第二部分"理论和概念方法"中专门辟了一章"欧洲化"（与"新功能主义""政府间主义"并列）对其进行了详细的介绍。Michelle Cini and Nieves Perez-Solorzano Borragan, *European Union Politics* (Fifth Edition), Oxford University Press, 2016, pp. 110 - 122.

② Apostolos Agnantopoulos, "The Europeanization of National Foreign Policy: The Case of Greece", Working Paper, Dublin City University, 2010.

性变化以及潜在的变化和偶然的结果。[①]

为简化分析，本书对欧洲化的概念做了如下限定：第一，"欧洲化"中的"欧洲"特指欧盟，"欧洲化"指的是欧盟化（EU-ization）；第二，欧洲化的对象是欧盟成员国，文中具体是指希腊，也就是分析希腊加入欧盟后，国内因欧盟的压力进行调整后发生的变化；第三，希腊的欧洲化主要是指自上而下的单向进程。从一般的研究来看，如果运用欧洲化的理论框架来分析欧盟和成员国的关系，学界倾向于认为这是一种双向关系。但是，对希腊而言，欧洲化更多的是一种从上至下的影响过程。有学者经过欧洲化理论的实证分析后认为，大成员国和小成员国的塑造能力和适应能力存在重大差异，它们的欧洲化进程也有重大差别。对于大国而言，向欧洲层面和其他成员国投射偏好（自下而上）、影响欧盟和其他成员国政策的能力相对较大。对于小成员国而言则刚好相反，它们向欧洲层面和其他成员国层面投射偏好、影响欧盟和其他成员国政策的能力相对较小，自下而上的影响较弱，自上而下的影响显然更大。对于希腊而言，情况的确如此。国外很多学者包括费瑟斯通等人从希腊加入经济货币联盟的案例、索提奥波罗斯（Dimitri Sotiro-

---

① Kevin Featherstone, "Introduction: 'Modernisation' and the Structural Constraints of Greek Politics", *West European Politics*, Vol. 28, No. 2, 2005, p. 231.

poulos）在希腊就业、职业培训和地区发展政策的欧洲化研究中都证明了这一点。① 费瑟斯通在《欧洲化与中心边缘：90 年代的希腊案例分析》一文中明确指出：希腊作为小国、经济欠发达，在欧盟又处于边缘地位，因此基本上没有欧盟议程的倡议权。在国内很多政策领域，希腊政府基本上是欧盟的代理人，执行由上而下的政策，仅有一小部分规划的权力。②

里瑟（Thomas Risse）等学者认为，受到欧洲化冲击的国内结构范围广泛，包括政策、政治、政体和认知等方面。③ 此后许多学者都对"欧洲化"对欧盟成员国的影响范围作了界定和细化，总体来看主要包括：（1）政策领

---

① Stella Ladi, "Europeanization and Policy Transfer: A Comparative Study of Policy Change in Greece and Cyprus", Paper Presented at 57th Political Studies Association Annual Conference "Europe and Global Politics", 2007.

② Kevin Featherstone, " 'Europeanization' and the Centre Periphery: The Case of Greece in the 1990s", *South European Society and Politics*, Vol. 3, No. 1, 1998, p. 33.

③ 里瑟指出，国内结构由具有规律性和相对稳定互动的政体或社会的要素构成，它主要指制度，即一套规则（包括正式和非正式）的体系。正式制度包括政治和社会体系，也包括行为体的集体理解，如认同和规范。Thomas Risse, Maria Green Cowles and James Caporaso, "Europeanization and Domestic Change: Introduction", in Maria Green Cowles, James A. Caporaso and Thomas Risse-kappen, *Transforming Europe: Europeanization and Domestic Change*, Cornell University Press, 2001, pp. 4 – 5.

域，环境、财政、经济、社会、外交政策等是"欧洲化"
的经验研究中最为突出的领域；（2）政治领域，包括国内
利益集团、政党体系和行政制度的"欧洲化"现象；
（3）对政体的影响，这在中东欧新成员的入盟过程中最为
明显。它们在回归欧洲的口号下，为了获得欧盟的成员资
格必须进行国内体制改革（如民主制度改革和市场经济体
制改革等）；（4）认知层面，包括话语、公民身份、认同
和观念等。这是"欧洲化"最为深层、也最难以衡量的层
面，但不容忽视。①

　　对于希腊而言，欧洲化影响最为明显的领域是政策。
贝奇（Ian Bache）等学者从政体、政治和政策三个维度分
别对一些欧盟成员国做了案例分析后认为，相对于政体和
政治，欧洲化影响较为显著的是政策领域。② 考尔斯（Ma-
ria Green Cowles）等学者也认为，在任何案例分析中，政
策的趋同比制度趋同更容易发生，因为政策变化更容易形
成。③ 鉴于此，本文主要从政策维度分析欧洲化对于希腊

---

　　① 转引自李明明《"欧洲化"概念探析》，《欧洲研究》2008
年第 3 期。

　　② Ian Bache and Andrew Jordan, eds. , *The Europeanization of
British Politics*, Palgrave Macmillan, 2006.

　　③ Tanja A. Borzel and Thomas Risse, "Conceptualizing the Do-
mestic Impact of Europe," in Kevin Featherstone, Claudio M. Radaelli,
eds. , *The Politics of Europeanization*, Oxford：Oxford University Press,
2003, pp. 63 – 64.

的影响，从上至下探讨国内对于欧盟层面上立法、制度和政策的"不适应"导致的压力而引起的反应，在政策上进行吸收和采纳，最终导致国内的变化。在一项广泛的调查中，戴蒙多罗斯将欧盟称为"希腊经济和政治改革的有力推动者"，在这方面它是"唯一最重要的力量"。毫无疑问，欧盟对希腊政治、政体和政策存在广泛而深刻的影响。① 而希腊的政治精英，尤其是主张追赶发达国家现代化的执政者，正是借助欧盟的力量，将欧洲化与现代化合为一体，作为本国经济建设和社会发展的核心目标。

第三节　现代化与欧洲化的融合

1997 年，也就是西米蒂斯执政第一年，他发表了"历史性机遇"的演讲，宣布启动希腊的现代化进程。他提出，希腊的经济和社会结构正越来越多地受到国际化的影响。在这充满变化的阶段，希腊必须利用新的机遇追求四个"战略性目标"：第一，促进现代化，加快发展，以保障全体公民的就业、繁荣和社会正义；第二，为最脆弱和最需要的群体建立社会保障体系；第三，平等参与欧盟的发展，加入欧洲经济与货币联盟不仅仅是经济目标，同时

---

① Kevin Featherstone, "Introduction：'Modernisation' and the Structural Constraints of Greek Politics", *West European Politics*, Vol. 28, No. 2, 2005, p. 231.

攸关国家的利益；第四，在巴尔干和地中海地区扮演特殊角色。①

西米蒂斯提出的现代化计划内容极为广泛，包括经济社会和政治改革的一揽子计划。这项改革也是在极为紧迫的情势下启动的。当时希腊为了免于被欧盟边缘化，积极向欧盟的核心圈靠拢，正致力于与经济货币联盟标准趋同。但直到20世纪90年代中期，希腊的各项经济指标仍然落后于趋同标准，如果任其发展下去，希腊很可能错过经济货币联盟的首班车。因此，西米蒂斯接替帕潘德里欧担任总理后，强调希腊正面临收获欧洲化巨大利益的宝贵机遇，如果不加珍惜的话，将会转瞬即逝。另外，为了加入经济货币联盟，希腊不得不推行现代化发展战略，包括结构性经济改革，如进一步的私有化、劳动力市场的自由化和建立一个更为公平、更有效率的养老金制度等。此外，这轮带有自由主义色彩的现代化改革除了经济和社会的调整外，还包括政治改革，例如将党政分开、打破失序的政治和官僚庇护主义传统等。

实际上，自20世纪70年代中期希腊恢复民主政体以来，希腊一直在寻求实现其经济、政治和社会现代化的途径。而欧盟被视为支撑希腊民主巩固和经济繁荣的外部力

① "Prime Minister Simitis Sets Priorities for the New Year", *Greece: A News Review from the Embassy of Greece, Press & Information Office*, Vol. 3, No. 1, 1997.

量与框架，包括加入统一大市场与经济货币联盟在内的欧洲化带来的政治和经济的约束，成为推进希腊现代化的动力。20 世纪 80 年代初，帕潘德里欧上台后对于欧洲化的抗拒，使希腊在执行欧共体的目标和政策上步伐迟缓，而且，早期新民主党提出的改革方案和制度上的准备也被弃于一旁。希腊与欧共体关系的龃龉伴随着国内效率低下的经济管理、无序的财政扩张、政策的不连贯等，使整个国家宏观经济环境十分混乱。从 20 世纪 90 年代开始，尤其是后期在西米蒂斯的领导下，整个国家改革的方向变得更为稳定、清晰和一致，这与欧盟通过经济货币联盟的建设施加的外部约束和压力是分不开的。帕格拉托斯（George Pagoulatos）认为，这种转型的决定性影响很大程度上是来自欧盟。它为希腊经济政策决策者提供了清晰、切实可行的积极的政策方向。①

换而言之，从 20 世纪 90 年代开始加快的希腊现代化通常被视为欧洲化的结果，即与欧盟互动的成果。欧盟和欧元成员资格，开始定义希腊的现代性。当时的希腊被外界视为现代化迟缓的国家，因此它将欧盟视为国内现代化的外部援助机制。也就是说，欧盟为希腊国内具有改革意

---

① 　George Pagoulatos, "Economic Adjustment and Financial Reform: Greec's and the Emergence of a Stabilization State", in Kevin Featherstone and Geōrgios A. Kazamias, eds. , *Europeanization and the Southern Periphery*, Frank Cass, 2001.

识的政府、政治和社会力量提供了进行改革的外部框架。与此同时，现代化也是一个响应内部需求的内生过程。国内因素影响着希腊现代化趋势和进程。国家竞争偏好、价值观和利益、社会文化认同与现代化倡议相互作用，潜在地影响着现代化的动力、优先事项和结果。从这个意义上来说，外界的压力也是由国内因素所调节的。

从 20 世纪 90 年代中期开始，希腊的现代化与欧洲化相融合，并与"欧盟优先"的方向相对应。从欧洲货币联盟的角度来看，这些现代化成就大多与经济有关，进而扩展到了制度领域。这一阶段的欧洲化主要代表了一个学习过程以及对政治体系的"软约束"。之所以被定性为"软性"，是因为它为具体目标提供激励和奖励，同时为国内政治行为体总结了教训并决定其未来采取的行动方针。20世纪 90 年代，西米蒂斯领导的改革确保了欧洲化的约束和国内现代化之间的政治协调，使现代化与欧洲化相辅相成。也就是说，欧盟成为希腊现代化的思想源泉以及重要的组成部分；与此同时，欧洲化吸收了国内现代化的需求，为此提供了额外的刺激、约束、目标和时间表。

这一阶段，希腊的制度呈现多元化的发展，一系列机构的出现，促进了政治和行政领域的平衡与划分，并在新的基础上重建与社会的关系。保护各项权利的独立机构、经济监管机构、社会对话机制（经济和社会委员会）、取消公务员招聘的"社会标准"都是这一趋势的表现。这些制度创新的重要性在于为国家—社会和国家—经济互动提供合法渠道。虽然没有带来行政模式的变化，但这些新的机构定义了新的游戏规则，塑造了新的行为、标准、信念和期望。这些改革服务于一个快速但仍然脆弱的现代化进程，其可持续性取决于时间、改革政府的任期、制度支撑、政治体系的自我约束能力和社会监督者的警觉性。

此外，制度的现代化还需要"绩效现代化"来补充，即创造条件发展公共或私人行动，其中包括监管质量，这是政治制度运作方式的直接结果；可信和快速的程序、有效的冲突解决和问责机制。除了新的服务提供方式（市民服务中心）之外，希腊在绩效现代化方面没有取得足够的进展。这使得制度现代化在政府效率和诚信方面的成就无法惠及更广泛的人群，并改变他们的观念、态度和行为，以说服并获得他们对现代化的支持。从这个意义上而言，作为"欧洲化工程"的现代化仍然是脆弱的，其政治和社会的根底较浅。这或许可以解释为什么当欧洲化在加入欧元区后失去动力时，现代化也受到削弱。而主权债务危机的发生恰好暴露了希腊现代化的局限性，或者说"赤字"。①

综上而言，西米蒂斯的改革被誉为 20 世纪 70 年代以

---

① Spyros Economides ed. , *Greece*：*Modernisation and Europe 20 Years on*, The Hellenic Observatory at the London School of Economics and Political Science（LSE）, 2017.

来希腊最为成功的改革和现代化进程，最终使希腊加入了
经济与货币联盟，但其涉及的范围和转变的深度仍然有很
大的局限性。① 现代化改革进程中暴露出来的种种问题，
比如政府管理的低效、庇护主义盛行和腐败；决策过程中
的寻租行为和缺乏信任显示出政党在决策程序上权力过
大，缺乏公民的参与；政党内部仍然实行从上至下的领袖
领导制；私有化、劳动力市场等结构性改革遭到工会等相
关利益集团的反对等等，无不体现出希腊的现代化与发达
的西欧国家相比的落后性。欧盟的压力和刺激所遭遇的阻
力暴露了希腊制度环境与欧盟政策方向的"不吻合"。正
因为西米蒂斯的改革是有限的和表面化的，② 其未来的现
代化仍然不可避免要遇到老问题：如政府的效率和政策的
连贯性，政府对市场的过度管制，公民参政的渠道受
限等。

<hr>

① Kevin Featherstone and Dimitris Papadimitriou, *Prime Ministers in Greece: The Paradox of Power*, Oxford University Press, 2015, p. 164.

② Kevin Featherstone ed., *Politics and Policy in Greece: The Challenge of Modernisation*, Routledge, 2006, "Introduction".

第三章　希腊欧洲化的局限性

第一节　欧洲化机制

　　虽然欧盟是影响当代希腊经济和政治改革的最重要的外部行为体，但欧洲化的作用和效果取决于欧盟的压力、希腊内部制度环境的"过滤"。对此，里瑟等人沿着制度主义的分析路径，提出了"欧洲化机制"的分析框架，来动态考察欧洲化的过程：欧洲化与国内结构之吻合程度所产生的调适压力，经由中介变量和行为体的影响，产生国内结构（政策、政治和政体）变动。本章节也采用这个相对成熟、学界比较认可的分析方法来考察希腊欧洲化的过程。"欧洲化机制"的分析框架如图 3 - 1 所示。

　　从图 3 - 1 来看，"欧洲化机制"分为三个步骤，有三个核心概念需要进一步说明。①

---

① 三个核心概念的内容主要参考 Thomas Risse, Maria Green Cowles and James Caporaso, "Europeanization and Domestic Change: Introduction", in Maria Green Cowles, James A. Caporaso and Thomas Risse-Kappen, *Transforming Europe: Europeanization and Domestic Change*, Cornell University Press, 2001.

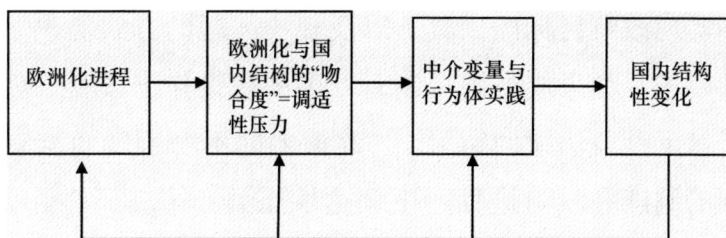

图 3 - 1 "欧洲化机制"的三步骤

资料来源：Maria Green Cowles, James A. Caporaso and Thomas Risse-Kappen, *Transforming Europe*: *Europeanization and Domestic Change*, Cornell University Press, 2001, p. 6, Figure1. 1。

第一，"调适性压力"。

里瑟等人认为，调适性压力（adaptational pressure）主要来自欧盟的规则、规制（regulation）和集体理解（认同与规范）。其程度取决于欧盟层面的制度与成员国国内结构是否相吻合（fit or misfit）。如果吻合度（goodness of fit）低，调适性压力就大。也就是说，达到欧盟的要求困难也大，因为它挑战了国内制度的核心结构和政策实践。吻合度高，调适性压力就小，那么在执行欧盟的规则上拖延或抗拒的问题就少。

博泽尔（Tanja Börzel）认为，欧盟施加调适性压力（adaptational pressure）后，会产生两种"不吻合"情况：第一，欧盟的条例和法规与国内政策之间产生了"政策上的不吻合"（policy misfit）。这种政策上的不吻合本质上就是服从欧盟法律的问题。欧盟对成员国政策目标、管制标准和实现政策目标的工具，以及解决问题的方式提出了标准和要求。如果成员国抵制对本国的政策作出改变，就产生了违反欧盟法律的结果。"政策上的不吻合"也会对成员国的制度和政治进程产生调适性压力。第二，"制度上的不吻合"（institutional misfit），对国内规则和政治程序以及集体认同（理解）产生挑战，甚至欧盟制度对民族国家认同的集体理解，例如关于国家主权的基本规范等也产生了威胁。但相较于国内其他行为体，欧盟的规则和程序给予成员国政府决定的特权。

此外，博泽尔针对科尼尔（Christoph knill）和莱姆库伦（Dirk Lehmkuhl）等学者关于"吻合度"解释力的质疑，对"不吻合"的情况作了补充说明。她认为，不仅仅是通过法律的一体化（integration through law）能够在国内层面产生不吻合，在通过软方式进行的一体化在"法律的阴影下"（shadow of law）或者没有出台法律的情况下，比如开放式协调（通过引入社会学习的过程，或者授权国内改革联盟进行改革等），也同样对国内的政策、制度以及政治进程产生"调适性压力"和"不吻合"情况。①

需要强调的是，"不吻合"仅是一个必要条件，而国

---

① 关于两种"不吻合"类型的划分，参见 Tanja A. Börzel, "How the European Union Interacts with its Member States", Political Science Series 93, Institute for Advanced Studies, Vienna, November 2003.

内政策的变化是否发生，以及在多大范围、多少程度上发生，还取决于中介变量（干预变量）等因素。

第二，中介因素（干预变量）。

里瑟认为，面对较高的调适性压力，国内结构是否进行相应的调整以及发生相应的变化取决于中介变量：（1）多重否决点；（2）便利的制度；（3）合作型文化。

多重否决点存在于既有的决策机构中，是指阻碍结构性适应和调整的主要因素。便利的制度指的是，可以为国内行为体引入结构性变化提供物质和观念上的资源。在适应欧洲化的压力上，可以通过以共识为导向的或者说合作型的决策文化来跨越否决点。

里瑟等人提出的干预变量强调制度因素造成了成员国不同的欧洲化。也就是说，来自欧盟的压力并不必然导致国内的变化，因为国内制度和机构的强大足以使它们有能力来塑造、减缓和停止引入的变化进程。[1]

这里需要说明的是，否决点分布于整个决策过程中，在实际衡量中很难捕捉。因此在本文研究中，主要使用"否决行为体"（veto player）的概念来代替。根据概念提出者切贝里斯的定义，否决行为体就是"当改变现状时，那些可以针对现状改变表示同意与否的行为者"。制度规

---

[1]　Ian Bache and Adam Marshall, "Europeanisation and Domestic Change: A Governance Approach to Institutional Adaptation in Britain", Queen's Papers on Europeanisation, No. 5, 2004, p. 3.

定了否决行为体数量，而否决行为体数量及其意识形态偏好等导致了政策稳定性程度。否决行为体大致可以分为两类：制度型否决行为体和党派型否决行为体。从前者来看，宪法这一根本性制度规定了政党是主要的否决行为体，比如明确规定了具有法定否决权的政治主体或机构，即否决行为体，同时在政治决策程序上设定了否决点。①

第三，变化的结果。

虽然，欧盟的政策、制度和政治进程促进了成员国发生相应的变化，但这并不表明国内的变化与欧盟的方向是趋同的。欧洲化的影响及其结果呈现了多种形式。为了便于区别比较，博泽尔和里舍等人将欧洲化的结果划分为五个等级：（1）迟钝或惰性（inertia），是指国内政策（和制度、政治进程）缺乏改变，成员国抗拒满足欧盟要求的适应、改变。抵制改变经常会导致对欧盟法的不服从，欧盟可以启动违约诉讼，以此加大调适性压力。（2）缩减（re-trenchment），是指抗拒改变导致增加"不吻合"程度，而不是减少。（3）吸收（absorption），是指成员国将欧盟要求吸收进国内政策和制度，没有对原有的结构作出实质性的大量调整，变化程度低。（4）容纳（accommodation），是指成员国适应欧盟的压力，并对原有的政策、制度和政治进程的外围进行改变，但没有改变核心架构。有的是在

———————————

①　王礼鑫：《论比较政治制度研究中否决者理论的局限》，《复旦学报》（社会科学版）2015 年第 4 期。

原来的政策和制度上增加了新的内容，核心要素没有变化，也就是说变化程度为中度。（5）转型（transformation），是指用新的政策代替原来的政策（制度和进程），或者使原来的政策核心架构发生根本性改变。其变化程度高，最终影响了整个政治、经济和社会结构的核心。比如说国内制度之间的权力再平衡、政治文化的根本性改变或者货币和宏观经济政策的根本性变化等。上述五种变化结果可用图3-2来表示。而欧洲化的多数情况，可以简化为三种结果：吸收、容纳与转型。①

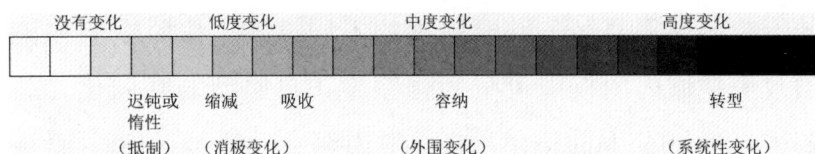

没有变化	低度变化	中度变化	高度变化
迟钝或惰性	缩减　　吸收	容纳	转型
（抵制）	（消极变化）	（外围变化）	（系统性变化）

图3-2　国内变化的程度

资料来源：Tanja A. Börzel，"How the European Union Interacts with its Member States"，p. 16，Figure 6.

需要强调的是，在分析欧盟的影响时，首先要区分欧盟治理的形式以及与此相关的政策工具的类型、由此产生

---

① Tanja A. Börzel and Thomas Risse，"When Europe Hits Home：Europeanization and Domestic Change"，European Integration online Papers（EIoP），Vol. 4（2000）N° 15，http：//eiop. or. at/eiop/texte/2000-015a. htm.

的不同的欧洲化机制（如表 3 - 1 所示）。① 比如欧盟的硬性和软性政策产生的调适性压力（它是决定欧洲化结果的重要变量）高低不同。一项立法提案最终成为欧盟政策立法之后，随即就变为政策的执行问题。由于政策领域的不同以及欧盟介入各类政策领域的程度不一，政策执行情况就有很大的差别。② 硬性政策需要成员国执行欧盟相关立法，软性政策仅仅是在民族国家层面创造变化的机会结构。国内行为体是否抓住这种机会而认同改变，取决于国内制度和政治的状况。同时，布尔默（Simon Bulmer）和拉达埃利（Claudio Radaelli）也提出，分析欧盟对成员国的影响，还需要区分欧盟治理的不同模式，按照欧盟在该项政策领域内的权能可分为强制型、自愿型的欧洲化。马蒂诺（Martino Maggetti）进一步说明，欧盟硬治理主要是基于条约、指令和规定，而软治理主要使用没有约束力的规定。③ 在 20 世纪 90 年代以前，欧盟主要使用共同体方式来进行超国家管理，即以制定和执行条约或法规来进行治理，它强调法律规范的约束力，要求成员国切实遵守实

---

① Ian Bache and Andrew Jordan, eds., *The Europeanization of British Politics*, Palgrave Macmillan, 2006.

② 刘文秀等：《欧洲联盟政策及政策过程研究》，法律出版社 2002 年版，第 51 页。

③ Martino Maggetti, "Hard and Soft Governance", in Kennet Lynggaard, Ian Manners and K. Löfgren, eds., *Research Methods in European Union Studies*, Palgrave Macmillan, 2015, p. 252.

施，并允许对不遵循法律规范的行为诉至法院，在必要时
对其进行惩处。也就是说，欧盟的权能要求成员国的服
从。而在其他政策领域内，欧盟的权能比较有限，因此在
社会政策等方面采取了软性治理的方式，比如开放式协调
机制，强调社会学习和自愿改变而不是服从法律法规。

表 3 - 1　　　　　　　　　　　欧洲化的机制

欧洲化机制	科尼尔（2001 年）	佩奇（2003 年）	施密特（2002 年）
硬性	机制性顺从	强制	高水平强制
			次高水平强制
	改变国内机会结构	模仿	模仿
		调整	可控的竞争
软性	建构国内的信仰和期待	多维扩散	

资料来源：Stella Ladi，"Europeanization and Policy Transfer: A Comparative Study of Policy Change in Greece and Cyprus"，Paper Presented at 57th Political Studies Association Annual Conference "Europe and Global Politics"，11 - 13 April，2007，p. 7。

　　基于上述对于欧洲化机制概念的限定与实践运用，笔
者为"希腊欧洲化"过程给出了一个简化的定义：在欧洲
一体化背景下，欧盟（层面治理体系的产生和发展）对希
腊国内结构产生冲击和影响、促使其适应并发生变化的过
程。从进程分析来看，关键的环节是考察变化的因果机
制。首先，欧盟自上而下给予的调适性压力（adaptational
pressure）是希腊欧洲化的必要前提和原因，但不是充分条

件。其次，分析希腊在面对欧盟的压力进行回应、适应和
变化过程中遭遇的干预变量，这是决定欧洲化结果的关键
影响因素，也是充分条件。最后，评估希腊欧洲化的
结果。

需要说明的是，欧洲化对国内的影响，主要分为三个
领域：政策、政治和政体①。从国外学界对于希腊欧洲化
的经验性研究表明，欧洲化对于希腊政策的影响最为显
著，其次是政治，对政体的作用并不明显。

第二节　欧洲化：新制度主义视角

欧洲化与其说是一种理论，不如说是一种分析框架。
它吸收利用了一些理论性和解释性的学说和方法，在理性
选择制度主义和社会学制度主义观点之间摇摆，间或参照
了历史制度主义的研究路径，② 但从未以一个完整和单一
的理论体系的面目出现，这也是欧洲一体化理论研究的碎

---

① Tanja A. Börzel and Thomas Risse, "Conceptualizing the Do-
mestic Impact of Europe", in Keith Featherstone and Claudio Radaelli,
eds. , *The Politics of Europeanisation*, Oxford: Oxford University Press,
p. 4.

② 霍尔与泰勒将新制度主义划分为"历史制度主义""理性
选择制度主义"和"社会学制度主义"。Peter A. Hall and Rose-
mary C. R. Taylor, "Political Science and the Three New Institutional-
ism," *Political Studies*, Vol. 44, Issue 5, 1996, pp. 936 – 957.

片化和拼图式研究的一个特点，也是分析希腊欧洲化的一个难点。

自有欧洲化研究以来，大量的学术成果从国内政策变化的国际制度来源的分析中获得了丰富的知识和启示。在国际制度如何影响国内政治的问题上，一些学者运用理性选择制度主义理论作了开拓性的研究。他们认为，国家是国际关系中最重要的行为体，一般根据成本—收益计算的逻辑采取行动；而国际制度的存在，为国家提供机会或决定其行动限度，由此改变了国家对成本和收益的计算，进而改变行为体在其中采取行动的战略。20 世纪 80 年代末之后，这种理论被用于解释欧洲一体化的制度化，以及欧盟规范作为一种国际制度如何影响国内政治。[1] 在欧洲化的国别研究中，不少学者也借用了理性选择制度主义理论来分析欧洲化的机制。比如理性选择制度主义认为，国际制度可以成为国内权力再分配的手段。如果政策发起者在政策过程中受到了否决行为体的阻碍，那么，通过参与国际制度可以跨过否决行为体的障碍或者以此"捆住否决行为体的手"。[2]

博泽尔和里瑟等学者在分析欧盟对成员国影响时，

---

① 房乐宪：《欧洲一体化的理性选择制度主义分析》，《教学与研究》2012 年第 4 期。

② 田野：《国际制度对国内政治的影响机制——来自理性选择制度主义的解释》，《世界经济与政治》2011 年第 1 期。

将理性选择制度主义的这套学说进一步解释为"效果论"的逻辑。具体而言，就是假设国内行为体是理性的，以目标为导向。它们具有固定的偏好，在战略互动中利用自己的资源使自己的效用最大化。行为体按照工具理性来衡量不同战略选择的成本与收益。从这个角度而言，欧洲化在很大程度上被认为是一种正在出现的政治机会结构，可以为一些行为体提供额外的法律和政治资源来施加它们的影响，同时也限制其他行为体追求其目标的能力。理性制度主义学派将欧盟的规则视为具有既定的认同和偏好的国内行为体的外部约束。对于国内行为体而言，政治机会和约束的变化可以导致权力和资源的再分配。欧盟不同的授权（empowerment）与约束不仅能改变国内制度，也能改变国内政策和政治进程。[1] 例如，从希腊的案例来看，无论是货币政策还是社会政策的养老金改革，政府这个国内最大的政治行为体可能会将来自欧盟的硬法和软法的约束视为一种新的政治机会结构，通过欧盟的授权来加强自己在国内推行经济改革和养老金改革的合法性，通过权力的扩大和支持联盟的建立来限制工会等否决行为体的阻断能力。

---

① Tanja A. Borzel and Thomas Risse, "Conceptualizing the Domestic Impact of Europe", in Kevin Featherstone and Claudio M. Radaelli eds., *The Politics of Europeanization*, Oxford University Press, 2003, pp. 63 – 64.

　　虽然，欧盟的政策和规则作为一种国际制度是国内变化的来源，或者说是一种外部刺激，但它引发国内的变化首先要经过国内制度环境的过滤，就如有学者声称的"国内制度与环境是外来力量影响的过滤层"。①

　　就欧洲化而言，成员国的国内制度设置（institutional settings）将欧盟的压力进行过滤，由此决定了国内政策变化的范围和程度。所谓的制度设置，一般是指一国制度的特性，主要包括政府、社会和利益集团的互动模式，比如政府在经济和社会领域中扮演的角色和作用、集体利益代表的机制（社团主义模式），以及福利国家的类型等。只有理解了特定成员国中政治、经济和社会行为体之间的制度性联系才能理解国内政策的偏好、选择和变化。比如在庇护主义盛行的希腊，选民（委托人）可能通过庇护网络与政党结成密切的关系，进而向社会组织渗透，比如工会等，使其附属于政党。另一方面，也通过自己的集团与政党的骨干和领导人的互动为自己谋求公共领域的公共资源，从而产生了寻租行为。在庇护主义体制中，以庇护主义网络为支撑的政党一般会优先满足自己的委托人（选民）的需求。由此会导致财政上的挥霍浪费、经济行为的

---

　　① Claudio M. Radaelli, "The Europeanization of Public Policy", in Kevin Featherstone and Claudio M. Radaelli, eds., *The Politics of Europeanization*, Oxford University Press, 2003.

扭曲，最终影响国家经济，也使得国内的改革步履维艰。①

由于国内制度设置的不同，成员国的欧洲化产生了不同的干预变量。相对于里瑟等人的分类和概括，拉达埃利将核心干预变量进行了归类和细化，具体如表3-2所示。

表3-2 欧洲化的核心干预变量

1. 产生变化的制度能力
 · 政治体系中的否决行为体
 · 行政领导的范围和类型
2. 欧盟政策的选择时机
3. 政策结构和支持联盟
 · 技术专家/官员的捕获潜能
 · 采纳—执行平衡
 · 合法的政策话语的存在
 · 欧盟政策对于国内倡议/支持联盟的影响

资料来源：Claudio M. Radaelli, "The Europeanization of Public Policy", Claudio M. Radaelli, "The Europeanization of Public Policy", in Kevin Featherstone and Claudio M. Radaelli, eds., *The Politics of Europeanization*, Oxford University Press, 2003, p. 47, Figure 2.3。

首先，政治体系中的否决行为体限制了产生变化的制度能力。一般的政治进程分析首先要观察正式的否决行为体，如果聚焦于具体的政策领域，还要关注到非正式的否决行为体，比如利益集团等。

其次，考察国内行政领导的范围和类型。如果整个行政

---

① Aris Trantidis, "Reforms and Collective Action in a Clientelist System: Greece during the Mitsotakis Administration (1990 – 93)", *South European Society and Politics*, Vol. 19, No. 2, 2014, p. 215.

领导体系是整合的，否决行为体的数量非常少，基本上欧洲化进展就比较顺利。行政领导将会促进政策的变化。如果行政领导是分散的甚至是碎片化的，那么会有部门或政策领域内的否决行为体存在，欧盟引入的政策变化就很难发生。

再次，时间维度。决策者可以操控时间点，比如推迟决定、安排采纳欧盟政策的进程的顺序、控制欧洲化的速度（渐进的或突飞猛进的），也就是时间、时机和速度。

最后是政策结构和支持联盟，具体由以下四个方面组成：其一，技术专家、精英圈。比如经济货币联盟可以通过小型的技术专家、精英群体、核心行政官员主导和执行货币政策上的变化。相比较而言，货币政策容易为一小部分政策精英所掌控。比如利率、国内金融市场等，都需要较为明确的规则以及财政部、中央银行的权能；涉及的政策工具较少，如货币流通总量、利息结构等。其二，政策制定（采纳）和政策执行的平衡。其三，政策话语。在政策层面上阐述变化的合法性、合理性。合法化和政策阐述强调信仰体系的核心作用。其中要点是在何种范围和程度下，欧洲化能够改变政策核心信仰。其四，欧盟政策对于支持联盟的影响。

在实证分析中，运用理性选择制度主义的上述理论框架在欧盟硬治理（硬法）和软治理（软法）领域上具有较强的适用性，但在政府间合作机制以及其他政策领域却没有足够的解释力。据此，学者们又引入了社会学制度主义的解释模式。他们认为，欧洲化也遵循"适当性逻辑"

（logic of appropriateness），也就是说，行为体为集体认同
（例如在一个既定的规则结构中，怎样的行为是合适的以及
为社会接受的）所指导。这些集体认同和主体之间的价值观
影响了行为体界定自己目标的方式以及他们所认知的"理
性"的行为。相比于使自己主观的欲望最大化，行为体致力
于实现社会期待的目标。从这个角度而言，欧洲化被视为一
种新的规则、规范和实践以及新价值建构。成员国不得不将
自己融入这种新的实践和结构中。社会学制度主义者认为，
欧洲化有两种干预变量：第一种是"变化的施动者"
（change agents）。规范的创议者不仅对决策者施压倡议变
化，而且使用道德讨论和战略构建来劝说行为体重新定义自
己的利益和认同，并投身到社会学习、劝说和讨论中。第二
种是致力于构建共识和成本分享，以回应欧洲化导致国内变
化的成本分担。政治文化和非正式制度通过对于什么是适当
性行为的集体认同来强烈影响国内行为体对待欧洲化压力的
方式。首先，以共识为导向或者合作型的决策文化有助于克
服否决点。其次，以共识为导向的政治文化允许分担适应成
本。国内变化的赢者会补偿失败者。规范倡议者和以共识为
导向的文化促使国内行为者将欧盟的规范内化。社会制度主
义逻辑强调辩论、学习和社会化作为机制来推动欧洲化带来
的新规则和认同内化，并产生新的利益和集体认同的定义。
这种逻辑也包含模仿的进程以减少决策的不确定性和复杂
性。模仿也是一种重要的机制，促使成员国向其他伙伴学习

如何有效回应欧洲化的调适性压力。按照社会学制度主义的观点，像希腊外交政策的欧洲化主要就是通过外交界精英的社会化和社会学习实现的。

　　综上，就主流的欧洲化研究成果而言，理性选择主义的"效果论"的逻辑和社会学制度主义的"适当性逻辑"的结合可以解释由欧盟的调适性压力导致的国内政策变化，参见图 3 - 3。

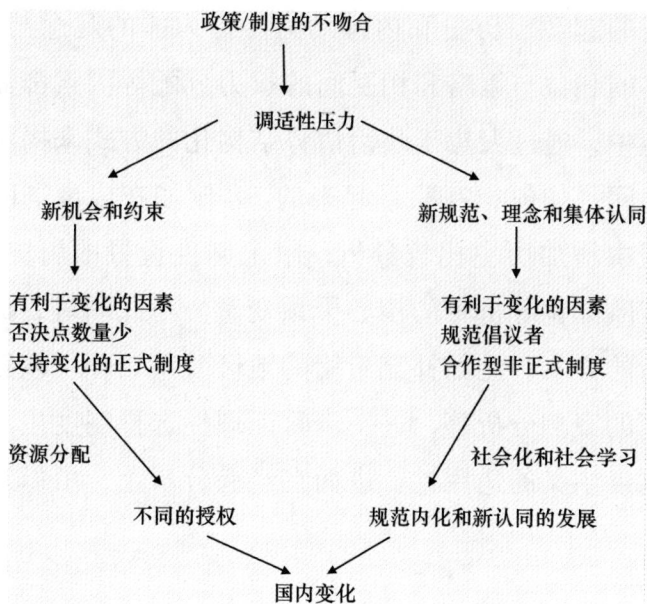

図 3 - 3　国内变化的两种逻辑

　　资料来源：Tanja A. Börzel and Thomas Risse，"Conceptualizing the Domestic Impact of Europe"，in Kevin Featherstone and Claudio M. Radaelli，eds.，*The Politics of Europeanization*，Oxford：Oxford University Press，2003，p. 69。

　　"欧洲化"的研究者认为，理性选择主义的"效果论"逻辑和社会学制度主义的"适当性"逻辑不是互相排斥的，而是相互补充的，可在同一阶段同时发生，并主导欧洲化过程的不同阶段。[①]但两者在欧洲化的实证研究中暴露出的边界不清的问题很可能会导致理论运用的随意性和运用不当的结果。因此有必要在欧洲化的经验分析中增加历史制度主义的研究维度。历史制度主义者认为，制度的发展不仅取决于是否适合当前的环境和政治条件，也取决于制度的起源、历史和内部动力。行为体的观念与身份、行为体的利益与策略和相互间的权力分配等因素都需要置于情境中，通过聚焦于政治情势结构化的方式来揭示这些要素之间是如何相互联系起来的。[②]例如在成员国欧洲化的过程中增加历史比较分析，限定制度设置的历史背景，以确定欧洲化分析中的核心干预变量。与此同时，加大政策分析的样本，比如补充希腊的地区政策、环境政策、移民政策的案例分析等，进一步验证理性选择制度主义和社会学制度主义的适用性。进而在经验分析上，可以准确把

---

　　① Tanja A. Börzel and Thomas Risse, "When Europe Hits Home: Europeanization and Domestic Change", European Integration online Papers (EIoP), Vol. 4 (2000) N° 15, http://eiop.or.at/eiop/texte/2000-015a.htm.

　　② 田野：《国际制度研究：从旧制度主义到新制度主义》，《教学与研究》2005 年第 3 期，第 57 页。

握成员国欧洲化的局限性和欧盟治理的有限性。①

简而言之，欧洲化，即是指在欧洲一体化背景下，欧盟（层面治理体系的产生和发展）对国内结构（主要考察希腊政策领域）产生冲击和影响、促使其适应并发生变化的过程。为便于对希腊不同政策领域的欧洲化进行考察，本章节借用里瑟等人提出的"欧洲化机制"的分析框架，即从欧盟的压力开始分析，再到国内干预变量的考察（国内制度设置的过滤），以及国内政策的适应性调整和变化，最后评估其欧洲化的效果。在运用欧洲化的理论分析框架研究希腊的案例时，需要根据不同的政策领域的干预变量来区别欧洲化的发展逻辑，这也是在本章最后小节增加欧洲化理论视角在实践运用中的适用性解释的原因。

第三节　欧洲化的局限性：希腊制度的特点

如上一节所述，成员国的制度设置将欧盟的压力进行过滤，由此决定了国内政策变化的范围和程度。所谓"制度设置"，即是指一国制度的特性。因此，若要评估一个欧盟成员国的欧洲化水平，不仅要考察外部的约束以及由此派生的变化压力（这是欧盟层面的问题），而且要分析一个成员国特定的政治、经济和社会制度环境的特点。因

---

① Ian Bache and Andrew Jordan, eds. , *The Europeanization of British Politics*, Palgrave Macmillan, 2006, pp. 29 – 30.

为外部的压力通常经过内生的环境被过滤和被内化，只有了解和把握成员国特殊的制度环境后才能分辨成员国应对欧盟压力进行政策变革的能力大小，其遭遇的阻碍因素是什么以及影响有多大。① 因为微观及中观层面的制度特点过于琐细、许多内容与欧洲化并不相关，因此本章节主要从宏观层面分政治、经济和社会三个维度来解读希腊的制度特征：政治上的高度中央集权、政府治理的低效和政治关系上的庇护主义；经济上呈现为政府主导的混合市场经济模式，政府对经济的过度干预；社会上表现为失序的社团主义、公民社会的弱小等。

费瑟斯通等学者的研究认为，20 世纪 70、80 年代希腊恢复民主政体后形成了新的制度模式，具体特征表现如下：第一，政治制度是单一制和高度中央集权。中央政府决定资源的分配，制定法规、政策和计划，地方当局高度依赖于中央政府的授权和偏好。第二，政府是"泥足巨人"，规模庞大、协调性弱、效率低。第三，公共政策决策为领导负责制，一般由部长主导，其亲信担任顾问，缺乏相应的政策共同体、智库来提供技术专家的治理。第四，国内政治的基本特点是政党具有至高无上的主导地

---

① Spyros Blavoukos and George Pagoulatos, "When EU Policy Programs Met Mixed Market Economies: Fiscal Consolidation and Structural Convergence Revisited", Paper Prepared for the ECPR Fifth Pan-European Conference on EU Politics, Porto, 24 – 26 June 2010.

位，同时又是官僚庇护主义的载体。政党政治依靠魅力型
领导，意识形态认同和忠诚度相对较弱。政党之间严重对
立，政党的凝聚力主要基于历史上形成的认同以及恩庇制
度。第五，政治文化的特点是庇护主义盛行、寻租行为渗
透到各个政府部门机构。第六，政府对于经济过度管制。
第七，公民社会弱小，公民的政治参与率低，公民组织缺
乏独立性，比较依赖于政府或者说政党。希腊的"失序的
社团主义"模式导致在社会伙伴的代表性和对话上存在诸
多问题。第八，社会的同质性导致了独一无二的文化上的
"希腊特性"，多元文化特点不明显。第九，外交政策决策
缺乏制度化，受制于国内民粹主义、在核心地区事务上强
调民族主义，在一定程度上对欧共体的政治合作形成了
干扰。①

　　经过西米蒂斯的现代化改革后，希腊制度的核心特征
没有发生根本性改变，而其固有的落后性限制了欧洲化的
成效，例如中央集权，政府权力过大而行政管理低效、腐
败，政党组织结构上自上而下形成强权领导，政治文化上
的庇护主义；经济上政府干预过多、市场经济发展水平较
低；社会领域中失序的社团主义特点仍然存在，公民社会
远未发展成熟；文化上的"希腊性"限制了多元文化主义
的发展等。由上可见，从希腊模式的特点及其缺陷入手，

---

　　① Kevin Featherstone ed., *Politics and Policy in Greece: The Challenge of Modernisation*, Routledge, 2006, "Introduction".

可以找到影响国内政策变化的阻碍因素。鉴于上述费瑟斯通等学者对于希腊模式的归纳过于细碎，以下分别从政治、经济和社会三个维度归纳与欧洲化相关的三个特性。

一　政治上的庇护主义和集权传统

（一）庇护主义政治文化

自19世纪30年代独立建国后，希腊形成的社会道德标准并不是建立在个人主义基础之上，而是基于对集体的忠诚：一种互惠制的等级制度，从家庭到村庄，再延伸至地区乃至希腊整个民族。对于个人而言，内部群体的团结和忠诚非常重要。腐败的土壤也正是基于对这种集体忠诚的追逐。庇护主义（clientelism）和政治庇护（political patronage）也同样扎根于群体的集体价值观。此外，新希腊的建立没有诞生力量强大的资产阶级来促进"小政府"的产生与发展，更没有形成有组织的社会力量去反对政府无限制地扩张自己的权能。一直以来，希腊的公民社会发育不良，自由主义也未曾在现代希腊占据过压倒性的优势。对于希腊政治文化而言，公民社会、不可剥夺的个人权利都是外来名词。希腊的政治文化就是政治无所不在、没有边界、可以"竞购"社会权力。政府偏好给自己的支持者分配权力，政治裙带关系与政治精英相生相伴。20世纪70年代，希腊恢复民主政体后，一个权力过大的政府支配着一个不发达的经济体和公民社会的现象仍然非常突出。

　　虽说庇护主义是南欧国家政治文化的普遍特点，但在希腊表现得尤为明显。"庇护"一词最初来源于人类学，本义是指人际关系中一种角色之间的交换，具有较高社会经济地位的个人（庇护者）使用自己的影响力和资源向社会经济地位较低的被庇护者提供保护和利益，被庇护者向庇护者提供一般性的支持和帮助（包括个人服务）以作为回报。作为一种人际关系交换模式的庇护关系，也不可避免地渗透到政治领域，构成政治生活的一种重要现象。在现代政治生活中，政党逐渐发展成为政治庇护关系的重要载体。作为民主重要标志的政党，利用手中掌握的公共资源如政府职位、公共工程、管制措施以及直接的物质资源，向选民施以恩惠。而社会经济地位较低的被庇护者，在选举活动中以选票来交换上述利益和好处。[①]

　　庇护关系一般在社会经济相对落后、民主水平有限的国家盛行或者作用明显。在希腊，庇护主义文化根深蒂固。1974 年希腊恢复民主政体后，庇护主义呈现出政党作为庇护关系重要载体的特点。主要的大党都是通过庇护主义网络来发展和巩固选民阵营。1981 年之后，希腊政党主要分为三个集团：左派、中左派和中右派。左派以希腊共产党为代表、中左派是泛希社运党、中右派是新民主党。因为希腊共产党一直未进入政府内阁，政治影响力有限。

---

　　① 陈尧：《庇护关系：一种政治交换的模式》，《上海交通大学学报》（哲学社会科学版）2012 年第 4 期。

实际上近 40 年来，希腊政坛一直由中左的泛希社运党和中右的新民主党轮流把持，直到 2015 年激进左翼联盟上台打破这个格局为止。这两个政党的利益是相互冲突和排他型的。但是从 20 世纪 90 年代开始，双方的意识形态逐渐向中间进一步靠拢。新民主党（1974 年成立）的创始人康斯坦丁·卡拉曼利斯将自己的政党的意识形态归为"激进的自由主义"。但是当 1993 年新民主党遭遇失败后，转而寻求更为中间的立场。而泛希社运党在上台后，将自己的"社会主义立场"（如认为希腊是帝国主义的牺牲品，其执政目标是民族解放等）向社会民主主义方向转变。1989 年，泛希社运党加入欧共体议会的"社会党党团"。1996 年，在西米蒂斯的领导下，推行了"现代化改革"。整个 20 世纪 90 年代，在经济货币联盟趋同标准影响下，这两个政党的意识形态和执政目标开始趋同：比如双方在执政时期都追求经济和社会上的自由化改革，并且持亲欧立场。这种政党制度特点的变化对于分析希腊政策欧洲化所遭遇的否决行为体至关重要。因为希腊在 20 世纪 70 年代恢复民主政体后，建立了"党国体制"（party-state）。尤其是 1981 年帕潘德里欧上台后，这个特点更为明显。因此，国内政策制定者都是由政党任命，缺乏独立的政策咨询的智库，而具体政策的决策者——部长身边一般都有自己的专家顾问。希腊政府内部的决策主要是从上至下的，执政党领导人对于政策选择和战略拥有巨大的权力。

官员身边的政策咨询专家对于政策的规划基本上服从于政党的利益，而在整个政党内部，政治领导人拥有专享的权力。

上述可见，当希腊国内政策发生变化时，一般是由政府（或相关部门）拟定新的政策议程，而新政策的发起、目标、内容和计划一般是由执政党的领导人决定的。因此，分析希腊政策欧洲化的国内原点是希腊主要政党对于欧盟及其政策的立场和看法。从 20 世纪 90 年代开始，无论是中右的新民主党还是中左的泛希社运党都基本上向中间靠拢，在政策选择上追随欧盟的自由化改革方向。但关键的问题是，政党也深陷庇护主义的网络，一旦这种向欧盟方向趋同的政策危害到庇护者及其附属的利益集团的利益，将不可避免地受到其有力的狙击。

（二）低效率的大政府

希腊独立之时，因外部面临军事威胁，内部持续爆发政治危机，由此建立了中央集权、旨在高效运转的政治制度。其行政管理的显著特征是政府规模庞大、权力高度集中。可以说，政府几乎在社会的每个领域都处于支配地位。① 但是，希腊政府又被称为"泥足巨人"。所谓"泥足"，是指行政管理效率低下、缺乏规划、责任分散、协调性差等。由于庇护主义文化盛行，在"任人唯亲"的希

---

① Kevin Featherstone and Geõrge A. Kazamias, *Europeanization and the Southern Periphery*, Frank Cass, 2001, p. 76.

腊产生了一个规模庞大的行政管理系统；凭关系上岗的公
务员常常因缺乏专业素养和技能无法有效执行政策。有学
者将希腊的行政管理制度称为"非韦伯式的科层制（官僚
制）"，主要特点如下：（1）公务和个人目标之间界限不
清，公务人员经常利用公共资源满足个人私欲；（2）社会
对不服从正式规则容忍度高，日常行政管理经常使用非正
式形式；（3）行政管理为选举服务、经常是短视行为，与
当下的长期规划和理性评估的行政实践不匹配，导致希腊
的行政管理缺乏前瞻性；（4）更重视程序而不是结果，导
致形式主义至上，漠视行政效力和效率。①

上述特征产生了以下结果：第一，人力资源政策不是
出于工作需要而是受庇护主义影响。虽然政府公务员是分
层的，但是他们的职位不是按照政务所需安排，也并不匹
配相应的知识技能，而是直接由政府任命。政府职位是政
党笼络亲信和选民的重要手段。在帕潘德里欧首任总理时
对该手段的运用更为娴熟，在其任上，政府人员的甄选、
提拔更为随意。庇护标准被用于人员招聘、干部配置、借
调、轮岗和升迁，并且常常通过例外方式（引入非专业标

---

① Theodore N. Tsekos, "Structural, Functional and Cultural Aspects of the Greek Public Administraion and Their Effects On Public Employees' Collective Action", Paper Prepared for the North American ISLSSL & International Association of Labor Law Journals' Workshop, Philadelphia, July 2, 2012.

准，比如社会标准、政治条件等）来绕过韦伯式科层制的
标准考核（比如公务员笔试等），或者通过非正式的行为
（先是临时任命，然后转为永久性任职）变相聘用。

　　第二，公共机构的组织发展不遵从实践需要。公务员
的聘用、调动和升迁经常服从庇护网络、政治要求和恩庇
者的需要。这种庇护主义交易的危害性主要在于超越了个
人之间的影响，而渗透到整个组织安排，由此导致组织上
的混乱以及工作职能的混淆不清，行政部门和公共机构之
间严重缺乏协调。从 20 世纪 70 年代到 90 年代公布的希腊
行政管理研究报告基本上都指向同一个问题：基于庇护主
义原则成立和运行的组织机构和人员冗杂现象越来越严
重，部门等机构的权能相互重叠、冲突，结构性的碎片化
凸显以及横向协调障碍重重。希腊公共行政学院的一项定
量研究对公共管理机构行使职能的效果做了测算，结果是
5 个公共管理机构执行法律规定的 80 项公务，仅有 57 项
活动被执行，仍有 23 项活动（占 29%）完全处于静止状
态。也就是说，近三分之一法律规定的职能没有被执行。

　　第三，日常管理的形式主义以及对不规范的宽容。前
者是过度强调规章制度，从而巧妙地规避结果导向的监管
和评估。而且这种规则被细分为数目众多的类别、亚类别
和例外，从而培育了非正式管理生长的土壤。后者使个人
的法律行为依赖于管理决策者的阐释，使其自由裁量权达
到最大化。

第四，上述三个因素导致政府规划和管控能力的缺失，从长期来看，降低了决策的质量。政府行政管理部门通过个人和集体的庇护网络产生互动只会产生短视的公共行为，以利己的方式运用管理标准，因此，政府政策缺乏长期规划和连贯的执行，而且通常在对己有利的条件下才积极执行。相应地，政府官员的任期也很短。20世纪90年代，18个核心部门的2866个部长和副部长办公室的公务员平均任期仅为6个月。这些制度设置破坏了有效的决策和政策执行的效力。①

而且，在希腊的"党国体制"中，一旦单个政党在大选中获得压倒性胜利，就会全面控制整个政府。无论在任用本党党员担任政府官员还是在议会中制定和通过行政法律都不会遇到挑战。相比之下，在其他成熟的西欧民主国家，执政党在多大范围、多大程度上掌控政府取决于政府、执政党或执政联盟以及公民社会的权力平衡。在希腊，由于公民社会弱小，导致政党在政府中拥有压倒性的权力。在安德烈亚斯·帕潘德里欧执政时期，这个体制得到进一步巩固和发展。在上台后不到两年，泛希社运党辞

---

① Theodore N. Tsekos, "Structural, Functional and Cultural Aspects of the Greek Public Administration and their Effecs on Public Employees' Collective Action", Paper Prepared for the North American ISLSSL & International Association of Labor Law Journals' Workshop, Philadelphia, July 2, 2012.

退了上一任新民主党政府留下的高级官员，包括各个部门的司长、地方行政首脑等。1990 年，新民主党上台后，又改由自己的人员担任，并开始挑选自己的追随者作为公共部门的临时雇员。可以说，政府公职成为执政党用于分配利益和偏好以取悦于选民的工具。①

从 20 世纪 80 年代到 90 年代，希腊公共部门的冗员现象已到了惊人的地步。有数据表明，泛希社运党在第一个任期内，至少任命了几百个部级、省级和公共企业的官员。与 1980 年 12 月相比，1985 年年底希腊的公共部门增加了 22. 4 万个雇员，绝大部分为泛希社运党所雇佣。而新民主党在 1991 年上任第一年，就雇佣了 2. 5 万名新雇员。② 公共部门的雇员总人数从 1981 年的 35. 1028 万剧增到 1992 年的 61. 5956 万，占总人口的 17%。从根源上看，庇护主义政治文化是导致公共部门冗员的重要原因。而冗员的一大恶果是政府公共开支和政府债务规模庞大。1981年，希腊公共开支占 GDP 的 49. 6%，已经远远高于欧共体的平均值。1981 年，希腊公共债务达到 28. 3%，1986

---

① Panayotis C. Ioakimidis, "The Europeanization of Greece: An Overall Assessment", *South European Society and Politics*, Vol. 5, No. 2, 2000, p. 78.

② Dimitri A. Sotiropoulos, "A Colossus with Feet of Clay: The State in Post-Authoritarian Greece", in Harry J. Psomiades and Stavros B. Thomadakis, eds., *Greece, the New Europe, and the Changing International Order*, p. 44.

年已上升到112%。政府规模扩大导致的财政赤字已经成为希腊经济衰退的罪魁祸首。①

希腊的大政府、低效率的特点使其在欧共体事务管理上、执行欧共体政策上的可信性和可行性上大打折扣。在组织上，垂直机构和水平机构之间缺乏协调、相关公务人员缺乏专业知识技能、人员流动频繁。负责欧共体/欧盟事务的经济部（部长）权力过大，决策过程又缺乏技术专家参与、封闭而缺乏透明度。政府机构臃肿和治理能力低下已经成为希腊执行和转化欧盟政策的主要障碍。

自入盟以来，希腊在将欧盟指令转化为国内立法上的比例要远远落后于其他成员国，可以说表现极为糟糕。从机制上来讲，欧盟的指令一般需要通过国内一级立法、总统令或者通过部委的规定/决定（法定文件）来转化和执行。但希腊的情况较为特殊，其议会在转化欧盟立法上的作用非常小。批准希腊入盟的第945/1979法令规定：在希腊法律体系中采纳欧共体法律的最后责任在于国家行政机构，这是由1975年宪法第43条第4款规定，由总统令加以落实。1975—1979年，希腊议会总共参与了四次欧共体立法；1983—1993年，仅批准了31项与欧共体相关的

---

① Panayotis C. Ioakimidis, "The Europeanization of Greece: An Overall Assessment", *South European Society and Politics*, Vol. 5, No. 2, 2000, p. 77.

法律，包括《单一欧洲法令》和《欧洲联盟条约》。①

　　具体而言，转化欧盟法主要由负责欧共体法的法律部（隶属于外交部）负责。然而，由于转化率太低，按照总统令18/2010，又在部长会议秘书处下面设立了"国际和欧洲事务办公室"，目的是监督、协调和提供法律和技术支持，保障政府当局将欧盟指令转化为希腊法律。负责欧盟指令转化的最高领导是副总理。近年来，希腊政府又专门建立了部门间的电子信息系统来监控转化率以及违反欧盟法律的比例，并从以下三个类别收集数据：非嵌入指令的具体名单、非嵌入指令的一览表以及违反欧盟法的一览表，每月在网上发布。政府工作人员由此可以获得最新的信息。

　　来自欧盟委员会的统计数据显示，尽管希腊公众对于欧盟的成员国身份给予高度支持，但希腊仍然是执行欧盟法律（包括执行《单一欧洲法令》、"里斯本战略"等）最差的国家之一。1980—2005年期间，就违约的通告数量、附具意见数量和提交法院数量②而言，希腊在欧盟15

---

　　①　Yannis Valinakis，"Greece's European Policy Making"，GreeSE Paper，No. 63，2012.

　　②　欧盟委员会对成员国违反基础条约的处理程序为：委员会对违约国家提出通告，要求相关国家在特定时间内做出答复；如果委员会不满意成员国的解释，则出具意见，要求相关国家在特定时间内将纠正措施通知委员会；如果成员国未能保证遵守欧盟法，委员会则将案件提交给欧洲法院。

国中基本位于前三名。

表 3 – 3　　　　　欧盟成员国违约情况统计：通告数

	1980 年	1985 年	1990 年	1995 年	2000 年	2005 年
比利时	34	68	67	80	92	68
丹麦	15	27	35	42	54	37
德国	14	29	61	92	92	63
希腊	*	69	121	113	115	104
西班牙	—	—	114	81	93	73
法国	34	93	76	97	110	77
爱尔兰	25	33	52	67	91	54
意大利	39	70	110	114	118	136
卢森堡	26	37	43	71	78	75
荷兰	21	48	61	59	64	57
奥地利	—	—	—	4	85	59
葡萄牙	—	—	176	115	120	85
瑞典	—	—	—	0	72	48
芬兰	—	—	—	0	63	59
英国	19	29	44	77	70	60
欧盟 15 国	227	203	960	974	1317	1055

资料来源：欧盟委员会，转引自 Kevin Featherstone and Dimitris Papadimitriou, *The Limits of Europeanization Reform Capacity and Policy Conflict in Greece*, Palgrave Macmillan, 2008, p. 6.

表 3 - 4　　　　　欧盟成员国违约情况统计：附具意见数

	1980 年	1985 年	1990 年	1995 年	2000 年	2005 年
比利时	10	37	29	19	34	33
丹麦	2	4	5	1	7	6
德国	3	17	20	25	40	27
希腊	—	30	39	26	35	70
西班牙	—	—	15	15	32	35
法国	10	36	17	17	43	48
爱尔兰	5	10	17	3	27	28
意大利	19	61	58	36	50	93
卢森堡	5	16	14	9	40	49
荷兰	7	11	20	4	16	20
奥地利	—	—	—	0	33	22
葡萄牙	—	—	11	22	46	65
瑞典	—	—	—	0	13	18
芬兰	—	—	—	0	14	21
英国	7	11	6	15	30	22
欧盟 15 国	68	233	251	192	460	561

资料来源：欧盟委员会；转引自 Kevin Featherstone and Dimitris Papadimitriou，*The Limits of Europeanization Reform Capacity and Policy Conflict in Greece*，Palgrave Macmillan，2008，p. 6。

表 3 - 5 　　　　　欧盟成员国违约情况统计：提交法院数

	1980 年	1985 年	1990 年	1995 年	2000 年	2005 年
比利时	8	23	13	6	5	7
丹麦	1	2	3	0	0	2
德国	1	9	5	10	11	12
希腊	—	10	10	12	23	18
西班牙	—	—	3	6	8	6
法国	4	14	6	6	27	12
爱尔兰	1	9	3	6	17	9
意大利	11	31	24	17	24	34
卢森堡	2	6	4	3	16	18
荷兰	—	4	2	0	12	9
奥地利	—	—	—	0	8	9
葡萄牙	—	—	2	4	10	6
瑞典	—	—	—	0	3	6
芬兰	—	—	—	0	4	10
英国	—	5	2	2	4	7
欧盟 15 国	28	113	77	72	172	165

资料来源：欧盟委员会；转引自 Kevin Featherstone and Dimitris Papadimitriou, *The Limits of Europeanization Reform Capacity and Policy Conflict in Greece*, Palgrave Macmillan, 2008, p. 6。

2010 年 9 月 23 日，内部市场记分板显示，希腊内部市场法令转化赤字为 2.4%，在欧盟国家中属于赤字率最高而且逾期最久的国家。这种长期存在的趋势反映了希腊负责转化欧盟法的机构效率低下、缺乏协调。①

即使在政府治理能力较差的南欧地区，希腊与其他三国相比，其政府效率指数也基本上处于垫底状态。进入 21 世纪后，情况略有好转，也仅高于意大利一国，参见表 3 – 6。

表 3 – 6　　希腊政府效率指数（南欧四国，1996—2005 年）

年份	希腊	意大利	葡萄牙	西班牙
1996	0. 79	0. 97	1. 10	1. 60
1998	0. 87	0. 93	1. 37	1. 70
2000	0. 73	0. 86	1. 10	1. 75
2002	0. 89	0. 88	1. 19	1. 82
2004	0. 81	0. 68	1. 07	1. 36
2005	0. 66	0. 60	1. 03	1. 40

资料来源：M. Karamessini, "The Southern European Social Model: Changes and Continuities in Recent Decades", Discussion Paper, 2007, International Institute for Labour Studies；转引自 Spyros Blavoukos and George Pagoulatos, "Fiscal Adjustment in Southern Europe: The Limits of EMU Conditionality", GreeSE Paper, No. 12, March 2008, p. 30.

注：分数从 – 2. 5 到 2. 5 由低到高排列。分值越高，表明效率越高。

综上，历史形成的庇护主义政治文化导致政府的角色和作用存在结构性缺陷。一个规模庞大、缺乏专业素质、协调差的政府官僚机构造成了政府治理能力的低下，也影响

---

① Yannis Valinakis, "Greece's European Policy Making", GreeSE Paper, No. 63.

了欧盟政策执行效率和结果。政府资源为特权利益集团所占有，腐败和寻租行为猖獗，不利于市场经济的发展："失序的社团主义"扭曲了利益代表机制，阻碍了改革共识的形成，从而使国内政策的改革时有反复、走走停停。①

二 政府主导的混合型市场经济模式

为了分析在外部压力如全球化的压力下，民族国家的反应与政策调整为何不同时，霍尔（Peter A. Hall）和索斯凯斯（David Soskice）曾将欧美国家分成了两种基本的资本主义模式。其划分依据是是否为市场导向，以及经济体系中的子系统比如企业等与市场的关系等。第一种是自由市场经济模式（LMEs），其代表国家为美国、英国、澳大利亚、加拿大、新西兰和爱尔兰。其特点是强调自由竞争、市场力量对经济发展的作用；企业在一个竞争和正式缔约的环境中公平交易和合作。第二种是协调市场经济模式（CMEs），如德国、日本、荷兰和瑞典即属于此种经济模式。其特点是在市场经济运行中有政府的干预和引导；企业更多地依赖非市场关系来解决其协作的问题，包括金融和工业关系。其经济结构是一种嵌入式的公司机构和集体组织网络，鼓励协作关系以及对其他行为体的利益、战

---

① 上述关于政治模式的缺陷问题的探讨，详见 Kevin Featherstone and Dimitris Papadimitriou, *The Limits of Europeanization Reform Capacity and Policy Conflict in Greece*, Palgrave Macmillan, 2008。

略保持敏感度。① 但显然，像希腊这样的南欧国家无法归入到上述两种经济模式中。因此，梅琳娜（Oscar Mjolina）和罗兹（Martin Rhodes）在霍尔和索斯凯斯的理论框架下发展出第三种模式：混合型市场经济（Mixed Market Economies，MMEs）模式，既有自由市场，也有政府干预。与自由市场经济模式不同的是，在这个模式中，工会和雇主拥有更为强大的组织结构，但是更加碎片化，对自己利益的表达不如协调型市场经济模式的国家那么顺畅，而且存在更多的问题。在提供集体公共产品上以及在集体谈判上进行自主的协调等存在较多的困难。但是他们在否决改革上又拥有较为强大的力量。在这些国家，改革比较艰巨，其结果依赖于政府行为体的领导力、能否克服这些协调合作的问题，以及应对国内的否决点。而且，建立改革联盟的时间比自由市场经济模式以及协调型市场经济国家更为漫长、问题更多。此外，混合型市场经济模式国家的社会保障总体水平较低，就业保护程度高。②

---

① ［美］彼得·A·霍尔等：《资本主义的多样性：比较优势的制度基础》，王新荣译，中国人民大学出版社 2018 年版。

② Oscar Molina and Martin Rhodes，"Varieties of Capitalism and Mixed Market Economies"，APSA-EPS Newsletter，2005，转引自 Kevin Featherstone，"'Varieties of Capitalism' and the Greek Case：Explaining the Constraints on Domestic Reform?"，GreeSE Paper，No 11，Hellenic Observatory Papers on Greece and Southeast Europe，February 2008，pp. 14 - 15.

相对前两种资本主义模式，这个模型的确更能解释希腊的经济社会特征。希腊经济本身具有如下核心特点：（1）政府管理规模相对于 GDP 的比例过于庞大，而政府效率又处于较低水平，从而削弱了提供公共产品的能力。加上腐败和偷税漏税盛行，破坏了企业竞争力和公共服务的有效供给。（2）大型企业数量少，微型、小型和中型企业数量多，导致政府在经济中的影响过大以及在利益协调中担任多重角色。（3）市场偏狭、贸易保护主义盛行，在遵从法律上存在很多的问题。政府管制程度较高、企业竞争水平低，重要产业部门就业保护性强。因此，希腊的许多经济活动经常绕过政府的管制在地下进行，由此形成大规模的黑色经济。（4）工会主要是公共部门的工会势力较大。工商业协会主要代表少数的企业，而不是大量的小型企业。三方对话和谈判主要反映了工会和大商业集团的利益，公共部门雇员在其中占据相当大的优势，微型和小型企业代表性较差。妇女、非全日制工人和临时工以及失业人员（没有加入工会或者加入工会）的声音微弱。（5）政府在社保上的开支相对较高。但整个社保体系是扭曲的，反映了特权阶层的政治利益。其一，社保的公共开支占 GDP 的比例迅速增长；其二，政府提供的社保范围有限，公务员的福利水平高，而家庭补贴的支出非常低。其三，其他的社会福利也是补丁式的，失业津贴水平低，覆盖范围狭窄和领取期限短。因此，在实际生活中形成的福利"赤字"往往由家庭弥补，这就削弱了就业的流动性和灵活性。而且福利津贴领取资格存在不平等现象，导致贫困率在欧盟成员国中处于较高水平。①

但是，正如有学者所指出的，混合型经济模式的称谓比较模糊，因为它一般指政府干预与市场机制的混合和融合。而欧美国家的现代市场经济通常都属于混合型市场经济模式，既有政府干预又有自由市场经济。② 因此在使用混合型市场经济模式的概念归纳希腊的经济制度特点时，需要突出其政府主导型的特点。从二战后经济发展史来看，政府驱动型发展是希腊经济模式的主要特点。帕格拉托斯认为，希腊在第二次世界大战后是一个虚弱的"发展型国家"，推行国家驱动型政策模式、市场受到国家干预和保护，公民社会不发达，工业化姗姗来迟，依赖于希腊移民的外国资本等。政府对经济的干预和影响过大，主要表现为管制范围广、干预力度大、贸易保护主义盛行、政府对国有企业给予大量补贴等。艾欧柯米迪斯认为，在希腊加入欧共体之前，政府是最大的企业主和雇主，在所有

① Kevin Featherstone, "'Varieties of Capitalism' and the Greek Case: Explaining the Constraints on Domestic Reform?", GreeSE Paper, No 11, Hellenic Observatory Papers on Greece and Southeast Europe, February 2008.

② 田春生：《美、德、日三种经济模式的调整与改革——从国家与市场力量变化的角度观察其走向》，《世界经济》1997 年第12 期，第18—22 页。

的经济领域控制着不知道多少数量的商业。政府通过建立和经营国有企业和公共企业对经济活动进行干预，通过或明或暗的管制来控制商业活动。直到现在，在生产领域和劳动力市场，希腊都是欧盟中管制最严的国家之一。①

此外，希腊劳动力市场僵化、缺乏灵活性的问题也比较突出，几十年来，已经形成了被保护的核心群体、中间层和边缘群体，尤其是在非正式就业、临时就业领域和失业人员中。在公共部门就业的人员享受高水平的就业保障，并寻求捍卫自己的利益。在缺乏失业津贴和职业培训制度的希腊，就业保护成为宝贵资源，这说明劳动力市场和养老金制度具有密切的联系。希腊政府对经济的高度管制和扭曲的福利制度相伴相行。私人部门的雇员就业保障低，且经常隐身于大量的小型家族企业中，没有工会代表发声或者只能加入力量薄弱的工会。公共部门和公务员工会力量强大，并能影响关键政策的决策者。而雇主协会（SEC）根据自己在受保护的产业中获取的利益支持反竞争的生产管制。相反，大量的小型和微型企业（潜在的自由市场措施的支持者）由于没有强大的联合会作支撑，声音微弱。因此在欧盟压力下，在推动自由化市场经济和私有化改革时，整个利益协调过程充斥着不同的利益集团的

---

① Panayotis C. Ioakimidis, "The Europeanization of Greece: An Overall Assessment", *South European Society and Politics*, Vol. 5, No. 2, 2000, p. 77.

声音，而且由于缺乏协商型的对话文化，经常发生对抗性的冲突，直接导致政策的流产或停滞。

　　一般而言，欧盟推崇的市场自由化改革，比如劳动力市场的灵活性、私有化等，只能得到少量、力量弱小的企业主和雇员的支持。而且利益协调机制又对公共部门雇员和特权阶层（少量大型私营企业）这些核心社会伙伴有利，他们害怕面对更为开放的竞争和水平降低的国家福利供给，通常会抵制自由化改革。上述关键行为体，是希腊制度环境的内在组成部分，也往往是决定国内政策变化的主要干预变量。虽然来自欧盟的压力提供了政策议程设置的理由、合法性以及国内执政党等一些核心行为体的战略机会，但最终的变化取决于这些行为体能否建立起有力的支持联盟，并最终战胜否决行为体的阻挠。

三　"失序的社团主义"

　　成员国内部制度环境的重要组成部分是政府与社会伙伴的关系。从历史上来看，希腊政府、工会以及雇主三方之间的关系较为复杂。自希腊独立建国后，由于政府权力的膨胀，在社会领域逐步建立了"国家社团主义"（statist corporatism）模式。从一般定义来看，"社团主义"，是指工会、雇主（行业）与政府三方进行谈判、达成协议的社会机制，目的是将经济生产的利益以更为公平的方式分配给社会上的成员，并在经济衰退期或者通货膨胀的时期通过谈判施加工资的限制。"社团主义"是指在议会代表渠道之外，通过有组织的社团（如雇主协会、工会、职业团体等）取得正式资格而参与社会经济政策的确定和实施的机制。就此而言，"社团主义"也是一种利益调整的模式。①"国家社团主义"，顾名思义，就是政府在三方关系中占有非常重要的地位，发挥强大的干预功能。在希腊，政府干预的传统最早可追溯到埃莱夫塞里奥斯·维尼泽洛斯担任首相时期，他在 1910 年出台了一揽子立法使政府对于工会运动的干预合法化。在安尼斯·梅塔萨斯独裁时期（1936—1941 年）、上校军团政权时期（1967—1974 年），政府干预进一步加强。很长一段时间以来，希腊维持着一个极为分散而又高度管制、缺乏透明的社团主义结构，工人集体谈判受到政府的严格管制。到了 20 世纪 90 年代，政府和政党对于工会组织和活动的干预开始放松。工会的财政自治有所发展。希腊最大的工会——劳工总联合会获得了政治自治地位，集体谈判开始自由化，三方的社会对话渐渐有了起色，但仍然摆脱不了走走停停的状态。关于养老金改革的 1997 年和 2000 年的"三方社会对话"相继宣告失败，主要原因就是长期以来政府、雇主和工会之间缺乏信任，无法形成协商型的对话文化。

除了三方社会伙伴缺乏信任以及合作型谈判文化之

---

① 申建林：《西方社团主义的利益调整模式》，《国外理论动态》2010 年第 2 期，第 39 页。

外，希腊社团主义的另一个特点是工会力量分布不均衡：
工会的数量少，在一些劳工团体中缺乏组织和代表，大量
小企业未被纳入集体协定中；而国内两大工会（希腊劳工
总联合会和公务员协会）力量强大，并能有效地影响经济
和社会政策决策者的立场。它们的立场是拥护中央集权制
和反对竞争，极力维护自己的既得利益。雇主协会也存在
类似的特点，少量雇主协会仅代表极少数大企业的利益。
这些大企业往往具有国有企业或前国有企业的背景，倾向
于维持既有的市场管制、贸易壁垒和稳定的产品需求，反
对自由化竞争。按其本义来看，社团主义机制只有在劳工
（雇员们）被高度组织、各种工会依照等级制度被合并为
单一的工会联盟，并统一代表所有的劳工与雇主谈判时才
能真正发挥作用。但希腊恰恰并不具备这样的条件，而且
政府的强大干预使社团主义机制失去了利益协调、促进经
济发展、社会和谐的重要功能。据此，有学者将希腊的社
团主义称为"失序的社团主义"（disjointed corporatism）。[1]
它所具有的政府干预力度大、社会伙伴之间缺乏信任和协
商、有的工会或雇主协会基于自己的特殊利益阻挠工资调
节或经济政策的调整等特性恰恰是国内适应欧盟压力的政

---

① 　Kevin Featherstone，"'Varieties of Capitalism' and the Greek
Case：Explaining the Constraints on Domestic Reform?"，GreeSE Paper，
No. 11，Hellenic Observatory Papers on Greece and Southeast Europe，
February 2008，p. 5.

策变化、推动市场化改革的障碍。希腊的"失序的社团主义"的根源与表现也是本文分析国内政策变化否决行为体的重要逻辑起点。

此外，希腊的"失序的社团主义"模式同样反映出政府和社会的传统关系结构的缺陷——过于强大的政府和相对虚弱的公民社会，这是基于共识进行的改革的障碍。无所不在的政府通过垂直的庇护网络与社会连接。依附于政府和政党的特权利益集团对社会资源的垄断，以及缺乏制衡的社会伙伴，不仅不能为希腊经济的自由化改革创造良好的条件，而且依赖于社会控制和调节的经济发展战略也会受到消极影响。不少学者认为，希腊政策变化的一个潜在阻力是社会资本①水平较低，这也是影响公共政策改革进程的关键变量。首先，低水平的社会信任与社会/政策网络（通过信息和知识的传播促进社会学习）中的行为体之间缺乏联系。其次，低水平的社会资本影响了其他行为体有效参与政策网络，由此阻止了支持联盟（或者说以议

① 对于"社会资本"概念，尚没有为人们普遍认同的定义，从其基本内涵看，社会资本是相对于经济资本和人力资本的概念，它是指社会主体（包括个人、群体、社会甚至国家）间紧密联系的状态及其特征，其表现形式有社会网络、规范、信任、权威、行动的共识以及社会道德等方面。社会资本存在于社会结构之中，是无形的，它通过人与人之间的合作进而提高社会的效率和社会整合度，http：//baike. baidu. com/link？url = eudRUh-Q1TSU0CEFQ72mv H1PoDMGCcRZ WTpcMY2hq4v3OP8UuEAhvAwoFmw4JCfmwJybmnmtb3w DzawV1NEH-q。

题为导向的特殊的政策网络，如政策共同体、独立的智库）的形成，不利于政策学习和推动改革进程，尤其在欧盟软治理的开放式协调方法领域表现更为突出。

自 20 世纪 80 年代初希腊加入欧洲一体化之后，它在欧共体/欧盟压力下进行的诸种改革都或多或少受到了"失序的社团主义"的消极影响。

本书第一章梳理了希腊加入欧洲一体化的历程，指出希腊与欧盟的关系呈现了一个由远及近、从疏到亲逐步发展的历程。尤其是希腊从 20 世纪 90 年代开始与欧盟关系走近，亲欧派西米蒂斯 1996 年上台之后，欧洲化色彩更趋于浓厚。但在着手进行欧洲化案例分析时，首先需要解答的问题是，如何甄别成员国的政策变化是由欧盟（即受到欧盟的压力而进行政策调整）而非其他外在因素而引发的。为此，本章节对希腊的现代化（内因）与欧洲化（外因）的融合进行了分析和总结，进一步说明自 20 世纪 90 年代中期后希腊国内的重要政策变化与欧盟具有密切关系，全球化等外在因素的相关性并不显著；在对希腊国内政策变化的主要刺激和来源进行甄别后，对国内制度特点进行解析。因为这是欧盟压力导致希腊国内政策变化的最核心的环节。从笔者掌握的文献来看，当代希腊的制度呈现了以下三方面特点：（1）庇护主义的政治文化及中央集权的传统；（2）政府主导的混合型市场经济模式；（3）"失序的社团主义"。这些特点在理论上可以解释希腊欧洲化在国内遭遇了什么样的阻碍因素。当然不同的政策领域以及不同的历史阶段，各个制度行为体或者说干预变量的影响力并不相同，这需要在实际案例中进行检验。希腊固有的制度特性与欧盟标准（如市场经济、自由民主制度、法治社会等）的"不吻合"产生了显著的"调适性压力"，但这种压力越大，并不一定意味着欧洲化的效果越显著，而是需要根据具体的政策领域，分析国内干预变量（国内制度特点）的影响，来客观评估欧洲化的效应。故本书将在以下各章分别展开分析。

第四章　希腊经济政策的欧洲化

　　鉴于欧盟对不同政策领域诉诸不同的治理方式，本书选择了经济（货币）政策、社会（养老金）政策和外交政策三个具有较大殊异性的案例逐一进行剖析。从经济层面上看，20世纪80年代以来欧盟的重大政策规划有三项：1980年代的单一市场（Single Market）、1990年代的经济货币联盟（European Economic and Monetary Union）以及2000年代的《里斯本议程》（*Lisbon Agenda*）。① 其中经济和货币联盟的建立标志着欧洲一体化达到一个新的高峰，而该联盟对于希腊经济政策的欧洲化影响也最为显著。因此，本章将从经济货币联盟的角度切入，分析希腊经济政策欧洲化的动因、内容和效果，以及欧洲一体化给希腊经济带来的影响。

---

　　① 此处"政策规划"是指拥有最优先考虑的政策目标、最重要的政策内容。

第一节　欧洲经济货币联盟的发展

一　欧洲经济货币联盟的建立

为了巩固内部单一市场的建设成就，建立一个更为统一和强大的联盟，欧共体在 20 世纪 90 年代初启动了经济货币联盟进程，欧洲经济一体化由此进入区域整合的高级阶段。①

根据 1989 年 4 月出台的"关于欧洲共同体经济货币联盟的报告"（"德洛尔报告"）及有关决定，经济货币联盟共分为三个阶段完成：1990 年 7 月 1 日启动第一阶段，主要是加强经济和货币政策的协调合作，取消外汇管制，允许资本自由流动，所有成员国都纳入欧洲货币体系的汇率机制并实施相同的波动幅度。第二阶段于 1994 年 1 月 1 日开始，主要是建立欧洲货币局，为成立欧洲中央银行、实现统一货币准备条件，制定所需的规章和程序；逐步缩小汇率波动幅度，避免法定汇率的调整；促进埃居（欧洲统一货币）的使用并扩大其功能。在第一、第二阶段，各成员国应使经济状况尽可能达到条约规定的趋同标准，向经济形势最好的国家靠拢。1999 年 1 月 1 日，欧洲经济货币联盟进入第三阶段，欧元正式启动，欧洲中央银行作为

---

① 吴弦：《欧洲经济一体化：由来、发展与前景》，载周弘主编：《认识变化中的欧洲》，社会科学文献出版社 2013 年版。

整个欧元区的中央银行开始运作，它负责政策决策，而成员国的中央银行起到执行货币政策的作用。①

　　1990年12月，政府间会议开始商议修改《罗马条约》，以明确货币联盟的目标、机构和制度安排以及实施阶段等内容。经过整整一年的谈判，欧共体各成员国政府首脑在1991年12月缔结了《欧洲联盟条约》，为建立"经济货币联盟"奠定了法律和制度基础。经济货币联盟作为欧洲联盟最重要的一根支柱，具有严格的经济标准和中央管理法规，执行共同体立法程序，② 即采用"共同体方式"，是属于欧盟的"硬法"。在实践中，联盟建设遵循了分三个阶段完成的渐进主义和经济趋同的原则，加入经济货币联盟的国家必须首先满足五项经济趋同标准（第109j条款）：（1）通货膨胀率不能超过通货膨胀率最低的三个国家的平均率的1.5个百分点；（2）长期利率不能超过通货膨胀率最低的三个国家的平均利率的2个百分点；（3）货币汇率必须在此前两年的时间里保持在汇率机制允许的幅度内而没有贬值；（4）政府年度预算赤字不能超过国内生产总值的3%；（5）公共债务不能超过国内生产总

---

　　①　王鹤：《欧洲经济货币联盟建设经历了几个发展阶段？》，http：//ies. cass. cn/Article/yjsjy/kyfd/200911/1861. asp。

　　②　即委员会创议、议会参与、理事会以有效多数表决的决策机制。参见王鹤《欧洲经济货币联盟》，社会科学文献出版社2002年版，第54页。

值的60%。此外，为了帮助贫穷成员国如希腊达到趋同标准，共同体还设立了凝聚基金以提供发展援助。①

二　经济趋同对成员国的压力

不少学者认为，经济货币联盟是最适合用来分析"欧洲化"的政策领域，因为从中可以观察到成员国在货币领域的规范、制度和政策完全向欧盟的规范、制度与政策框架适应、变化乃至遵循的过程。毫无疑问，经济货币联盟是"一种特殊的政策体制"，区别于历史上或者说现今任何一种货币联盟的是，它在成员国中统一使用一种货币，并由同一个中央银行来管理等。② 因为经济货币联盟的建设目标、入盟标准明确写入了《欧洲联盟条约》，因此它带有强制性义务，即成员国需要通过履行基础性条约和"二级立法"的法律义务来实施货币和汇率政策。③ 整个20世纪90年代，欧共体成员国在加入经济货币联盟的压力下，对货币和汇率政策领域进行了大幅度调整，并向马约标准趋同，最终产生了单一货币。但货币政策的"欧洲

---

① 参见王鹤《欧洲经济货币联盟》，社会科学文献出版社2002年版，第54页。

② 不过，虽然成员国向欧共体让渡了货币政策的权能，但仍然拥有财政政策和经济政策的自主权。

③ George Andreou and Nikos Koutsiaras, "Greece and Economic and Monetary Union", in Dionyssis G. Dimitrakopoulos and Argyris G. Passas, eds., *Greece in the European Union*, Routledge, 2004, p. 87.

化"的速度和程度在成员国内表现并不一致。希腊的进程要远远落后于其他欧共体成员（它们早在 20 世纪 80 年代即已开始相应的宏观经济政策的调整和改革，以使本国的经济融入欧洲货币一体化），而且其发展过程带有本国的特点和复杂性。

此外，为了积极配合货币政策目标的实现，欧盟对各成员国的财政政策实行高度协调。因此，自 1997 年之后，成员国又向更为全面和严格的经济货币联盟政策体制迈进了一大步，主要是为了让欧盟成为更有竞争力的经济体展开结构经济改革，其决策方式也转向软法或者说软治理，并产生了开放式协调方法。第一，协调就业。欧盟发表就业战略，从 1998 年开始以"就业行动纲领"和"就业计划"（卢森堡进程，1997 年）方式实施。第二，成员国推行综合的全面性结构改革（卡迪夫进程，1998 年），以提高生产率，并相应提升创新能力、货物流通和资本市场的效率。第三，协调宏观经济政策，在欧盟和成员国层面引入"宏观经济对话"（科隆进程，1999 年）。第四，2000 年，里斯本进程推出开放式协调方法，涵盖多个经济政策领域，比如"经济政策指导原则"（Broad Economic Policy Guidelines，BEPGs）、劳动力市场（欧洲就业战略）、福利改革（社会融合与养老金）。这些进程被纳入共同战略目标，意图将欧盟打造成为世界上最有竞争力和活力的知识经济体，维持经济的可持续发展，同时创造更多、更好的就业岗位，并增强社会团结（里斯本战略）。①

可以说，在经济货币联盟政策体制的外围还包括软性协调（开放式协调方法）的内容。一方面，成员国通过"经济政策指导原则"协调宏观经济政策。另一方面，通过一系列相互区别又相互联系的多边监管，成员国发展了共同的概念性框架和战略来推动这些改革。欧盟的监管也成为改革的催化剂。首先，每个成员国对于软性协调的同行评议都有所反应（通过自己的方式和步调）；其次，多边监管逐渐和内部市场立法相连（竞争、税收、研发和环境政策）；最后，主要的财政支出政策（共同农业政策和凝聚政策）受到改革的压力和影响。

总体而言，经济货币联盟建设或多或少表现出欧盟对于宏观经济政策的一贯立场，被贴上了"稳妥的货币和财政范式"的标签。这种以（增长和）稳定为导向的宏观经济政策包括三个元素：以价格稳定为目标的货币政策、可持续的合理的预算以及与价格稳定目标相一致的名义工资趋势。

因为宏观经济政策并不直接负责就业和增长，因此，这个任务很大程度上落在供给型财政政策以及结构改革政

---

① George Andreou and Nikos Koutsiaras, "Greece and Economic and Monetary Union", in Dionyssis G. Dimitrakopoulos and Argyris G. Passas, *Greece in the European Union*, Routledge, 2004, pp. 87 – 88.

策身上。在欧洲一体化深入发展的新环境下，追求更负责任的财政和结构政策的重要性更为凸显。对于希腊而言，首先面临实现单一货币政策的压力，其次是财政协调和结构改革的挑战。

第二节　希腊经济政策的欧洲化

一　经济政策欧洲化的动因

当欧洲层面的经济货币联盟快速推进之时，希腊政治正处于动荡不安的局面。就在《德洛尔报告》发布后的一年里，希腊经历了四届政府的更迭。由于深陷腐败等系列丑闻，泛希社运党领袖帕潘德里欧（1981—1989年任总理）被迫下台。1989 年 6—10 月，由新民主党、左翼与进步力量联盟组成联合政府，10—11 月组成看守政府。1989 年 11 月—1990 年 4 月，由新民主党、泛希社运党、左翼与进步力量联盟组成大联盟政府。在 1990 年 4 月的大选中，新民主党以微弱优势获胜，组成单一政党政府，米佐塔基斯出任总理，但其任期也仅维持了四年。

这一时期，希腊的经济经历了大衰退，各项指标基本处于欧共体最低水平。1990 年，通货膨胀率达到 20.4%，居于欧共体国家首位；公共开支需求占 GDP 的 21%，处于欧共体最高水准；人均 GDP 最低，仅占欧共体平均水平的

47.2%；而 GDP 增长率为 - 0.1%。[①] 而且，更为严重的是，由于国内政局不稳，各项经济指标预测持续走低。对于当时的希腊而言，达到马约的趋同标准近乎是不可能完成的任务。时任欧盟委员会主席的德洛尔写信给希腊总理克塞诺丰·佐洛塔斯（Xenophon Zolotas），警告说"希腊恶化的经济状况正为我们所有人重点关注"，言下之意是希腊的糟糕局势对欧共体实现共同目标（经济货币联盟）构成了威胁。不可否认，希腊步履维艰的经济状况是由 20 世纪 80 年代泛希社运党实施扩张性的财政政策造成的。扩张性的财政政策与松散的货币政策相结合形成高通货膨胀率以及德拉克马的持续贬值，导致国内经常账户赤字高企，而不得不使用欧盟的转移支付和国外贷款来平衡。

到了 20 世纪 90 年代初，无论是决策者还是普通民众都意识到，20 世纪 80 年代的扩张性经济政策已进入"死胡同"。它既不能带来经济增长，也不能保障充分就业；相反，其导致了高水平的通货膨胀、停滞的经济增长、高失业率以及不断上涨的财政赤字。对于希腊政府而言，经济政策调整刻不容缓。而加入欧洲经济与货币联盟、引入单一货币、实施共同的货币政策乃至建立稳定的宏观经济环境被希腊政府视为改善货币政策和经济管理的有效途

---

① George Pagoulatos, "Economic Adjustment and Financial Reform: Greece's Europeanization and the Emergence of a Stabilization State", *South European Society and Politics*, Vol. 5, No. 2, 2000, p. 191.

径。再者，如果不加入经济货币联盟，则有被欧盟边缘化而成为联盟的二流成员国之虞。但是，面对严格的趋同标准，比照自身极为糟糕的经济指标，希腊政府心中不免打鼓，对于欧洲经济货币联盟的心态极为复杂。1990年上台的新民主党政府认为，经济货币联盟对希腊是一种压力，但同时也是一种机会。当时的新民主党政府秉持的立场是：（1）避免为经济货币联盟所孤立，游说欧盟放宽准入标准，将此视为一项政治决定，并且允许慢速前行，也就是说，希望希腊能如期加入经济货币联盟，但鉴于离入盟标准尚远，希望欧盟放宽标准，让希腊入盟；（2）寻求建立新的凝聚基金，目的是帮助贫穷落后的成员国如希腊加入经济货币联盟；（3）希腊将加入经济货币联盟视为潜在的杠杆，可以使其在其他如政治联盟的谈判中（主要针对土耳其）获得更为可靠的收益。① 总体来看，加入经济货币联盟是希腊政府的主动选择。米佐塔基斯总理上任后即着手对经济政策进行调整。从1990年开始，达到马约趋同标准成为希腊政府规划和实施经济政策的核心内容，加入经货联盟成为希腊欧洲化的第一驱动力。

当时，米佐塔基斯政府放弃了20世纪80年代泛希社运党实施的扩张型的宏观经济政策，制定了雄心勃勃的经济调

---

① Kevin Fetherstone, "Greece and EMU: Between External Empowerment and Domestic Vulnerability", *Journal of Common Market Studies*, Vol. 41, No. 5, 2003, pp. 923 – 940.

整计划，旨在实施财政稳固和结构改革。其制定的政策目标是：（1）扭转宏观经济不平衡状况，按照马约制定的时间表，首批加入经济货币联盟；（2）以更为直接的改革方式解决经济上的根本性问题，比如公共部门的低效率、生产与市场的僵化等。米佐塔基斯政府的态度起初比较乐观，认为只要引入充分的改革即可满足加入经济货币联盟的条件。因此，在改革议程设置上，将重心放在财政稳固和结构改革上。其政策议程包括大规模的私有化，降低政府在经济领域的干预作用；市场自由化；削减经营不善的国有企业的数量（如果不能卖给私人投资者，就关闭这些企业）；减少农业合作社和养老金基金的补贴；国有银行的借贷向私人银行业标准靠拢，向私人企业开放公有事业公司垄断的经济领域（电信、电力等）。其公布的政策议程承诺要改变过去 15 年来中央集权的经济模式。米佐塔基斯总理还公开谴责"公共部门轻率而没有效率的扩张"。希腊的政策调整也得到了欧盟的支持，米佐塔基斯上任后不久就获得了欧共体提供的紧急贷款以满足其借贷需求。随后，希腊政府向欧共体递交了稳定计划，承诺财政巩固和结构改革，并将公共部门雇员人数削减10%（至1993年）。①

① 关于米佐塔基斯政府改革的主要内容，参见 Aris Trantidis, "Reforms and Collective Action in a Clientelist System：Greece during the Mitsotakis Administration（1990 – 93）"，*South European Society and Politics*，Vol. 19，No. 2，2014，pp. 215 – 234。

米佐塔基斯的市场自由化和私有化的政策议程与欧共体建设更为自由的统一大市场的要求是相一致的，而且，也符合新民主党经济自由的理念，由此获得了党内信奉市场自由主义的亲欧派以及选民（中产阶级，如中小型企业主、律师、医生和其他中产阶级）的支持。但是，其政策主张对公共部门雇员的特权构成了严重的威胁，并且通过私有化削减公共部门的岗位与权益的举措，也威胁到了泛希社运党在这个利益集团（庇护网络）中的支配地位。因此，从一开始，新民主党的经济政策就遭到与泛希社运党具有密切关系的工会的反击。1990 年夏季，公共部门工会举行罢工和大规模的示威游行，抗议工资冻结和政府私有化计划。1991 年夏季，泛希社运党工会成员要求增加公共部门工资，继而发起了两次 48 小时的大罢工。清洁工人将成堆的垃圾推在雅典的街道。电力公司间断性切断供电。公共交通部门停止公共巴士的运营，时间长达几个星期。面对大规模的罢工和抗议示威游行，米佐塔基斯政府只能放缓自由化的步伐，其财政稳固计划主要依靠增加税收和限制公共部门的工资增长，在削减财政支出和结构改革上并没有实质性的行动。此外，米佐塔基斯政府实施的很多政策是相互矛盾的：一方面，限制公共部门的工资、养老金和福利；另一方面，其他领域的公共开支仍在增长，并超出了预算。1990—1991 年，多个政府部门开支显著增长，例如公共关系部开支增加了 40.8%，武装和安全部门的旅费增加了34%。尽管总额工资冻结，但公共部门永久性雇员的特殊津贴和额外支出增加了21.1%。1991年，政府在结构改革上的进度缓慢，市场自由化和私有化几乎没有取得进展，仅仅出售了一些亏损的小企业，稍大一些的公共企业仍然维持现状。当商业部部长安德里亚诺普洛斯（Andreas Andrianopoulos）的将大型国有企业股份私有化的提议被否决后，他公开批评道："新自由主义意味着两件事：一是削减公共部门规模；二是减少税收。我们两样都没做到"。①

欧共体也批评米佐塔基斯政府的经济政策（1991—1992年）前后不一致、私有化进程缓慢。1992年，欧共体主席德洛尔称，希腊改革和改善经济状况的努力失败了。前总理克塞诺丰·佐洛塔斯（Xenophon Zolotas）和国内一些著名经济学家公开批评政府推行补丁式的、没有效率的改革，如果未能有效削减公共开支，国家银行业将走向破产。面对内外压力，1992年12月，米佐塔基斯政府制定了新的趋同计划（1993—1998年），要推行更为严格的货币、财政和收入政策。但此时的新民主党政府已处于内外交困的状态。经济形势迟迟未见好转、紧缩政策拖沓缓慢，政党之间甚至是新民主党内部关于经济改革意见不

---

① Aris Trantidis, "Reforms and Collective Action in a Clientelist System: Greece during the Mitsotakis Administration (1990 – 93)", *South European Society and Politics*, Vol. 19, No. 2, 2014, p. 222.

一，公共部门工会接连不断地罢工示威，导致其与政府之间的冲突逐渐升级，在经济政策调整的共识破裂后，新民主党在 1993 年大选中败给泛希社运党。①

尽管在竞选中，泛希社运党发出不少反对马约的声音，但上台后，帕潘德里欧面对宏观经济日益不平衡的恶劣形势，也不得不承认"加入经济货币联盟是摆脱经济困境的最佳出路"，渐进改革继而成为国内政治精英的共识。因此，继 1993 年年初米佐塔基斯政府制定第一份趋同计划后，泛希社运党于 1994 年制定了新趋同计划（1994—1999 年），按照《欧洲联盟条约》116（2a）条款的要求，承诺将通货膨胀率从 10.8%（1993 年）降低到 3.3%（1999 年）；预算赤字从 1994 年占 GDP 的 13.2% 降至 2.1%（1999 年）；公共债务占 GDP 的比重从 112% 降至 103%（1999 年）；至 1997 年达到汇率标准，将长期利率从 19.5% 降至 2.1%（1999 年）。② 从 1995 年开始，泛希社运党政府采取了"硬德拉克马政策"，这是希腊有史以来第一次宣布特定的汇率目标，并取得了阶段性成果。1995—1997 年，希腊银行将实际利率维持在 5%—6% 之

---

① Aris Trantidis, "Reforms and Collective Action in a Clientelist System: Greece during the Mitsotakis Administration (1990 – 93)", *South European Society and Politics*, Vol. 19, No. 2, 2014, pp. 215 – 234.

② Bernhard Herz and Angelos Kotios, "Coming Home to Europe: Greece and the Euro", *Intereconomics*, July/August 2000.

间。同期，通货膨胀率削减过半，实际 GDP 年均增长率达
到 3%，而 1991—1994 年期间的经济增长率仅有 1%。为
保证"硬德拉克马政策"获得成功，希腊政府出台了稳健
的财政政策加以配合：第一，削减财政赤字，将财政赤字
占 GDP 的比重从 10%（1995 年）降至 4%（1997 年）；
第二，金融体系的自由化，这从 20 世纪 80 年代即已开
始，到 1995 年，已经完全解除管制，同时采纳了共同体
的银行业审慎监管原则。解除金融体系的管制后，希腊中
央银行可以使用基于市场的工具管理货币。"硬德拉克马
政策"的实施成功降低了通货膨胀率，有效促进了经济
增长。[1]

1996 年，亲欧的西米蒂斯接替病重辞职的帕潘德里欧
担任总理后，立刻宣布加入经济货币联盟是新政府的核心
任务，经济趋同是新政府经济政策的核心内容，[2] 主张更
大力度降低通货膨胀率和公共债务，打击偷税漏税，推动
市场自由化和地方分权化。在吸取米佐塔基斯改革受挫的
教训后，西米蒂斯采取了与前任的激进政策不同的渐进改
革，将趋同任务分阶段完成，其战略重点向提高财政收

---

[1] George S. Tavlas and Theodoros Papaspyrou, "Monetary Policy in Greece on the Road to EMU", https://www.bankofalbania.org/web/pub/tavlas_ papaspyrou_ 255_ 1. pdf.

[2] Dionyssis G. Dimitrakopoulos ed., *Social Democracy and European Integration: The Politics of Preference Formation*, Routledge, 2011, pp. 135 – 136.

入、减少预算赤字倾斜，而不是削减开支，从而对获得特权的利益集团造成威胁。

不可否认的是，米佐塔基斯政府改革在削减政府开支、提高政府财政收入、减少偷税漏税和控制公共部门雇员上还是取得了一定的成效，并且在欧共体资金的援助下，通货膨胀率、长期利率和经常账户赤字也得到了改善。但其政策前后不连贯以及改革遇到的障碍使趋同成效并不显著。而西米蒂斯上任后，采取了稳步调整的策略，在短期内也未彰显趋同的效果。1998 年 3 月 25 日，欧盟委员会和欧洲货币局发布趋同报告，对各成员国经济发展状况进行评审后认为，有 11 个成员国（比利时、德国、西班牙、法国、爱尔兰、意大利、卢森堡、荷兰、奥地利、葡萄牙和芬兰）达到了马约规定的趋同标准，可以成为欧元区的首批成员国，但希腊没有达到马约规定的趋同标准。① 1998 年 5 月 2 日在布鲁塞尔召开的部长理事会上，希腊被认为是唯一一个"有意愿、无能力"的欧元区候选国。随后，泛希社运党政府修订了趋同计划（1998—2001年），② 将新的目标定为 2000 年年初达到趋同标准，在

① "EMU and Greec", European Parliament, PE166. 453/rev. 1, 28 April 1998.

② Hellenic Republic Ministry of National Economy and Finance, "The 1998 Update of The Hellenic Covergence Programme: 1998 – 2001", June 1998.

2001 年加入经济货币联盟。

　　修订后的趋同计划进一步调整了货币和财政政策。其货币政策新目标（1998—2001 年）是赋予希腊中央银行独立地位，切实维护价格稳定，保证通货膨胀率不超过 2 个百分点。因为希腊于 1998 年 3 月加入了欧洲货币体系的汇率机制，其货币政策的另一个目标就是保证相对于汇率机制的其他币种的稳定（1998 年），1999 年之后相对于欧元保持稳定。自加入汇率机制后，因为市场对希腊货币信心增加再加上积极的利率差，德拉克马相对于埃居增值 5.5%。此外，通货膨胀率下降后，伴随着财政平衡的改善以及汇率风险的降低，长期利率也进入下降的模式。由此可见，货币政策的调整为经济增长提供了一个良好的环境。

　　在财政政策上，泛希社运党政府制定的新目标是进一步削减财政赤字和公共债务。第一，严格控制工资的增长，限定在 2.5%；第二，执行严格的公务员聘用政策，五人离岗后才可聘用一位新人；第三，通过严格的条件性条款，收紧政府对公有企业借贷的担保；第四，引入报销名单制度，控制医疗开支；第五，引入新的税收措施；第六，打击偷税漏税。

　　为了达到财政稳固的目标，西米蒂斯政府提出如下措施：第一，减少政府支出。1999 年削减 0.5%，2000 年削减 0.2%，以及 2001 年减少 0.3%；第二，削减工资预算，辅之于聘用政策和严格的工资政策；第三，合并或取消成千上万的地方政府机构；第四，合并或取消 170 个公共事业部门和机构（如医院、社保基金机构）；第五，在公共部门引入非全日制工作，逐步取消加班制；第六，改变公共机构、股份制企业的法律地位，促进市场的弹性。[①]

为保证 2001 年加入欧元区，实现与其他成员国的趋同，希腊还需要加快结构改革。基于此，泛希社运党政府在以下领域进行了结构调整与改革：

（1）增加工资增长机制和劳动力市场的弹性。为此，政府制定了如下措施：其一，工作时间以年为计算单位，使工作时间更为弹性，减少额外的成本；其二，在公共领域引入非全日制工作制；其三，强化地方和公司层面的工资谈判，尤其在失业率高的领域；其四，在公共企业取消严格的实习制，使其更有弹性和生产力；其五，使私人就业介绍所合法化。上述措施在 1998 年 6 月通过立法后实施。

（2）私有化。将 12 个公有企业和 5 个国家控股的银行私有化，计划如下：1997 年，希腊电信组织（OTE）私有化；1998 年，马其顿和色雷斯银行私有化。紧接着，趋同计划为以下部门的私有化制定了时间表，如国有石油公司、免税店、萨洛尼卡的国际展览中心、奥林匹克餐饮公司、科林斯运河运营公司、雅典证券交易所、雅典水供应

---

① Hellenic Republic Ministry of National Economy and Finance，"The 1998 Update of The Hellenic Covergence Programme：1998 - 2001"．

公司、萨洛尼卡水供应和污水处理组织、赛马会、萨洛尼卡港务局、比雷埃夫斯港务局。按计划私有化的银行有：克里特银行、爱奥尼亚银行和中部希腊银行等。上述私有化的收入将用于政府偿还债务，每年占 GDP 的比重估计达到 0.8%—0.9%。

（3）社会保障改革。第一阶段的社保改革包括以下措施：其一，对偷逃社保缴税的处以惩罚措施；其二，将非法的国外工人缴纳的社保费用合法化；其三，合并各类补充型社保基金；其四，节约医疗诊断、药物以及医药管理的成本；其五，限制养老金领取者的资格；其六，将部分社保基金管理自由化。第二阶段的社保改革包括：其一，合并社保基金，限制退休年龄；其二，控制替代率（养老金和收入的比例）的增长，调整重要的参数以保障社保制度的可持续性和公平性；其三，引入补充型职业养老基金，作为原有的"现收现付"社保制度和私人保险计划的补充。第一阶段的社保改革将通过 1998 年 7 月之前的立法进行落实。1998 年年底，政府宣布第二阶段的社保改革时间表。

（4）重建亏损的公共企业。这项工作于 1996 年开始实施（根据 2414 号法令/1996），推进的内容主要有：其一，任命具有丰富的国际管理经验的人才担任重要职位；其二，任命专家顾问设计亏损企业重建计划；其三，取消严苛的劳动实习要求，提高生产率和竞争力；其四，将冗余人员转移到其他公共部门（地方机构、公立医院等）；

其五，在国内或与国外企业形成战略联盟。

从以上措施来看，公共消费开支和公共部门工资被严格管制后，通货膨胀率也会降低，从而带动长期利率的下降，减少债务的利息支付，由此造成财政赤字的下降。此外，国有企业私有化带来的收入以及经济增长率的提升也使债务占比自 1997 年后持续下降。值得注意的是，1998—1999 年趋同计划的宏观经济调整内容中加入了结构改革，由此启动了劳动力市场的自由化，随着国有企业被私有化，社会保障赤字也开始削减，上述政策和措施帮助希腊改善了整个宏观经济环境。

由于 1998 年评估时，希腊未达到趋同标准，经济与货币联盟的第三阶段（1999 年 1 月 1 日）从 11 个欧盟成员国开始启动，希腊先加入过渡小组。而到 1999 年年底，希腊在西米蒂斯政府的领导下完成了名义趋同目标，1998 年，完成了预算趋同目标，比计划提前了一年；政府赤字达到 GDP 的 2.5%；1999 年 2 月，长期利率达到趋同标准；2000 年 3 月，通货膨胀率达到趋同标准。此外，加入欧洲汇率机制已满两年。欧盟委员会和欧洲中央银行对此亦表示认可。2000 年 3 月召开的部长理事会也肯定了希腊在经济调整上取得的进展，认为其趋同是执行了合理的经济和财政政策的结果。2001 年 1 月 1 日，希腊正式加入欧元区，成为欧元区第 12 个成员国。这是希腊自建国以来第一次加入欧洲富国集团。

表4-1 宏观经济指标：希腊和欧盟的比较（1996—2003年）

	1996	1997	1998	1999	2000	2001	2002	2003
通货膨胀率（%）								
欧元区	2.2	1.6	1.1	1.1	2.1	2.3	2.3	——
希腊	7.9	5.4	4.5	2.1	2.9	3.7	3.9	——
葡萄牙	2.9	1.9	2.2	2.2	2.8	4.4	3.7	——
西班牙	3.6	1.9	1.8	2.2	3.5	2.8	3.6	——
GDP增长率（%）								
欧元区	1.4	2.3	2.9	2.8	3.5	1.5	0.8	1.0
希腊	2.4	3.6	3.4	3.6	4.2	4.1	4.0	3.6
葡萄牙	3.5	4.0	4.6	3.8	3.7	1.6	0.5	0.5
西班牙	2.4	4.0	4.3	4.2	4.2	2.7	2.0	2.0
人均GDP（PPS）								
欧盟15国	100.0	100.0	100.0	100.0	100.0	100.0	100.0	100.0
希腊	65.2	64.2	64.9	66.1	65.5	64.6	66.0	67.8
葡萄牙	70.1	73.4	72.2	72.2	68.3	69.0	68.8	68.3
西班牙	79.3	79.9	79.3	82.2	82.3	83.9	84.3	84.7
政府债务（%）								
欧元区	74.5	74.3	73.5	72.1	69.6	69.2	69.1	——
希腊	111.3	108.2	105.8	105.1	106.2	107.0	104.9	——
葡萄牙	62.9	59.1	55.0	54.3	53.3	55.6	58.0	——
西班牙	68.1	66.6	64.6	63.1	60.5	56.9	54.0	——
政府赤字（%）								
欧元区	-4.2	-2.6	-2.2	-1.3	0.1	-1.6	-2.2	——

续表

	1996	1997	1998	1999	2000	2001	2002	2003
希腊	-7.4	-4.0	-2.5	-1.8	-1.9	-1.4	-1.2	——
葡萄牙	-4.0	-3.0	-2.6	-2.8	-2.8	-4.2	-2.7	——
西班牙	-4.9	-3.2	-2.7	-1.2	-0.8	-0.1	-0.1	——
失业率（%）								
欧盟15国	10.2	10.0	9.4	8.7	7.8	7.4	7.7	——
希腊	9.6	9.8	10.9	11.8	11.0	10.4	10.0	——
葡萄牙	7.3	6.8	5.1	4.5	4.1	4.1	5.1	——
西班牙	18.1	17.0	15.2	12.8	11.3	10.6	11.3	——

资料来源：欧盟统计局，其中2003年数据为当时的预测。转引自 Kevin Fetherstone, "Greece and EMU: Between External Empowerment and Domestic Vulnerability", *Journal of Common Market Studies*, Vol. 41, No. 5, 2003, pp. 930。

从表4-1中可以看出，1996—2003年，希腊的经济增长率远远超出欧盟的平均水平。2003年，达到3.6%，为欧盟国家中最高。通货膨胀率向欧元区趋同，1996年相差5%以上，接近2003年时仅相差1.6%。1996年，希腊的预算赤字为7.4%，2003年前达到1.2%。与此同时，利率差异（interest rate differential）也在下降。1996年，长期利率高出欧共体平均值7个百分点；到2000年3月，仅高出1.3个百分点。从1996年开始，希腊的人均GDP也快速接近于欧盟平均水平。但是，有两个指标的情况不容乐观：一个是公共债务。

马约对公共债务额的标准是 60%。1996 年，希腊的公共债务占 GDP 的比重仍然高达 111.3%，2002 年是 104.9%，当时预计到 2006 年达到 87.9%。另一个是失业率，在欧盟国家中高居第二位，2002 年达到 10.0%，这也反映了希腊经济的结构性弱点。①

希腊经济在向经济货币联盟迈进的过程中取得的进展在当时被誉为"非凡的成就"，短短五年内，从宏观经济的不平衡和结构僵化转向稳健的货币和公共财政政策（sound money and sound public finances）范式。显然，这种过渡与转型是由欧盟及其单一货币的规则和财政纪律（经济货币联盟）推动的，并且由此引入了不同的政策范式。《马斯特里赫特条约》的趋同标准和随后的《稳定与增长公约》为希腊政策变革设立了清晰的政策参数，并在外部建立了货币政策的纪律。在向经济货币联盟标准趋同的压力下，整个 20 世纪 90 年代，希腊的改革计划都是围绕马约的标准进行的，尤其是西米蒂斯上台后成效明显。

2009 年债务危机爆发后，媒体纷纷揭露 2001 年之前希腊实际上并未达到马约的趋同标准，西米蒂斯政府在财政赤字数字上做了手脚，高盛等银行通过金融衍生品等手

---

① Kevin Fetherstone，"Greece and EMU：Between External Empowerment and Domestic Vulnerability"，*Journal of Common Market Studies*，Vol. 41，No. 5，2003，pp. 923 – 940.

段帮助希腊隐瞒了数十亿欧元的债务，从而在账面上使希腊达到了趋同标准。① 其实在2004年，新民主党上台执政时，新任总理卡拉曼利斯就指责上任政府在经济数据上造假，使希腊蒙混过关加入了欧元区。更早一些时候，在2002年和2004年（泛希社运党还在执政时），欧盟统计局就提出希腊上交的财政数据失实，并发回希腊政府重新修订。②

希腊经济数据的不真实和混乱由来已久，几乎每一届政府都会指责上任政府（如果是对立的政党执政）数据造假，经济数据掺水并非始自西米蒂斯政府。客观来看，比较历届政府的改革成效，西米蒂斯政府无疑是表现最好的。但其问题是侧重短期的私有化改革来大幅增加财政收入，通过"硬德拉克马政策"的实施、汇率调控等技术性调整，在名义上向马约标准趋同，但在劳动力市场、社会保障改革上因为受到工会等利益集团的反对和阻挠，仅仅取得了有限的成效，并未实质性地改善其经济和社会的结构性弱点。此外，希腊进入欧元区后，《稳定与增长公约》

---

① "Wall St. Helped to Mask Debt Fueling Europe's Crisis", http：//www. nytimes. com/2010/02/14/business/global/14debt. html? pagewanted = all&_ r = 0.

② Kostas Karamanlis，Wikipedia，https：//en. wikipedia. org/wiki/Kostas_ Karamanlis.

的财政纪律也未对希腊形成有力约束,[1] 导致其加入经济货币联盟后，财政赤字和债务水平的指标开始反弹。

二 经济政策欧洲化的内容

（一）欧洲化的内容

马约的趋同标准规定了各成员国加入统一货币的条件，即价格稳定、汇率稳定、长期利率趋同、低财政赤字、低公共债务。其中，五项标准中有三项是货币标准，即通货膨胀率、汇率、长期利率。另外两项是财政标准，即财政赤字和公债。[2] 按照这五项趋同标准，西米蒂斯政府制定了相应的货币政策和财政政策，并取得了显著的成效。

1. 货币政策

为了降低通货膨胀率，希腊政府在货币供应上采取了收紧政策，在汇率政策上执行"硬德拉克马政策"，汇率的目标是与埃居挂钩。1998 年 3 月，德拉克马加入汇率机制（ERM）。到 2000 年达到加入单一货币的汇率标准。随着通货膨胀差异和德拉克马汇率的相对稳定以及财政状况的整

---

① 有学者认为，相比马约规定的财政稳固目标所形成的"硬约束"，《稳定与增长公约》规定的财政纪律仅仅是"软约束"。Spyros Blavoukos and George Pagoulatos，"Fiscal Adjustment in Southern Europe：The Limits of EMU Conditionality"，GreeSE Paper，No. 12，March 2008，p. 8.

② 王鹤：《欧洲经济货币联盟》，社会科学文献出版社 2002 年版，第 65 页。

体改善，长期利率在 20 世纪 90 年代一直呈现下降趋势。

2. 财政政策

单一的货币政策要求本国的财政政策相匹配，扩张性的和不可持续的财政赤字与债务与稳定的货币政策是不相容的。这不仅会导致债务违约以及货币政策的逆转，而且会给就业和经济活力带来负面影响。[①] 因此，希腊政府在财政政策上采取了多项措施扩大财政收入以削减财政赤字，同时拓宽税基，打击偷税漏税，同时抑制单位劳动力成本的增长速度。在减少公共开支上，主要通过缩减公共部门规模和实施弹性的劳动力市场来实现。

到 2001 年春季，欧盟和欧洲中央银行的评估报告认为，希腊政府已经达到了马约的趋同标准，具体数据如下：

（1）价格稳定。从 1999 年开始，希腊进入价格稳定时期。1999 年 4 月—2000 年 3 月，通货膨胀率达到 2.0%，低于趋同标准 0.4%。主要原因是政府采取了价格管制措施，比如减少间接税，以及政府与企业界达成关于削减部分零售税的非正式安排等。

（2）长期利率。1999 年，希腊长期利率达到 6.4%，低于趋同标准 0.8%。主要归因于通货膨胀差异的降低和

---

① Harry J. Psomiades and Stavros B. Thomadakis, eds. , *Greece, The New Europe, And The Changing International Order*, PELLA, 1993, pp. 142 – 143.

政府债务状况的改善。此外，经济货币联盟成员的预期身份促成希腊的利率趋同。

（3）公共财政。1999 年，希腊财政赤字占 GDP 的 1.6%，低于趋同标准的 3%。但是公共债务占比仍然达到 104.4%，超过趋同标准的 60%，但低于意大利（114.9%）和比利时（114.4%）。鉴于从 1997 年开始，希腊的公共债务占比持续下降，欧盟经济和财政理事会决定（1999 年 11 月），不将希腊列为过度赤字国家，并认定它遵守了财政标准。

（4）汇率。1998 年 4 月—2000 年 3 月，德拉克马加入欧洲货币体系和汇率机制 II。期间，德拉克马波动在上下 15% 之间，符合趋同标准对于汇率的要求。

表 4-2　　　　欧洲经济与货币联盟申请国四项趋同指标

(1998—1999 年)

国别	通货膨胀率		长期利率		财政赤字		公共债务	
	1998	1999	1998	1999	1998	1999	1998	1999
比利时	1.4	1.4	5.7	5.2	-1.7	-0.9	118.1	114.4
德国	1.4	1.1	5.6	4.9	-2.5	-1.1	61.2	61.1
希腊	5.2	2.0	9.8	6.4	-2.2	-1.6	107.7	104.4
西班牙	1.8	2.5	6.3	5.1	-2.2	-1.1	67.4	63.5
法国	1.2	0.9	5.5	5.0	-2.9	-1.8	58.1	58.6
爱尔兰	1.2	3.1	6.2	5.1	1.1	2.0	59.5	52.4

续表

	通货膨胀率		长期利率		财政赤字		公共债务	
意大利	1.8	1.9	6.7	5.1	-2.5	-1.9	118.1	114.9
卢森堡	1.4	1.8	5.6	5.1	1.0	2.4	7.1	6.2
荷兰	1.8	1.9	5.5	5.0	-1.6	0.5	70.0	63.8
奥地利	1.1	0.9	5.6	5.1	-2.3	-2.0	64.7	64.9
葡萄牙	1.8	1.9	6.2	5.2	-2.2	-2.0	60.0	56.8
芬兰	1.3	1.8	5.9	5.1	0.3	2.3	53.6	47.1
欧元区	—	1.4	—	5.0	—	-1.2	—	72.2
参考值	2.7	2.4	7.80	7.2	-3.0	60.0	60.0	

资料来源：European Economy，No. 69，Luxembourg 2000；转引自 Bernhard Herz and Angelos Kotios，"Coming Home to Europe：Greece and the Euro"，*Intereconomics*，July/August 2000，p. 172，Table 1。

从上述希腊加入经济货币联盟的历程来看，一些指标是在一两年内冲刺达标的，可见希腊政府采取了不少应急性的短期措施，包括一些外界所诟病的"花招"。比如，西米蒂斯政府为了促进经济快速增长，继续维持高水平的公共投资；在财政上，通过提高财政收入和限制公共支出来降低财政赤字。从表面上看，西米蒂斯的政策是节约开支和增加收入齐头并进。但实际上，希腊财政的稳固和改善，比如初级预算盈余（Primary Surplus）等，主要依赖于财政收入的提高，而不是削减初级公共支出。也就是说，用于工资和转移支付的公共开支仍然呈现增长的趋势。但不可否认的是，西米蒂斯在限制政府公共购买和资本支出上较为成功，其主要措施是对公共企业实施了股票和资产抵押的浮选（equity flotation），以此替代直接的资本转移支付。而且，关键的一点是，希腊利用统计上的自由裁量权（discretion），将公共投资支出从初级预算支出中移除。这样的话，从账面上来看，在公共投资水平没有下降的情况下，初级支出的数目减少了。[①]

需要指出的是，马约规定的经济趋同标准是名义趋同，主要表现在产品成本和物价以及相关的变量，如利率、汇率和财政数据的接近；并不是指实际趋同，比如经济水平（可以用收入、增长率、生产率等指标来衡量），或者说是经济结构，如产业结构、劳动力市场等的接近。在西米蒂斯政府的努力下，希腊达到了名义趋同的标准，但其经济结构调整等配套政策和结构性改革并未取得令人满意的效果，从而为 2009 年的主权债务危机埋下了隐患。

（二）欧洲化的局限性：关于财政稳固的争论

自经济货币联盟建立之日起，其统一的货币政策和分散的财政政策的结构性错位即已存在。这意味着，成员国一旦放弃货币政策主导权、由欧洲中央银行实行统

---

① Spyros Blavoukos and George Pagoulatos, "Fiscal Adjustment in Southern Europe: The Limits of EMU Conditionality", GreeSE Paper, No. 12, March 2008.

一的货币政策后，如果成员国经济遭遇外部冲击，只能通过财政政策来进行调整。为了在经济下行周期促进本国经济增长和就业，成员国政府往往会实施财政扩张政策，结果导致公共开支过度膨胀、财政赤字大幅上升，最终使公共债务大量累积，从而将压力传导到欧盟，迫使欧洲央行放松货币政策，继而危及欧元的稳定。因此，从一开始，欧共体就认定货币的一体化必须配套财政纪律约束和财政政策协调。因此，马约对于成员国的财政纪律进行了原则性的规定，例如，财政赤字不得超过国内生产总值的3%，公共债务占国内生产总值的比重不得超过60%。1997年6月17日，阿姆斯特丹首脑峰会通过了《稳定与增长公约》，对马约中规定的财政纪律做了扩展和细化，比如确定了欧盟财政政策协调的规则、过度财政赤字的惩罚程序，以及建立预警机制监督各国财政运行状况等。但赤字率指标对成员国具有强制约束力，债务率指标只对成员国具有参考意义。① 而在实践上，成员国也没有很好地执行上述财政纪律。如德国、法国和意大利等国多年来赤字超标。但欧盟经济和财政理事会对赤字的政治裁定，使成员国拥有更大的自由裁量权和更为宽松的财政限制。希腊的情况也是如此。最初几年，希腊的确循规蹈矩，因为需要遵守马约和《稳定与增长

---

① "欧盟财政与货币政策协调机制"，http：//www. mof. gov. cn/mofhome/guojisi/pindaoliebiao/cjgj/201406/t20140619_ 1101454. html。

公约》，以帮助新货币在国际金融市场上树立信誉。然而，继法国和德国放松财政稳固政策、损害了《稳定与增长公约》的公信力后，欧元区对于成员国出现的财政稳固问题出现了监管上的疲劳症，对于希腊的财政政策的松散状态没有起到足够的约束作用。因此，希腊财政稳固的蜜月期在加入经济货币联盟后就结束了。

同样，因为严重依赖于增加财政收入的政策措施，希腊的财政状况在短期内得到改善，并借助利率的降低以及使用新的统计规则，使其名义上达到了趋同标准、跻身欧元区，但其国内经济不平衡、结构僵化等问题仍然悬而未决。在加入经济货币联盟的过程中，许多严重的经济问题并未触及。事实上，为了安抚工会及公务员们的抵触情绪，贸易保护和中央控制经济的政策仍在继续，偷税漏税的问题依然严重。从经济学角度来看，可持续的财政稳固和债务缩减依赖于较高的初级预算盈余。但显然，希腊的财政收入比例比欧元区平均水平低，2005 年财政收入占 GDP 的比重为 41.6%，欧元区平均值为 45.1%。鉴于希腊的征税率高于欧元区平均值，那么显然希腊的偷税漏税的问题始终没有得到解决。

单一货币区——欧元区建立后，结构政策就成为成员国最为重要也最有力的政策工具，用于防止经济中出现的问题，改善经济形势、提升经济效率。2000 年，欧盟的里斯本峰会提出综合改革战略，旨在将欧盟建成为世界上最有竞争力的知识经济体。为了达到这个目标，里斯本战略将重心放在结构改革上，尤其是产品、劳动力和金融市场。经济货币联盟的引入进一步突出了结构改革的需求。因为成员国在应对外部非对称性冲击时已失去了货币政策或者汇率调整政策等工具，结构改革显得更为重要，它涉及所有的公共政策领域，还包括要达成巩固公共财政的长期可持续性目标等。①

但恰恰削减财政支出、进行结构改革是希腊历届政府最难下手、最难啃的骨头，对于改革最为成功的西米蒂斯政府也不例外。本文将在第四章中以养老金政策改革为例来重点分析这个问题。

三　效果评估

欧洲经济货币联盟是一个崭新的规则体系（regulation system）和政策体制，加入联盟，不仅意味着成员国将其货币主权让渡给欧盟，其国家货币政策的规则、运行政策的制度和机构也发生了根本性变化。首先，欧洲经济货币联盟的建立将原本属于国家中央银行的货币政策集中到欧洲中央银行体系手中，采纳统一的货币政策就意味着成员国货币政策和经济政策领域发生重大的制度性变革。其次，关于货币政策的决策与执行机构的变动也导致国内经

---

① Theodoros S. Papaspyrou, "Economic Policy in EMU: Community Framework and National Strategies: Focus on Greece", GreeSE Paper, No. 4, July 2007, pp. 27 – 28.

济部门尤其是金融部门发生了结构上的变动。1997 年，希腊议会批准了马约，根据条约要求，给予希腊中央银行独立地位，并在 1997 年年底生效。为了做好加入经济货币联盟的准备，在希腊经济和财政部的监管下成立了欧元协调委员会，其成员由部委和希腊中央银行的代表组成。此外，还建立了为在私人部门使用欧元的委员会，其成员由希腊工业协会（FGI）和希腊劳动力协会（GGCL）的代表组成。①

从这个意义上而言，希腊加入经济货币联盟意味着在货币政策领域获得了欧洲化"转型"的效果。有学者将希腊为达到马约趋同标准、加入经济货币联盟付出的努力称为希腊 20 世纪 90 年代的经济欧洲化进程，即将国内经济置于外部约束机制（满足加入经济货币联盟的条件、完成马约趋同目标）之下，使政府缓解社会政治层面的抵制，从而完成了货币政策的转型。这种欧洲化对于希腊而言也是"追赶"，是单向的外围和落后国家向拥有更发达经济和制度的欧盟核心国家靠拢。它具有结构性变化的特点，比如相较于以往拥有了运转更好的行政和官僚机构、有效的市场、有活力的公民社会，这些目标的完成是以稳定的宏观经济环境为基础的。

---

① Michael Tsinisizelis, "Greece in the European Union: A Political / Institutional Balance Sheet", in Anthony J. Bacaloumis ed., *About Greece*, Koryfi Publications S. A., 2004, pp. 145 – 158.

那么，货币政策的欧洲化何以取得转型的结果呢？我们可以通过里瑟等人的"欧洲化三步骤"来进行分析。

（1）欧洲化的第一步：欧盟制定的经济货币联盟计划给国内政策带来了调适性压力。

这种适应压力强度比较大，属于强制性的外部约束，即来自欧盟条约和法律框架（acquis communautaire）下的法律义务，属于欧盟硬治理的"共同体方式"，它强调法律规范的约束力，要求成员国切实遵守实施，在必要时对其进行惩处。如果希腊未能遵守马约，达到趋同标准，将成为游离于经济货币联盟之外的外围国家，不能分享加入联盟后的经济红利和福利。一般而言，以法律为后台的"适应的需要"更有分量，也就是有学者所称的，欧洲化在欧盟拥有广泛权能的领域内程度更深。通过马约规定的经货联盟趋同标准与希腊国内原有政策之间产生了"政策上的不吻合"。为促使成员国进行政策调整，欧盟对其政策目标、管制标准和实现政策目标的工具，以及解决问题的方式提出了标准和要求。如果成员国抵制对本国的政策作出改变，就产生了违反欧盟法律的结果。此外，"政策上的不吻合"也会对成员国的制度和政治进程产生调适性压力。其一，货币政策的权力原来掌握在希腊政府手中，加入联盟后将让渡给欧盟（欧洲中央银行）。财政政策也必须通过欧盟统一协调后达成对财政纪律的遵守。其二，货币联盟标准要求国家中央银行拥有独立地位。

（2）欧洲化的第二步：干预变量均未起到逆转方向的作用。

经济货币联盟的规则作为外部的约束和压力，是通过成员国制度环境中的行为体来传导和反应的。这就需要观察支持加入经济货币联盟的核心行为体是谁？是否遭遇到力量强大的否决行为体？在希腊，国内设置政策议程（决策）和执行政策的主要行为体就是政府。其中政府总理和各个部门发挥核心作用。由于希腊的党国体制特色，加上20世纪70年代之后的大部分时间内是由两党轮流执政，因此，政府的利益偏好、政策选择与其执政党的立场密切相关。在经济货币联盟建设时期，希腊基本上由新民主党和泛希社运党轮流执政。这两大政党对于加入经济货币联盟以及所需采取的经济政策调整具有相似的立场和观点。迫于国内经济增长低迷、财政状况恶化的局势，国内执政党和政府决策层将加入经济货币联盟视为加快国内改革步伐的机会。持反对立场的是第三大党希腊共产党，它坚决反对希腊加入经济货币联盟。但希腊共产党在国内的支持率较低，也未入阁影响政府的政策，因此，其作为否决行为体在经济货币联盟的相关决策上影响力很低。此外，从政府内部来看，像经济部、财政部都将加入经济货币联盟视为一种新的政治机会，可以通过财政纪律的监管来获得授权，并进行操控；同时可以为执政党的庇护主义网络输送利益。

而中央银行将经济货币联盟视为获得独立的工具。①

从潜在的非正式的否决行为体——利益集团来看，其并未阻挠货币政策的变化。由企业主组成的希腊工业协会支持政府采取更为严格的经济政策，向马约标准趋同。企业家们普遍希望本国的产品拥有更多的国际竞争力。而欧洲统一货币（欧元）的引入有利于增加企业的活力，有助于产生一个稳定的经济环境。此外，单一货币的使用也能消除汇率的波动带来的风险，从而提高企业经营利润，带来统一的欧洲市场。因此，企业主对于希腊加入经济货币联盟、使用统一的货币持欢迎态度。而且，货币政策的变化主要是通货膨胀率、汇率、长期利率三项指标向马约标准趋同。其规则明确、政策工具集中，比如调整货币流通总量、利息结构等，基本上由核心决策层和技术专家精英群体决定和执行，包括货币政策权能的让渡等，对潜在的非正式否决行为体，比如工会等利益集团的直接影响较小。而且，普通民众认为，加入经济货币联盟是经济发展、改善生活的机会。当时的民意调查显示，希腊民众将经济货币联盟作为经济繁荣和提高生活水平的保障，有

---

① Kevin Featherstone, "The Political Dynamics of the Vincolo Esterno: The Emergence of EMU and the Challenge to the European Social Model", Queen's Papers on Europeanisation, No. 6, 2001.

65%的民众支持加入经济货币联盟，只有25%的民众反对。① 因此，工会包括力量最强大的希腊劳工联合会和公务员协会并未反对货币政策的改革，普通民众也大多对本国加入经济货币联盟表示支持。

可以说，在货币政策拟定和执行上，希腊政府（包括新民主党政府和泛希社运党政府）并未遭遇力量强大的正式和非正式的否决行为体，其制度设置和政治文化对它的影响也比较小。因为货币政策的调整基本上由希腊决策层和一小部分政治精英完成，庇护政治文化、政府效率低下等痼疾并未形成有力的障碍，而且货币政策并不直接涉及工资削减等与社会伙伴的协商，"失序的社团主义"也未产生明显的反作用。因此，希腊得以顺利加入经济货币联盟，其货币政策获得了欧洲化的转型效果。

但在与货币政策配套的财政政策和结构改革领域，因为既需要控制财政赤字和债务，降低公共支出，又要通过私有化关停并转国有企业和裁减人员，对公共部门雇员的切身利益造成了消极影响，因此遭到公共部门雇员工会、公务员协会等其他既得利益集团的强力反对。曾任工业发展银行行长的派普盖亚（Eftyhia Pylarinou-Pip-

---

① "EMU and Greec", European Parliament, PE166. 453/ rev. 1, 28 April 1998.

ergia)① 这样描述私有化的反对者：（1）管理者和顾问
担心私有化后失去自己的职位；（2）政府和党内的反对
派担心失去任命支持自己的选民（庇护对象）的权力；
（3）政府和公共企业的采购商不希望失去自己的特惠待
遇；（4）银行家和银行职员害怕因为自己卷入对于亏损
企业的贷款而受到刑事制裁。而且，执政党内部与工会、
农业协会等具有恩庇关系的派别也开始反对私有化改革
和削减公共支出，因为这意味着他们将丧失回馈庇护者
的公共资源，这也导致支持政府进行改革的联盟的分裂，
使政策落实越来越困难。例如，1992 年 3 月，米佐塔基
斯政府刚宣布要提高税收，关闭一些国企和公共企业、
进一步推动私有化时，工会立即举行了罢工，涉及的人
员有电信部门、电力公司、水处理企业、港口、铁路、
银行和邮局等。1992 年 8 月，米佐塔基斯政府刚决议将
雅典巴士公司私有化（解雇 8000 名雇员），便导致公共
交通部门员工的罢工和抗议。整个夏季，希腊接二连三
地发生示威游行，涉及电力公司、银行、邮局和大学、
中学等部门。此外，新民主党内部的分歧也越来越大，
提高税收的改革触怒了中间阶层即新民主党传统选民的
利益，律师上街罢工游行长达 9 个月。

---

① Aris Trantidis, " Reforms and Collective Action in a Clientelist
System: Greece during the Mitsotakis Administration（1990 – 93）",
South European Society and Politics, Vol. 19, No. 2, 2014, p. 226.

　　1998 年 4 月，西米蒂斯政府提起重组奥林匹克航空公司（国有企业）议案时，遭到整个公共交通部门的工人抗议和罢工，致使雅典的公共交通处于瘫痪状态。① 2001 年 4 月 26 日至 5 月 17 日，超过 80 万名工人在工会组织下示威游行抗议西米蒂斯的社保改革，② 迫使西米蒂斯以辞职相威胁来换回政府内阁和议会的支持。

　　因此，无论是米佐塔基斯还是西米蒂斯政府在财政政策和结构改革议程设置以及执行上，到了后期基本上都是避重就轻，致使改革进展缓慢、收效甚微。

　　此外，无论是财政稳固还是结构改革都是复杂的工程，需要高效、具有专业素养的公共管理人员来实施。但从政策变化的第二个干预变量——便利的制度来看，希腊的主要问题在于政府效率低、公共管理部门缺乏专业素养和技能，并且在庇护主义影响下腐败严重、寻租行为盛行。这严重削弱了政策执行的效果。

　　里瑟等人认为，欧洲化的第三个干预变量是合作型的文化。从希腊所具有的"失序的社团主义"特点来看，政府对于社会领域干预过宽、过深。它与雇主尤其是与雇员

---

　　① "Strikes Cause Chaos in Greece", BBC News, April 9, 1998, http://news.bbc.co.uk/1/hi/world/europe/76123.stm.

　　② Antonis Davanellos, "Greece: Social Democracy Near Collapse", *International Socialist Review*, May-June 2002, http://www.thirdworldtraveler.com/Europe/Greece_SocDemo_Collapse.html.

之间并未形成协商型的对话与合作的文化。这种不妥协的特点经常使相互之间的冲突以比较激烈的罢工、示威游行的方式来呈现。这也造成了政府推动的改革走走停停、没有获得始终一贯的效果。后两个变量在货币政策改革中并不凸显，但在缩减公共支出的财政政策改革尤其是涉及养老金、医疗和劳动力市场等结构改革的政策上对政府改革造成了很大的阻力。

　　简而言之，在欧盟的压力下，希腊在财政政策和结构改革的欧洲化上仅仅取得了"吸收"的低度变化。在这两个领域，希腊的欧洲化带有明显的滞后性特点。

　　从经济政策领域来看，加入经济货币联盟是希腊加入欧洲一体化以来受到欧盟压力最大的一次，而且马约规定的趋同标准为希腊经济政策的欧洲化提供了政策样板，并通过条约规定的硬约束提供了监管和惩罚性措施。在新民主党米佐塔基斯总理尤其是泛希社运党西米蒂斯总理的领导下，希腊在货币政策和财政政策上进行了一系列的调整和改革，最终于 2001 年成功加入欧元区。这标志着希腊在货币政策的欧洲化获得了转型的效果，其货币政策的权能向欧盟让渡。为了与货币政策转型相匹配，希腊在欧盟的要求下，实施了财政稳固政策和劳动力市场等结构改革。为了减少财政赤字和公共债务，希腊政府不得不削减公共部门的规模、裁减人员和将部分国有企业私有化，从而在一定程度上缩小了政府的规模以及经济领域的干预范围和力度，政府在市场中的角色和作用进一步削弱。对于金融和银行业管制的放松也进一步促进了市场的竞争。但是，为了创造宏观稳定的经济环境，希腊的财政稳固和结构改革，既需要控制财政赤字和债务，降低公共支出，又要通过私有化关停并转国有企业和裁减人员，增加劳动力市场的灵活性，从而对公共部门雇员的切身利益造成了严重的威胁，也由此遭到公共部门雇员工会、公务员协会等特殊利益集团的强烈反对，进而以罢工和示威游行相要挟，导致政府放缓财政稳固和结构改革的步伐，甚至放弃了部分改革。米佐塔基斯政府也因为改革而下台导致了欧洲化进程的放缓。总体而言，希腊在财政稳固和结构改革的欧洲化上仅仅取得了外围的"吸收性变化"。

第五章　希腊养老金政策的欧洲化

本章以养老金政策为例，分析欧盟社会政策领域中的软协调给希腊养老金政策带来的压力，并探讨其在国内环境中经过主要干预变量的作用后所取得的欧洲化效应。主权债务危机爆发后，希腊养老金政策的欧洲化从吸收性变化逐渐向容纳性变化发展。

第一节　欧洲社会政策协调的演进

一　欧洲社会政策协调的发展

1981 年，希腊加入欧共体后，并未给公共政策领域包括社会保障政策带来显著的变化。整个 20 世纪 80 年代，希腊社会政策领域的欧洲化还处于迟钝（inertia）阶段。直到 20 世纪 90 年代，尤其是后期开始，国内的社会政策在欧盟的影响下出现吸收性变化，主要是为了向经济货币联盟的标准趋同而控制公共开支,① 重点针对养老金政策。由于经济货币联盟对成员国进行财政纪律的约束,例如对政府预算赤字和债务水平的标准都进行了严格的限定,这对希望加入共同货币区的成员国产生外部改革的刺激,尤其是对希腊这样财政赤字和债务水平远远超标的国家更是如此。因为希腊财政赤字的主要来源就是社会保障的公共支出,其中最大的一项是公共养老金。1997 年,国际货币基金组织的报告指出:对于绝大部分欧盟国家而言,要改变社会保障领域中财政和债务不平衡状况唯一的做法就是改革公共养老金和医疗制度。因此,欧盟在构建经济货币联盟中对财政标准的规定和希腊业已存在的扩张型养老金政策是"不吻合"(misfit)的,这是希腊养老金政策欧洲化的前提。按照理性选择制度主义理论的解释,这种"不吻合"为国内政治行为体寻求自己的利益提供了新的机会和约束,进而为拥护养老金政策变化的行为体(主要是政府)提供了改革的授权。但是,经济货币联盟更多地是以一种间接的方式影响了希腊养老金政策的变化。因为加入经济货币联盟的条件是健康的公共财政,目标是 3% 的预算赤字和60% 的债务,并没有规定通过何种具体的途径和方式达到。经济货币联盟虽说是希腊寻求养老金改革主要的外部刺激,但没有形成足够的压力来引导和保障政策变化的进程。

① Dionyssis G. Dimitrakopoulos and Argyris G. Passas, eds., *Greece in the European Union*, Routledge, 2004, pp. 62, 66.

　　进入 21 世纪后，欧盟在社会政策领域的软治理获得快速发展。自《罗马条约》诞生以来很长一段时间内，社会政策一直属于成员国的主权。在此期间，在成员国主导下，欧洲经历了福利国家快速扩张的过程，养老金等各项社会支出急剧上升。到了 20 世纪 90 年代，欧洲一体化进入经济联盟建设的高级阶段，对劳动力的自由流动等提出了更高的要求，欧盟在保障劳动力的就业和社保等社会政策领域的地位与作用也随之扩大。虽然，从一开始，欧盟社会政策是在"宪法"（"宪政原则"）、"硬法"（"有约束力的共同体立法"）和"软法"（"制度性的相互补充"）三个层面上同时存在的，但是其行动方式仅限于"进行研究，发表意见和安排磋商"，总体上软弱无力。马约生效之后，欧盟没有大规模地扩大共同体社会政策中实施"硬法"的部分，而是以开放式协调法不断地拓展共同体社会政策涉及的领域，推动成员国在社会政策领域中的趋同。①

　　2000 年，为了应对全球化的挑战，提高自身的竞争力，欧盟提出"里斯本战略"，②旨在将自己打造成世界上最有竞争力和活力的知识经济体，推动经济增长和就

---

　　①　田德文：《欧盟社会政策与欧洲一体化》，社会科学文献出版社 2005 年版，第 11 页、18 页。

　　②　早在 20 世纪 80 年代，欧盟就开始关注如何使欧洲在国际经济中变得更有竞争力。1993 年，欧盟发表了《德洛尔白皮书》，就是以"竞争力、增长和就业"为题。

业，并且在多个领域积极推动结构改革，同时通过引入开放式协调方法等软法的形式对成员国的社会政策形成约束。鉴于公共养老金是大部分成员国政府预算最大的支出项目，自然也成为欧盟重点关注的对象。欧盟决策层更是担心因为老龄化的加速、养老金支出的急剧扩大而危及经济货币联盟的稳定。因此，欧盟迫切需要引入新的治理方式来应对这个严峻的问题。在此背景下，2001 年，斯德哥尔摩首脑峰会将开放式协调方法引入养老金政策，将养老金制度的现代化作为社保改革战略的一部分，以此支持整个里斯本战略的落实。[①] 其影响的杠杆主要在于信息交流、同行评议和相互学习等。

具体而言，开放式协调方法有以下四个基本特征：（1）为欧洲联盟及各成员国确定指导原则，同时制定实现某些具体目标的短期、中期和长期时间表；（2）在适当的条件下，根据国际上的最佳实践以及各个成员国和不同部门的具体情况，设定一些定量的和定性的指标，以此方式进行比较，选择最优的经验；（3）在考虑成员国和地区之间差异的前提下，把欧盟的指导原则转化成国家或地区政策，确定具体的目标以及执行措施；（4）以互相学习的方

---

① Karen M. Anderson, *Social Policy in the European Union*, Palgrave, 2015, pp. 100 – 101.

式进行定期的监督、评估和同行评议。①

在养老金政策领域，欧盟一方面收集成员国的养老金危机的数据与信息，使成员国提高现收现付制的财政前景的危机认知；另一方面，促使其认识到公共养老金缴费增加了非工资劳动力成本，不利于就业激励和劳工的流动。此外，欧盟经济和财政理事会担心老龄人口的增加导致养老金支出的不可持续从而威胁到经济货币联盟的生存。因此，欧盟在 2000 年建立了"社会保障委员会"（SPC），由成员国政府社会保障部和相应的欧盟总司代表组成，评估成员国的养老金政策是否恰当、是否适应社会的变化。2001 年，斯德哥尔摩首脑峰会敦促成员国加快步伐削减公共债务、提高就业和生产率、改革养老金制度。2003 年生效的《尼斯条约》通过条款规定强化了欧盟通过软法在促进社会保障改革上的作用，特别是 137（2）（a）条款规定欧洲理事会在社保改革上的一项任务是："采取措施通过旨在增加知识、促进信息交流和最佳实践的倡议鼓励成员国之间的合作，改善创新方式和评估经验"。其会后发表的宣言（presidency conclusions）对成员国提出三点建议：

---

① Kevin Featherstone "'Soft' Co-ordination Meets 'Hard' Politics: The European Union and Pension Reform in Greece", *Journal of European Public Policy*, Vol. 12, No. 4, 2005, pp. 736 – 737；张淏:《"开放式协调方法"和欧盟推进全球治理的方式：以援助政策为例》,《欧洲研究》2010 年第 2 期。

第一，尽快削减公共债务；第二，提高就业率和生产率；第三，改革养老金、医疗和长期看护制度。

2003 年，欧盟委员会和理事会关于养老金的联合报告首次阐述了欧盟在养老金改革上的软治理方式，强调财政可持续和公共养老金充足的相互依赖。该报告制定了 11 个目标用以指导成员国的养老金改革，包括激励工作时间较长的工人继续留在劳动力市场、强化缴费和津贴的关联以及增加养老金的公共和私人财政来源。

欧盟关于养老金的开放式协调共经历了 2001 年、2005 年和 2008 年三轮，从 2005 年开始并入社会政策的开放式协调。与此同时，社会政策的开放式协调业已成为"欧洲 2020 战略"的一部分。为了完成"欧洲 2020 战略"目标，欧盟借助欧洲学期的政策工具来协调成员国政策，整个过程经历欧盟委员会发布年度增长调查报告、欧洲理事会提出政策优先目标、成员国制定本国的稳定和趋同计划和国家改革计划三个环节。由经济政策委员会、社会保障委员会和就业委员会分析成员国的进展，欧盟委员会就此提出国别建议，并由欧洲理事会批准。

2008 年之后，为了应对国际金融危机和随后发生的主权债务危机，欧盟实施了新的经济治理，对养老金改革给予了重点关注。2010 年，欧盟委员会再次发布养老金联合报告，提纲挈领地阐述了取得的改革进展以及主权债务危机引发的挑战，并再次更新了养老金政策议程。2011 年和

2012 年，在年度增长调查中，欧盟对于成员国的养老金改革提出针对性建议：第一，将退休年龄和预期寿命挂钩；第二，限制过早退出劳动力市场；第三；延长工作年限；第四，将男性和女性的领取养老金年龄标准化；第五，支持第二、第三根养老金支柱的发展。

　　鉴于养老金改革对于经济货币联盟建设的重要性以及职业养老金在内部统一大市场中的作用，欧盟委员会于 2010 年发布了养老金绿皮书，重申早期的政策目标，强调成员国应对老龄化进行养老金制度改革的重要性。除了早期的政策建议，又专门针对 2008 年发生的国际金融危机，增加了新的内容：改善养老金基金的管理，保障其财政来源的安全性。绿皮书更新了职业养老金基金管理的政策议程，并重申扩大第二根、第三根养老金支柱的必要性。需要指出的是，绿皮书的议题也是"欧洲 2020 战略"的核心内容。2012 年，欧盟委员会发布养老金的白皮书，对绿皮书提出的议题补充了详细的建议。

　　总体来看，欧盟在养老金政策领域的软协调为成员国提供了改革的样板，其关键要素如下：第一，基于精算原则提供公平的法定的养老金以保障退休后充足的收入；第二，为非充分就业人员提供最低养老金；第三，采取提高工作年限的措施；第四，将退休年龄与预期寿命挂钩；第五，扩大第二和第三根养老金支柱，并保障它的资金的安全性。

　　尽管欧盟提供了清晰而连贯的改革模板，但开放式协调方法并没有为养老金改革带来显著的影响。它虽然对于提请成员国注意养老金政策存在的问题、宣传欧盟偏好的解决方案是极为有效的，但缺乏有约束力的政策工具，因此在实质性的政策变化上影响较小。即使成员国可以从相互学习和认知上受益，也无法保证成员国顺利通过政治决策推动艰巨的养老金改革。

国外许多关于成员国的案例研究表明，里斯本战略和养老金领域的开放式协调进程无法通过强制性约束（条约和法律）强迫成员国进行养老金改革，充其量只能通过最佳实践的交流、为成员国养老金改革的讨论和决定提供参考背景以及相互学习的激励和平台以推动改革。因此在推动成员国进行养老金政策变革上影响并不显著。在此期间，希腊的养老金政策在欧盟的软协调下发生了吸收性变化。然而从 2010 年开始，希腊因为主权债务危机向欧盟等"三驾马车"先后申请了三轮救助，在欧盟的救助备忘录的强力要求下继续大幅度推进养老金改革，其欧洲化逐渐向容纳性变化转变。

本质上看，希腊养老金改革存在的问题与其历史上形成的制度特征存在密切关系，只有了解希腊养老金制度的特点，才能理解养老金政策变革的艰巨性以及欧洲化的局限性。①

---

① 关于希腊养老金改革的分析，参见宋晓敏《试析 20 世纪 90 年代以来希腊养老金制度的改革》，《经济社会体制比较》2017 年第 6 期。

二　希腊养老金制度的特点

从 1836 年建立第一个社会保险基金开始，希腊逐渐形成了以行业为主的社会保险制度。近一个世纪以来，希腊按照行业类别建立了 200 余家保险基金（机构）。不同的基本保险基金覆盖不同职业类别的人群。例如，私企雇员的社会保险由最大的"社会保险机构"（IKA）提供，主要保险内容有养老、医疗等；农村人口的社会保险由"农民保险机构"（OGA）负责；商业和工业行业的自雇者，都加入了"自雇者保险机构"（OAEE）。这三大基本保险基金覆盖的人口约占基本养老金保险人数的85%。此外，医生、律师等自由职业者都拥有自己的保险基金。公务员和公共部门雇员的养老金由专门的基金负责，无须个人缴费，直接由政府预算拨付。

希腊社会保险制度的核心内容是基于现收现付制的养老保险，后来逐渐扩大到医疗保险等项目。第二次世界大战之后，尤其在 1974 年希腊恢复民主政体之后，在福利国家理念的影响下，其社会保险体系急剧扩张，由此形成了一个相当复杂的社会保障制度。其中，养老金体系是希腊社会保障制度的基石，也是其核心组成部分。养老金支出是希腊社会开支中最大的一项，占家庭平均可支配收入的24.1%。其他社会转移支付，如家庭津贴、疾病津贴、失业津贴和社会救助等则微乎其微，大约仅占 3.2%。[1]
从覆盖面、津贴水平以及制度的系统性和全面性来说，希腊的养老金制度都处于较低水平。但是，公务员和公共部门雇员的养老金又极为丰厚。这是希腊福利制度所具有的不均衡性的集中体现。

从形式上来看，希腊养老金体系具有三根支柱：

第一支柱：公共养老金。这是希腊养老金中最重要、规模最大的一类。公共养老金计划起始于 20 世纪 30 年代，从 80 年代开始成为强制性的保险计划，其特点是缴费与收入挂钩、固定收益。从纵向来看，公共养老金分为三个层次：第一层，与收入挂钩的基本养老金（Earnings-related primary pension），覆盖私人部门雇员和某些自雇者，资金来源为"现收现付"。第二层，与收入挂钩的补充养老金（Earnings-related supplementary pension），以行业为基础提供增补型的养老金，覆盖所有的雇员和少量的自雇者。第三层，最低保障的养老金津贴（Minimum pension benefits）。这是 2010 年改革后添加的部分，资金来源于税收转移支付，确保所有的公民得到最低养老金，包括没有受保、或者未满足资格条件的人群。从横向来看，公共养老金由各个行业的基金负责。比如，私人部门的雇员公共

---

[1] Manos Matsaganis, "The Greek Crisis: Social Impact and Policy Responses", The Friedrich-Ebert-Stiftung (FES), November 2013, p. 18.

养老金由国内最大的"社会保险机构"（IKA）负责，农民养老金由"农民保险机构"（OGA）负责，自雇者由"自雇者保险机构"（OAEE）负责等。

第二支柱：职业养老金。该支柱建立于 20 世纪 80 年代，起步较晚。它分为两类：其一，通过企业（公司）的养老基金投保；其二，通过集体养老保险计划投保。

第三支柱：个人养老金。个人通过人寿保险公司投保，获得一次性的养老金。参与个人养老金计划的人数非常少。

在希腊，正因为第二支柱和第三支柱发展缓慢，导致第一支柱一家独大，其规模占整个养老金体系的 99% 以上。第一支柱的公共养老金的特点是强制性、覆盖面广,①其资金来源于现收现付，也就是说拿就业人口的养老金缴费支付退休人员的退休金。这种制度相比于账户积累制在应对老龄化挑战时更为脆弱，在财政可持续上面临更大的风险。而且从 20 世纪 90 年代初开始，由于负责公共养老金运转的行业基金存在较高的财政赤字，政府成为公共养老金缴费的第三方。这就是希腊政府财政赤字越来越高的原因。

从其特征来看，希腊养老金制度属于典型的地中海福

---

① 其覆盖对象包括私企雇员、自雇者和自由职业者。

利国家模式,是极端"碎片化"的典型代表,[①]"碎片化"程度深、范围广,缴费水平不高而劳动参与率低下;长期以来在财政可持续性、社会公平等方面存在严重的问题。希腊养老金制度"碎片化"的第一种表现是行业性。[②] 因为整个体系是依托行业养老基金发展起来的,其资格条件、给付水平包括管理都是按照行业(职业)来划分的,可谓五花八门、各行其是。"碎片化"的第二种表现是,社会保障形式的纷繁复杂。每一个保险基金提供不同层次、不同领域的社会保险。"碎片化"的第三种表现是,相同的养老金基金针对不同时段参加工作的人员,其资格条件和给付标准都不同。

此外,希腊养老金体制存在高度极化、保障人群分层化(segregation)的特点。马察加尼斯(Manos Matsaganis)认为,希腊社会保障对象分为三层,这同样适用于养老金领取者。(1)过度保护的特权群体(也称为体制内人员,

① Marina Angelaki, "A Leopard Never Changes Its Spots: Explaining Greek Pension Reform", p. 3, http://www.lse.ac.uk/europeanInstitute/research/hellenicObservatory/pdf/3rd_Symposium/PAPERS/ANGELAKI_MARINA.pdf.

② 关于"碎片化"的表现,参见 Anjan Gupta, "Greek Pension Reforms: The Struggle to Build a Sustainable Bridge to Retirement", https://martindale.cc.lehigh.edu/sites/martindale.cc.lehigh.edu/files/Pension.pdf; Kevin Featherstone, "'Soft' Co-ordination Meets 'Hard' Politics: the European Union and Pension Reform in Greece", *Journal of European Public Polioy*, Vol. 12, No. 4, 2005。

insider），包括近 100 万名的公务员、公共部门与国有银行的职员等，他们享有丰厚的养老金和医疗待遇。（2）中间层。私人部门的正式雇员，人数在 150 万左右。与体制内的人相比，享受有限的就业保障、并不慷慨的收入和津贴。但与体制外的人相比，拥有法律上的保障。（3）缺乏保护的外部人员（outsider）。包括 200 万没有稳定工作的人群，如临时工、非全日制工作者、移民、妇女、初次进入劳动力市场或重新进入劳动力市场者、长期失业者，以及无法获得稳定工作、相应保障的人群。①

上述"分层化"既是制度的遗产，也受现实因素的影响。历史形成的以行业为区隔的社会保险制度，其内部的不平等性与生俱来；而现实中大量"地下经济"的存在和非正式就业，使外部群体在保障覆盖率和待遇水平上与内部群体存在难以逾越的差距。而"庇护主义"的政治文化以及对家庭的非正式保障的依赖，导致社会保障包括养老金资源分配的不公平，同时也表明长期以来希腊政府缺乏满足社会保障需求的能力。

自 20 世纪 80 年代后期以来，希腊在养老金制度上错失了许多深层改革的机会，主要原因是国内轮流执政的新民主党（中右翼）和泛希社运党（中左翼），虽然都意识

① 关于分层化的观点，参见 Manos Matsaganis，"The Welfare State and the Crisis：The Case of Greece"，*Journal of European Social Policy*，Vol. 21，No. 5，2011。

到养老金改革的必要性和迫切性，但出于选举政治的考量，既没有充分的意愿也没有足够的能力进行改革。在希腊社保制度中，业已形成特殊的社会群体（如希腊劳工联合会等工会），固守特定的社会阶层利益，与执政的政府保持政治上的密切关系，以维持在养老金等社会保障中的特权地位。但在欧盟的压力下，由内因结合外在的动力，逐步打开了养老金政策改革的局面。

第二节　希腊养老金政策的欧洲化

一　养老金政策欧洲化的动因

（一）养老金改革的外因：欧盟压力

20世纪90年代，希腊养老金改革受到来自欧盟的压力，与经济货币联盟要求的政府预算的财政约束有关。在加入欧元区的预备阶段，马约对欧洲经济货币联盟规定了十分清晰的财政规则。成员国的预算赤字不超过GDP的3%，债务水平不超过GDP的60%。这些标准对于希腊政府形成了巨大的压力。1990年，希腊政府的借贷需求达到GDP的19%，养老金支出达到GDP的15%。财政赤字率非常高，1993年为13.4%，1995年为10.2%，直到1998年才降至2.5%。债务问题更为棘手。1993年，公共债务占GDP的总额为110.1%，1998年为105.8%，到2002

年仍然达到105%。① 虽然20世纪90年代初上台的新民主
党米佐塔基斯政府以及泛希社运党帕潘德里欧政府都承诺
为了加入欧元区，削减财政赤字实施结构改革，包括养老
金改革，但由于国内工会等力量的反对、党内错综复杂的
矛盾和利益冲突等，并没有实质性地推动结构改革。在错
过第一批进入经济货币联盟第三阶段的机会后，主要的结
构改革压力落到了西米蒂斯政府头上。为了促使希腊达到
趋同标准，西米蒂斯政府在养老金制度上实施了改革，并
取得了一定的进展。

　　进入21世纪后，欧盟通过里斯本战略中的开放式协
调法对希腊的养老金改革提出了指导性原则和方向。2001
年12月，欧盟在莱肯首脑峰会上明确提出，将开放式协
调法扩展到养老金领域，这意味着欧盟在社会政策的核心
领域建立了监管和协调机制，成员国被要求递交"国别战
略报告"，主要围绕三个主题阐明完成11个共同目标的战
略：（1）改革准备的充分性；（2）养老金制度的可持续
性；（3）对于社会需求改变的反应程度。2003年3月，
欧盟委员会发表国别养老金战略报告的评估，列明了一系
列行动的优先事项：（1）确保养老金制度的财政可持续
性，延长就业人员的就业生涯，提高就业率；（2）确保老

---

① Kevin Featherstone, "'Soft' Co-ordination Meets 'Hard' Poli-
tics: The European Union and Pension Reform in Greece", *Journal of
European Public Polioy*, Vol. 12, No. 4, 2005, p. 736.

年人得到更好的保障，免于陷入社会贫困和社会排斥；（3）使养老金制度适应更有弹性的工作模式、减少男性和女性之间的养老金供给的不平等。

继 2002 年雷帕斯（Reppas）改革后，欧盟委员会对希腊养老金政策提出以下四个需要解决的问题：（1）希腊养老金制度面临岌岌可危的财政状况；（2）老年人贫困风险和社会排斥风险增加；（3）养老金领取者之间、代际之间存在重要的差异；（4）就业率低，工作期限短。在评估报告中，欧盟迫切希望希腊政府进行改革：为了应对老龄化挑战，养老金改革需要持续下去，财政巩固政策需要延续，并继续 2002 年开始的改革，以稳定养老金支出的增长，保障长期的养老金制度的财政可持续性。

2006 年，欧盟对希腊养老金改革进行第二次评估后指出，2003 年所提出的问题仍然存在。毫无疑问，欧盟关于希腊养老金制度痼疾的分析是鞭辟入里的，对于其改革方向的指导建议也是切中肯綮的。但一直以来，在庇护主义和"失序的社团主义"影响下，希腊养老金体系存在的财政负担重、福利分配不公正的问题迟迟未能解决。这也成为希腊历届执政党上台后不得不应对的棘手的难题。可以说，希腊养老金改革的外在压力始终存在，只不过由于整个制度环境的非便利性、否决行为体的阻挠以及社团主义模式并未发挥协商与合作的积极作用，从而使改革步履维艰。

（二）养老金改革的内因

从 20 世纪 90 年代开始，日益增长的老龄化压力和社会经济变化迫使欧盟成员国进行养老金制度的深层改革，一方面提升财政的可持续性，另一方面增强抑制老年人贫困风险、减轻性别和代际之间不平等的政府治理能力。

毫无疑问，希腊当时也面临了其他欧洲国家所遭遇的养老金体系改革的压力，而且相比多数欧盟国家有过之而无不及。

第一，希腊养老金支出远远高于欧盟平均水平，是本国财政赤字的重要来源。

希腊现代社保制度起步于20世纪70年代（推翻独裁政权、建立民主政体之后），快速发展于20世纪80、90年代，从这一时期开始社保开支急剧扩张。1980年，希腊社会开支占GDP的比例为11.5%，1990年近乎增加一倍，这种跨越式的增长在经济合作与发展组织（OECD）国家中绝无仅有。① 1990年，公共养老金开支占GDP的9.9%，2000年达到10.7%，2007年接近12%，远远超出OECD国家7%的平均值。世界银行、经济合作与发展组织等国际组织一直警告希腊养老金开支过高，政府将无法负担日益庞大的财政开支。欧盟委员会也在报告中指出，2007年希腊的养老金开支已达到GDP的11.7%，在欧盟27国中位居前列，如果不及时采取措施，预计2060年将接近GDP的25%，跃居欧盟

———————

① Francis G. Castles, "The Growth of the Post-war Public Expenditure State: Long-term Trajectories and Recent Trends", TranState Working Papers, No. 35, 2006, http://hdl.handle.net/10419/24948.

第一。① 可以说，20 年来，希腊的养老金体系始终面临沉重的财政压力。一旦政府在债券市场上无法正常融资，以周转财政的现金支付，其养老金体系顷刻之间就会瓦解。这也是2009 年主权债务危机发生后希腊养老金体系面临的困境。

第二，希腊老龄化趋势快于欧盟多数国家。

1971 年人口普查显示，希腊 65 岁以上老龄人口已占10.9%，1991 年的调查发现其已上升为 13.7%。② 2011年的调查数据显示，希腊的老龄人口占 19.4%，仅次于意大利（20.3%）和德国（20.6%），成为欧盟老龄化程度最高的国家之一。③

根据联合国的数据，希腊自第二次世界大战以来生育率呈下降趋势，1950—1955 年为 2.29，1995—2000 年为1.30，2005—2010 年 为 1.46；预 期 寿 命 一 路 走 高，

---

① "OECD Factbook 2011：Economic，Environmental and Social Statistics"，OECD，2011；"Pension Schemes and Pension Projections in the EU-27 Member States — 2008 - 2060 （Volume Ⅰ — Report）"，European Commission，Economic Policy Committee （AWG） and Directorate-General for Economic and Financial Affairs，2009.

② "Social Security （Minimum Standards） Convention，1952 （No. 102） —Greece"，International Labour Organization，http：//www. ilo. org/dyn/normlex/en/f? p ＝ NORMLEXPUB：13100：0：：NO：：P13100_ COMMENT_ ID：2699205.

③ "Greece Holds One of the Highest Aging Rates in Europe"，Greek Reporter，http：//greece. greekreporter. com/2014/03/12/greece-holds-one-of-the-highest-aging-rates-in-europe/.

1950—1955 年，预期寿命为 65.8 岁，1995—2000 年上升为 78.0 岁，2005—2010 年预期寿命是 79.8 岁，2045—2050 年将达到 85.3 岁。因此，希腊老年抚养比率节节上升，1950 年为 10.5%，1970 年达到 17.4%，1990 年达到 20.4%，2000 年达到 24.8%，2010 年达到 28.6%，预计 2050 年将达到 59.7%。这意味着 5 个劳动适龄人口将负担 3 个 65 岁以上老人的养老。[1]

第三，希腊提前退休现象普遍。

虽然法律规定退休年龄为 60 岁，但由于不同行业的养老金由不同的基金（机构）管理，加上政府部门监管的"不到位"，造成了很多特殊的规则和例外。因此，在希腊工作年满 35 年、58 岁领取全额退休金比较普遍；如果工作年满 37 年，则没有任何退休年龄的限制。据统计，希腊退出劳动力市场的年龄平均为 59.6 岁，女性为 57.7 岁，远远低于欧盟国家的平均值。[2]

第四，希腊老年贫困率高。

尽管养老金开支高，但希腊的养老金收入分布不均衡，不少退休人员领取的养老金微薄，尚不足以抵抗贫困

[1]　"The 2019 Revision of World Population Prospects", UN, http：//esa. un. org/wpp/documentation/pdf/WPP2012 _ Volume-II-Demographic-Profiles. pdf.

[2]　Kevin Featherstone and Dimitris Papadimitriou, *The Limits of Europeanization*：*Reform Capacity and Policy Conflict in Greece*, Palgrave Macmillan, 2008, p. 83.

的风险。经济合作与发展组织数据显示，20 世纪 90 年代中期，希腊 65 岁以上老人有 22% 面临贫困风险，远远高于 OECD 的平均值。[①]

第五，不平等性突出。

希腊养老金制度的"碎片化"导致其在资格条件和津贴水平上缺乏统一的标准，从而加剧了养老福利供应上的不平等。而且以行业为基础、以收入为基准的固定待遇的养老金模式偏好长期工作的群体和特殊被保护的行业（如公务员），而不利于"体制外"人员，包括没有进入或短暂进入劳动力市场的妇女。而且，严重依赖于现收现付制的养老体系天然具有代际的不平等。其致命的弱点是资金积累能力差，受老龄化因素影响大，政府的财政负担重。如果发生财政危机，若没有第二和第三支柱的有力支撑，希腊养老制度应对的余地就非常狭小。

可见，相比于欧盟其他成员国，希腊养老金在财政的可持续、公平性上存在的问题更为严重，而且养老金制度结构单一，并存在严重的缺陷：第一支柱规模偏大、

---

① "FBOs and Social Exclusion in European Cities（FACIT）: Greece, Portugal, and France Country Report", p. 21, https://www.academia.edu/2280224/FBOs_ and_ Social_ Exclusion_ in_ European_ Cities_ FACIT_ . _ Greece_ Portugal_ and_ France_ Country_ Report. _ With_ Jacques_ Barou_ Andres_ Walliser_ and_ Sara_ Villanueva.

第二支柱和第三支柱发展极为滞后，在资金来源上又主要采用现收现付制，因此在应对金融危机和债务危机上腾挪空间小，在应对老龄化上挑战又大。由于上述问题的存在，即使没有欧盟的外部刺激，希腊内部已经形成财政不可负荷、对经济发展构成沉重包袱、养老金制度改革势在必行的需求。但是希腊内部改革的困境在于政治精英认知与行动的悖论以及特权群体的阻挠。政治精英和决策层深知，如果养老金制度不改革，不久的将来，不仅财政不可持续，如果遇上经济危机，国家也有破产的危险，但受限于选举政治，政府为取悦于选民而不愿改革，或者有意拖延、放慢速度。对于普通民众而言，一般只注重眼前利益，并不关心养老金问题上的代际不公平和财政平衡的问题。而对于既得利益集团、特权群体（公务员、公共部门雇员）来说，养老金改革就是零和游戏，意味着自己利益的损失，因此坚决拒绝养老金政策的变革。这也是希腊养老金改革一直走走停停、进展缓慢的重要原因。

二　养老金政策欧洲化的内容

从 20 世纪 80 年代后期开始，希腊养老金制度的问题已开始凸显，并且愈益严重。在选举政治的制约下，希腊执政党以追逐选票为首要目标，倾向于逃避责任使改革成本最小化。政府因为能力所限以及选举政治的牵制、利益集

团的阻挠等，对于养老金政策的改革避重就轻，错失了许
多调整的机会。而工会出于保护特定利益集团或特权阶层
（如公务员）的目的，向来对削减养老金水平、整合制度资
源持反对态度，往往通过集体战略（罢工等）来获得对养
老福利的垄断和优先选择，同时将成本转移到下一代。

进入 20 世纪 90 年代后，希腊因为申请加入经济货币
联盟而受到财政稳固的约束，进入 21 世纪后，又受到欧
盟开放式协调的软性治理，其养老金政策逐渐发生吸收性
变化。2009 年主权债务危机爆发后，在救助备忘录的强压
下，希腊的养老金政策变化的范围和深度进一步扩大。

（一）主权债务危机前的改革

希腊政府从 1990 年年初开始调整养老金制度，一直
到 2009 年主权债务危机爆发之前共经历了四次较大的
改革。①

第一阶段：1990—1992 年改革。1990 年，希腊政府
的借款需求达到 GDP 的 19%，单就养老金开支一项即已
达到 GDP 的 15%。日益恶化的财政状况引发了希腊政府

① 有关四次改革的阶段划分及其主要内容，参见 Kevin Feath-
erstone and Dimitris Papadimitriou, *The Limits of Europeanization*: *Re-
form Capacity and Policy Conflict in Greece*, Palgrave Macmillan, 2008;
"Pension Schemes and Pension Projections in the EU-27 Member
States—2008 - 2060 (Volume I — Report)"; Anjan Gupta, "Greek
Pension Reforms: The Struggle to Build a Sustainable Bridge to Retire-
ment", pp. 69 - 72.

担心不能支付公共部门雇员养老金和工资的恐慌。另一方面，经济货币联盟建设已提上议事日程，对于希望加入的成员国提出了财政约束的要求。因此，新上任的米佐塔基斯总理要求启动养老金制度的改革，以削减公共养老金的支出、增加收入。1990 年 9 月 28 日，议会以一票优势通过 1902/90 法令，规定：（1）养老金缴费逐步增加 3%，从 27% 提高到 30%，打击偷逃养老金缴费的行为；（2）提高退休年龄，男性提高到 60 岁，女性提高到 58 岁；（3）收紧领取残疾养老金的资格；（4）取消公共部门雇员部分养老金特殊待遇；（5）将养老金与公共部门雇员工资的参考比例指数化。[1]　虽然 1990 年的改革短期内取得了积极的成效，但并未着眼于长期来解决养老金制度存在的结构缺陷问题，只能保证它在短期内的维系。而在该项法案在议会讨论期间，国内两个最大的工会希腊劳工总联合会和公务员协会举行了声势浩大的示威游行。实施这项改革的经济部部长苏夫利亚斯迫于压力托病辞职。

1991 年 1 月，欧共体向希腊发放 22 亿埃居贷款（分三笔发放）以帮助希腊达到支付平衡，但前提是希腊必须落实基于稳定计划的财政紧缩措施。由于希腊的稳定计划

---

[1]　Kevin Featherstone, Georgios Kazamias and Dimitris Papadimitriou, "The Limits of External Empowerment: EMU, Technocracy and Reform of the Greek Pension System", *Political Studies*, Vol. 49, 2001, pp. 468 – 469.

的各项指标均不理想，欧盟决定延迟第二笔贷款的发放。在这关键时刻，曼诺斯被任命为新经济部部长。为扭转日益恶化的局势，他宣布加快改革进程，包括广泛的私有化、五年内公共领域工资冻结以及养老金制度的快速改革。

1992 年 9 月，希腊议会通过 2084/92 法令规定：(1) 缴费再增加 3.65%（从 30% 提高到 33.65%）；(2) 退休年龄无论男性和女性一律提高到 65 岁（针对 1993 年 1 月 1 日之后就业的人员）。① 其他改革内容还包括削减养老金，如基本养老金的替代率不得超过最后工作五年中平均工资的 80%，补充型养老金替代率不得超过 20% 等。这次改革在两个方面取得了积极成果：其一是缴费收入显著增加；其二是残疾养老金人数大为减少。而消极的影响来自三个方面：(1) 1990 年退休人员剧增，为赶在改革措施落实之前享受原来的制度好处，一大批人员提前退休；(2) 缴费率提高，导致希腊跻身于经济与合作组织中非工资劳动力成本高水平行列；(3) 基本养老金的实际价值下降，迫使政府进行干预，将最低养老金与消费物价指数（CPI）挂钩，并开始提供家计调查的补充型养

① Kevin Featherstone and Dimitris Papadimitriou, *The Limits of Europeanization: Reform Capacity and Policy Conflict in Greece*, Palgrave Macmillan, 2008, p. 116.

老金，从而又增加了政府的财政负担。①

　　从本质上来看，这次改革仍未触及希腊养老金制度的结构性缺陷问题，制度的碎片化和养老金分配的不公平仍然存在。而且 2084/92 法令造成了双层体制（1993 年之前和 1993 年之后），关键是仍然保留了特权阶层和集团在养老金上的特殊利益，为电力公司、国有银行和"特权养老金基金"如工程师、医生、律师、军官等群体的养老金设立了例外条款。

　　第二阶段：1998 年改革。1990—1992 年的改革并未触及养老金体系的根本缺陷，并受制于工会罢工的压力，② 仍然保留了一些势力强大的行业团体的养老金的特权待遇。1993 年大选中，米佐塔基斯败选，帕潘德里欧再次上台执政，他所优先关注的并非是养老金问题。因此，直到 20 世纪 90 年代后期，泛希社运党的西米蒂斯出任总理后，养老金—劳动力市场改革才成为新政府现代化目标中的最优先的议程。在西米蒂斯授意下，国内成立了斯普鲁斯委员会（Spraos Committee），发布了系列报告，建议进行社保和养老金制度的改革，改变"碎片化"的状态，将其拉回到可持续的轨道，使希腊

---

　　① Anjan Gupta，"Greek Pension Reforms：The Struggle to Build a Sustainable Bridge to Retirement"，p. 70.

　　② 1992 年 9 月，有超过 10 万名公共领域的雇员罢工，随后，国有银行、交通部门和公用事业单位员工罢工持续三周之久。

经济健康发展。但上述建议遭到特权群体和民众的反对，最终未被政府所采纳，仅在 1998 年通过了一项养老金法令，推行小步改革，即提升原有的养老金体系的管理水平，通过取消、合并养老金基金等手段减少管理的成本，提高管理的效率。显然，1998 年的改革并没有从核心层面上触动养老金体系的痼疾，与上轮改革相比，堪称"迷你型"改革。

第三阶段：2002 年改革。有了前车之鉴后，西米蒂斯政府在启动新一轮养老金改革之前与工会（希腊劳工总联合会）等组织进行了"社会对话"。通过艰难的谈判，双方达成一定的共识后，希腊议会于 2002 年 6 月通过了 3029/2002 养老金改革法令，主要内容有：（1）将退休年龄一律提高到 65 岁，取消针对 1993 年进入劳动力市场的限制；（2）将所有雇员基本养老金纳入 IKA 统一管理；（3）扩大三方缴费，保障政府对 IKA 等主要基金机构的财政资助；（4）为接受政府资助的补充型养老基金建立监管框架，等等。此外，为了削减成本，将公共部门人员的养老金的最高替代率降低，使其与私人部门的比率相一致。尽管这场改革的意图是帮助政府完成提高养老金体系公平性的目的，但却增加了开支过度膨胀的风险。而且，2002 年改革中大部分削减成本的措施计划于 2008 年之后生效，基本上没有达到减轻政府财政负担的目的。而 2004 年上台的新民主党看到西米蒂斯在推动养老金改革上付出巨大的政治成本，因此小心翼翼地避开了这个烫手山芋，仅限于在2002年养老金改革法令中落实改革措施。

第四阶段：2008年改革。鉴于财政状况的不确定性、欧盟对于改革不断增加压力，以及国内对于养老金既定方案的争论，促使卡拉曼利斯再次启动改革，旨在削减养老金的巨额开支。为减少管理成本，希腊议会于2008年3月通过第3655号法令，将133个社会保险基金（机构）合并为13个。[①] 虽然合并遗留了很多问题，一些基金会仍然保留了自治地位以及各自的缴费标准和资格条件，但它加强了政府对养老金体系的管理。此外，2008年的改革首次引入社会保障号来提高统一性，并且建立了代际间的团结基金来保障未来的养老金开支。[②] 虽然，法定退休年龄不变，但政府通过调整提前退休的待遇，有效地提高了平均退休年龄。相比于前三次改革，2008年的改革目标显然更大、涉及的范围也更广。但2009年匆匆而至的主权债务危机中断了这轮改革的进程。

总体而言，上述四次改革取得了一定的进展，但成果有限，并没有在根本上解决未来养老金体系的可持续问题：养老金的财政负担越来越重，不平等问题仍然存在，

---

① 2010年的改革又将13个减少为3个。

② "Pension Schemes and Pension Projections in the EU-27 Member States — 2008 – 2060（Volume I — Report）"，pp. 122 – 123.

最重要的是并未扭转不合理的制度结构。欧盟提出的改革样板，如扩大职业养老金计划（第二支柱）、激活个人养老金计划（第三支柱）、减少公共养老金的支出（第一支柱）并未被希腊效仿。养老金改革在通过缴费增加收入、通过削减津贴种类和金额减少公共养老金的支出，以及严格资格条件上修修补补、走走停停。

（二）主权债务危机后的改革

2009 年年底，主权债务危机爆发后，希腊在"三驾马车"的外力施压下进行了"倒逼式"的养老金制度改革。

2010 年 5 月，欧盟等"三驾马车"向希腊提供1100亿欧元为期三年的援助，但前提是希腊必须满足备忘录中提出的一系列紧缩改革的要求，其中最为重要的就是养老金改革。为了解决财政濒临崩溃的危机，希腊政府同意实施一系列财政紧缩计划：目标是三年内紧缩开支300 亿欧元，相当于 GDP 的 10%；将财政赤字占 GDP 的比重从 2009 年的 13.6% 降至 2014 年的 3% 以下。紧缩计划的核心内容就是削减社会开支，首先是养老金制度改革。因为欧盟的研究报告认为，正是希腊政府在养老金方面的巨额支出大大增加了债券的发行，导致政府债务增长迅猛。

2010 年 7 月 12 日，希腊议会以微弱多数通过第 3863号法令（针对私人部门）和第 3865 号法令（针对公共部门），这是近 20 年来第一项具有重大意义的养老金立法。①
第 3863 号法令围绕私人部门养老金水平的削减和财政的
可持续性，确立了如下举措：

（1）延长退休年龄。2011 年，实行法定退休年龄为
65 岁，这意味着女性退休年龄从 60 岁提高到 65 岁；从
2021 年开始，退休年龄将与预期寿命挂钩。

（2）延长缴费年限。将养老金缴费年限从 37 年延长
至 40 年；从 2011 年开始缴满 40 年可领取全额养老金，如
果在 60—65 岁提前退休的话，每年减少 6% 的养老金。

（3）引入新的基本养老金计算公式，降低养老金水
平。养老金计算基率，从最后五年最高收入或工资级别改
为工作期间的平均工资；冻结养老金的涨幅；调低养老金
的上限等；取消第 13、14 个月的养老金；引入团结税，
每月超过 3500 欧元的按比率累加到 7%。

通过这次改革，希腊私人部门养老金水平大大下降，
每月 800 欧元的养老金减少了 7%，每月 3500 欧元的养老
金减少 23% 左右。

（4）建立统一、多层的养老金体系，弥补高度碎片化

---

① 关于 2010—2013 年希腊养老金改革内容，参见 Georgios Syme-onidis，"The Greek Pension Reform Strategy 2010 – 2013：Steering Away from the Tip or the Iceberg?"，http：//www. worldpensionsummit. com/Portals/6/The% 20Greek% 20Pension% 20Reform% 20Strategy% 202010% 20 – % 202013% 20Steering% 20away% 20from% 20the% 20tip% 20or% 20the% 20iceberg. pdf。

的缺陷。统一公共养老金的资格条件和待遇水平；将现有的养老金基金合并为三个；推出重要的管理措施，如建立统一的养老金支付机制和缴费监管机制等，打击缴费脱逃等行为。

第 3865 号法令的目标是降低公共部门的养老金水平，规定：从 2011 年 1 月 1 日开始，新进入公共部门的雇员包括公务员的养老金计划并入私人部门养老基金。其根本目标是在削减财政赤字的基础上，缩小公共部门和私人部门的养老金待遇的差距，减少保障制度的不平等性。

在财政紧缩计划的设计下，希腊养老政策体系发生了重要的变化。

首先，在公共养老金计划中的基本养老金中引入新的福利理念和逻辑。在提高福利的公平性上，政府承担了更大的责任。比如，基本养老金被分为两个部分：一是基础部分为最低保障的养老金，由政府从税收中支付，带有家计调查，承担社会保障安全网的功能，可以有效降低老年贫困风险。二是按比例发放的部分，与工资挂钩，按工资增长的比例计算。也就是说，在保障退休人员的最低生活水平上，政府加强了自己的保障责任和作用。

其次，对养老金制度实施大幅度的"削减性"改革，在福利供给上减少政府的责任，逐步增加个人的责任。例如，缴费年限从以前的年满 35 年提高到 40 年；原来计算养老金待遇的工资是按照最后 5 年或 10 年的工资，现在是按照职业生涯全部年限的平均收入来计算；公共部门的职员，2010 年之后雇佣的则通过私人部门的养老金基金加入保险计划；不论男性和女性，退休年龄都延长为 65 岁，并且将随着预期寿命的增长而逐步增长；严格残疾人养老金的资格条件，政府将通过专门的委员会逐个审查其资格等。

最后，通过养老金管理体系的改革，提高管理的效率。继 2008 年改革将 133 个社保基金减少为 13 个后，希腊于 2010 年 7 月再次颁布法令，将 13 个养老金基金合并为 3 个。2013 年 9 月，为防止逃避缴费，希腊政府又推行了一项新的计划，通过计算机建立了所有的雇员的资料档案，发送给雇主进行核对，如有脱逃缴费，将面临每人10550 欧元的罚款；此外，在资料档案中建立统一的工资花名册和保险缴费等。

三　效果评估

与货币政策相比，希腊养老金政策的欧洲化并未达到转型的效果，从结果来看，属于"容纳性变化"。希腊政府为应对欧盟的压力，对原有的养老金政策和制度的外围进行变动，但没有改变核心架构，比如希腊养老金第一支柱独大，第二、第三支柱发展迟缓的结构在短期内并未得到根本性转变。

第一，从外部调适性压力来看，希腊养老金政策并未受到欧盟硬法约束，而是以软性协调为主，对其不构成惩罚性威胁。而2010年主权债务危机之后的备忘录也不属于法律协定，而是通过资金的资助形成惩罚性约束。虽然，1991年马约规定的经济货币联盟准入标准对希腊施加了财政纪律上的束缚（主要表现在政府财政赤字和债务水平上），对于国内的紧缩改革也形成了外部刺激，但是，经济货币联盟的标准作为外部压力与希腊养老金政策变化之间是一种间接的联系。例如，财政赤字也可以通过裁减公共部门人员的岗位和工资而不是养老金缩减来获得，而且趋同标准也没有为养老金政策改革提供清晰的目标、政策工具和评估标准。此外，希腊的养老金政策变化与其内在的动因也是分不开的，例如国内养老金基金面临亏损，老龄人口的急剧增加迫使其进行主动改革，虽然幅度不大，但仍然取得了进展。进入21世纪后，欧盟开始对成员国的养老金政策实施开放式协调（软治理），为希腊的养老金改革提出了指导性原则和建议，但因为缺乏硬约束和惩罚性措施，加上国内利益集团的强力阻挠，希腊的养老金政策仅仅进行了吸收性调整。但是自2009年爆发主权债务危机后，希腊亟需欧盟的资金，因此在欧盟救助备忘录的要求下承诺进行养老金制度的改革，由此对养老金政策进行了大幅调整。但是短期内希腊养老金制度的核心结构并没有得到根本性变化，也未能像其他欧盟成员国比如荷兰一样建立多支柱多层次的养老金体系。

第二，从干预变量来看，希腊养老金在欧盟的压力下做出适应性调整时，遭遇工会等利益集团的强大的否决行为体的阻挠，由于缺乏合作型的文化，政府和工会进行的社会对话屡屡失败。20世纪90年代初，为了促进本国尽快加入经济货币联盟，希腊政府成立了经济与社会委员会（OKE），作为负责国内社会和经济政策的社会对话的咨询机构。它是唯一在希腊社会中协调社会和行业利益的正式机制。对于缺少共识构建的希腊而言可谓迈出了重要一步，但其仍然未能阻止工会利益集团向社会直接施加压力。[1] 而在养老金改革上，政府也始终未能与社会伙伴达成共识，致使其政策变化缺少认同的根基。

从制度设置来看，像希腊这样的单一制国家，中央政府是社会政策领域中最重要的行为体，地方政府在这一领域的权力很小。而且因为希腊养老金制度结构重心在基本养老金（公共养老金）上，第二支柱职业养老金以及第三支柱私人养老金极为落后，企业主（雇主）和其他社会伙伴（小型企业的雇员和劳工）等对于社会政策的决策影响非常小。

对于希腊政府而言，无论是经济货币联盟、开放式协调还是最近的救助备忘录，都是欧盟赋予的新的政治结构机会、一种新的影响国内政策变化的渠道。鉴于养老金问

---

① Dionyssis G. Dimitrakopoulos and Argyris G. Passas, eds., *Greece in the European Union*, Routledge, 2004, p. 65.

题由来已久，又是难啃的骨头，对其改革无疑风险极大、政治成本又高，但又不得不改。因此希腊政府一般将欧盟的压力视为合法性的授权，其实就是将欧盟视为替罪羊。万一改革引发众怒，可以顺手将责任推给欧盟，如果改革成功，就成为继续执政的资本。此外，政府一般注重维护自己在欧盟中的信誉，不愿在同行评议（开放式协调进程）中失分。因此，希腊政府是养老金政策欧洲化的倡议者和政策变化议程的拟定者。但与此同时，政府的治理能力低、效率低下，也限制了养老金政策变化的幅度。与此形成悖论的是，中央政府在社会领域的权力过大、干预过深，导致公民社会弱小，因而始终未能建立起多层次、多渠道由社会各方行为体参与决策的政策网络。尤其是缺乏相关的政策共同体或智库去影响否决行为体的利益或者为政府的改革战略提供合法性。结果是，政府无法从广泛的技术专家中获得认可，比如商议改革的目标，阐明政策选择，对公共辩论进行宣传和引导等。即使有技术专家组成的智库，往往都不是独立的，而是为政府，确切地说是为总理和内阁服务。

从历次养老金改革的结果来看，其否决行为体往往是既得利益的特权群体，如公务员、公共部门的雇员组成的工会。其中一个是公务员协会，另一个是希腊劳工总联合会。它们将养老金改革视为零和博弈，认为改革的结果是以自己的利益损失为代价的，因此拒绝改变政策。每次政府提出养老金改革议案，首先遭到它们的拒绝、继而进行罢工和示威游行，重则导致改革流产，轻则迫使政府降低改革的力度或者保留它们的特权。

此外，希腊在历史上始终未能形成"协商型社团主义"，而是沦陷于"失序的社团主义"，利益相关方缺乏信任和有效的社会对话。在养老金改革上，在政府、雇主与社会伙伴之间始终未能建立有效的三方会谈和对话机制。按照理性选择制度主义的观点，合作型的政治文化能引导共识的构建和成本分担，① 而这恰恰是希腊所缺失的。政府达成的养老金改革的政策议程，既缺少技术专家的智力支持，也缺少社会伙伴的改革共识。换而言之，若没有强大的政策上的支持联盟做后盾，由政府发起的改革就没有持续的动力和后劲。历届政府的养老金改革时断时续也正是表明了这一点。

本章对欧盟在社会政策主要是养老金政策领域内的软协调方式之发展史进行简要梳理后发现，欧盟在养老金政策上实施的软治理方式产生的约束力小，与养老金改革在国内遭遇的否决行为体的力量之强形成鲜明对比，而希腊特有的"失序的社团主义"模式又导致政府与社会伙伴之

---

① Tanja A. Borzel and Thomas Risse, "Conceptualizing the Domestic Impact of Europe", in Kevin Featherstone and Claudio M. Radaelli, eds. , *The Politics of Europeanization*, Oxford University Press, 2003, pp. 58 – 59.

间信任度低，缺乏有效的社会对话机制。因此，希腊在养老金政策领域仅仅产生了吸收性变化。自爆发主权债务危机、获得欧盟等"三驾马车"的救助后，希腊不得不接受结构改革包括养老金改革的贷款条件，从而迫使其政府加大了改革力度，养老金政策开始从吸收性变化向容纳性变化转变。但与货币政策相比，养老金政策的欧洲化因遇到工会等利益集团的强力阻挠，加之历史上形成的福利制度的结构性缺陷，故很难取得显著效果。债务危机后即使在欧盟强压下，希腊政府勉力推行的养老金改革仍是时断时续、步履维艰，难于在核心架构上取得根本性突破，如推动第二、第三支柱发展，将其公共财政负担进一步向企业和个人转移等进展缓慢。

第六章　希腊外交政策的欧洲化

在共同外交与安全领域，欧盟对成员国政策的协调仍然基于政府间合作机制。显然，与欧盟硬治理和软协调方式相比，这种约束机制的效力最弱。从 20 世纪 80 年代开始，希腊外交政策的欧洲化亦经历了从迟滞、不愿接受约束到 20 世纪 90 年代中期积极支持欧盟共同外交政策的转变历程。本章节拟从欧盟调适性压力入手，分析希腊政府在外交政策领域通过国内政治精英的社会化，积极调整外交立场，增加认同，进而改变其政策内容和风格等，最后讨论其欧洲化的效果。

第一节　欧盟共同外交政策的演进

一　欧盟共同外交与安全政策的发展

在欧洲一体化进程中，政治一体化（高级政治）的速度远比经济一体化（低级政治）缓慢，主要原因在于外交、安全与防务主权的让渡难度较大，但外交、安全与防

务政策领域的政治合作却是欧洲一体化的初始目标之一；①
从 20 世纪 70 年代初开始欧洲政治合作进程，到 20 世纪
90 年初代转向共同外交与安全政策，再到 20 世纪 90 年代
末进入防务政策一体化，共经历了三个阶段，目的是在政
治和外交上形成"同一个声音"，使欧共体/欧盟在国际事
务上获得更大的影响力，提升其国际地位。

1969 年欧共体成员国首脑在海牙召开峰会，会上达成
欧洲政治合作协定（EPC），意在加强外交合作和协调
（但未纳入欧共体法律框架），这是欧盟共同外交与安全政
策的起点。整个 20 世纪 70 年代先后通过的《卢森堡报
告》和《哥本哈根报告》为欧洲政治合作建立了政府间机
制。概括而言，早期的欧洲政治合作的运作主要遵循两项
原则：（1）政府间合作原则，即欧洲外交政策完全掌控于
成员国手中；（2）共识原则，即所有决议均采取"一致表
决制"，每个成员国都享有否决权。② 1987 年，《单一欧洲
法令》将欧洲政治合作条约化和制度化。该法令第 30 条
强调："共同体成员国应制订与执行欧洲外交政策，其方
式除相互知会、咨询、协调与调和立场外，并应采取共同
行动；……在国际组织与国际会议中采取一致立场，……

①　张福昌：《欧洲政治一体化的发展与前瞻》，《欧洲研究》
2012 年第 3 期，第 39—40 页。
②　张福昌：《欧洲政治一体化的发展与前瞻》，《欧洲研究》
2012 年第 3 期，第 39—40 页。

其对外政策应与'欧洲政治合作'所达成之决议一致"。
在第三部分明确规定:"把欧洲政治合作从一种非正式机制转变为正式的合法的机制",但仍然游离于欧共体的法律框架之外,属于政府间合作形式。不过,欧洲政治合作的政府间性质,并不意味着放弃了成员国共同外交政策的追求。虽然它具有独立性,没有纳入超国家机制,但被纳入了欧共体条约规定,成为欧洲一体化的组成部分。①

　　20世纪80年代末90年代初,国际环境发生了重要变化。东欧剧变、两德统一、苏联解体加剧了欧洲局势的不稳定。欧共体决定"从一个仅以经济一体化与政治合作为基础的实体,转变成一个具有政治特质,包括共同外交与安全政策在内的联盟"。1991年年底,成员国签署《欧洲联盟条约》,将共同外交与安全政策确立为欧盟的第二支柱,被定调为欧洲政治一体化的中心,而"共同立场"与"联合行动"被确定为共同外交与安全政策的法律工具。② 此外,为便于推行共同外交与安全政策,条约在决策方式上规定对某些决定可采取特定多数制(QMV),这是对至今实行的每项决定必须一致通过这一规定的重要补充。换而言之,《欧洲联盟条约》的签署标志着从20世纪70年代发展起来的"欧

---

　　① 罗志刚:《欧洲政治合作的特点及评价》,《武汉大学学报》(社会科学版),2007年第60卷第2期。
　　② 张福昌:《欧洲政治一体化的发展与前瞻》,《欧洲研究》2012年第3期,第42页。

洲政治合作"升格为"共同外交与安全政策",标志着欧洲一体化重心向政治联盟建设转移。2000 年 12 月的欧洲理事会尼斯会议,通过了"关于欧洲安全与防务政策的报告",对欧盟的军事与民事危机管理能力、建立安全与防务的常设机构等做了具体的规定,至此,欧盟的防务政策初步成型。2001 年 12 月,欧盟签署的《尼斯条约》删去了《阿姆斯特丹条约》写入的涉及西欧联盟的全部条款,从而结束了以此作为欧盟防务政策载体的设想,转而构建欧盟本身的防务政策。这是欧盟共同外交与安全政策的深化。[1]

2007 年 12 月,欧盟成员国首脑签署《里斯本条约》对对外关系领域进行了各项改革,但没有从根本上改变共同外交与安全政策的政府间性质,主要是扩大了适用"有效多数表决机制"(QMV)的范围。[2] 既然在外交政策领域,欧盟无法通过共同体方法的"硬法"(像经济货币联盟的建立)和开放式协调的"软法"(社会政策)来对成员国施加压力,那么它的影响是通过哪种方式实现的呢?从欧盟外交政策的发展历程来看,欧盟主要通过以下方式循序渐进地对成员国施加影响:

第一,交换信息、沟通与协商。在欧洲政治合作早期

----

① 戴炳然:《里斯本条约下的欧盟共同外交与安全政策》,《战略决策研究》,2010 年第 1 卷第 1 期。
② 金玲:《〈里斯本条约〉与欧盟共同外交与安全政策》,《欧洲研究》2008 年第 2 期。

阶段，欧盟成员国之间会在采取本国最终立场之前与其他成员国进行协商和交换信息，由此发展了政府间的沟通交流网络。据欧盟官员透露，关于敏感的外交政策的信息交流次数增长迅速。20世纪70年代中期，欧洲经济合作机制成员每年发送的电报为4800份左右，到20世纪90年代初马约签订后，达到13000份。①

　　第二，根据共同战略，采取共同立场、联合行动，发布"决定"。从共同外交政策机制设计来看，每一个成员国都是平等的，有权阻止任何一项对本国极为敏感的事项。对于小国而言，不用担心大国将其偏好强加给自己。例如在对土耳其政策问题上，由于希腊坚决反对欧盟发展与土耳其的关系，在很长一段时间，欧盟并未触碰这个敏感议题。与此同时，欧盟也不用担心出现政府间主义理论所声称的政策上的最小公分母，通过协调和妥协就可以达到在此水平之上的共同立场，并采取联合行动。例如在波黑冲突的协调、对前南问题的谈判上，欧盟都采取了共同外交行动。② 2009年生效的《里斯本条约》废除了联合行动、共同立场和决定三种政策工具，将它们统一为欧盟的"决定"，"用于确定联盟

---

　　①　Michael E. Smith, "Conforming to Europe: The Domestic Impact of EU Foreign Policy Co-operation", *Journal of European Public Policy*, Vol. 7, No. 4, 2000, p. 616.

　　②　房乐宪：《欧盟共同外交与安全政策的性质及其运作局限性》，《现代国际关系》2000年第3期。

的行动、立场、上述决定实施的安排以及加强成员国在政策行为方面（conduct of policy）的系统合作"。①

　　国外相关研究认为，在欧盟的压力下，成员国在外交政策领域的欧洲化主要表现在四个方面：第一，政治精英特别是外交界精英的社会化（socialization），扩大了支持欧盟共同外交与安全政策的精英基础和政策文化。第二，外交机制的变化。一是为负责欧洲共同外交与安全事务，设立新的职位、任命新的官员；二是扩大外交事务的范围和内容；三是外交部的机构调整，以更好地处理欧洲共同外交和安全事务。第三，宪法的变化。例如爱尔兰为了说明参加欧洲政治合作机制的合法性，从宪法上重新解释由议会投票表决而不是全民公决来批准《单一欧洲法令》（该法令首次将欧洲政治合作条约化和机制化）。第四，公众对欧洲政治合作的支持。② 当然，不同的成员国因其国家规模、加入欧共体时间长短以及外交政策传统的不同，其在外交政策领域的欧洲化程度也高低不一。从时间维度来看，希腊外交政策欧洲化较为显著的时期是20世纪90年代，尤其是后期亲欧派西米蒂斯上台之后。在对希腊外

---

① 《欧洲联盟基础条约——经里斯本条约修订》，程卫东、李靖堃译，社会科学文献出版社2010年版，第24页。

② Michael E. Smith，"Conforming to Europe：The Domestic Impact of EU Foreign Policy Co-operation"，*Journal of European Public Ploicy*，Vol. 7，No. 4，2000.

交政策欧洲化的背景、发展历程作简要梳理后，本文将归纳希腊外交政策欧洲化的特点和局限性。

二　希腊外交政策的特点

（一）入盟之前的外交政策

作为一个国力弱小、地理位置又极为重要的国家，希腊在 19 世纪 30 年代独立建国后，在外交政策上一直奉行追随大国的原则。在相当长一段时间内，英国成为希腊的主要保护国。第二次世界大战结束后，美国取代英国与希腊建立了特殊关系。① 为了防止希腊国内的共产党上台，以及保障北约在地中海的稳定战略，阻止苏联的扩张，美国对希腊进行了大量的经济援助和军事援助，也理所当然地成为希腊关系最为密切也是最强大的盟友。在外交政策上，希腊基本上对美国俯首听命。

1964 年，当塞浦路斯争端演变为希腊和土耳其的冲突和危机时，希腊向美国求助。② 时任美国总统约翰逊对希

---

① Dionyssis G. Dimitrakopoulos and Argyris G. Passas, eds., *Greece in the European Union*, Routledge, 2004, p. 79.

② 1963 年年底，由于塞浦路斯马卡里奥斯总统提出修改宪法，希、土两族发生大规模武装冲突。希腊和土耳其两国分别支持塞岛的希族和土族，并相继增派驻军。此后，塞浦路斯土族开始抵制议会，也不参加政府。希族完全取而代之，而土族也相应成立自己的"行政当局"，从此在塞浦路斯形成希、土族两个政权。详情参见宋晓敏编著《列国志：希腊》，社会科学文献出版社 2008 年版。

腊驻美大使说："请听我说，大使先生。去他的议会和你们的宪法。美国是大象，塞浦路斯是跳蚤。如果跳蚤继续在大象身上瘙痒的话，它们会被象鼻重重地击打……我们给了希腊人大量美元，大使先生。如果你们的总理要和我谈民主、议会和宪法，他、他的议会和他的宪法不会持续长久"。① 美国不仅在塞浦路斯问题上偏袒作为北约成员国的土耳其，而且对 1967—1974 年的上校独裁政权也给予了支持。美国认为，希腊的职责是在国内防范共产主义势力的崛起，对外事务由美国负责即可。言下之意是，希腊没有决定自己外交政策的权力。

1974 年 7 月 15 日，希腊上校军团在塞浦路斯策动政变，企图推翻现任政权，使塞浦路斯与希腊合并，土耳其趁机派兵干涉。7 月 19 日，土耳其以保护岛上土族居民为由，出兵塞岛，占据其 36% 的北部领土。塞浦路斯危机直接导致军人独裁政权的下台。卡拉曼利斯被急召回国，执掌总理府。面对这场重大的安全危机，卡拉曼利斯有三个选择：（1）立即与土耳其交战，但希腊并无获胜的把握；（2）争取签订停战协议，为以后的交战争取准备的时间；（3）在塞浦路斯问题上让步，改变希腊的战略原则和外交政策的目标，通过加入欧洲共同体来为希腊获得国际上的保护，也借助这种方式使希腊融入西方。卡拉曼利斯选择

---

① Akis Kalaitzidis, *Europe's Greece: A Giant in the Making*, Palgrave Macmillan, 2010.

了第三个选项。① 他认为，欧共体可以保障希腊拥有一个和平与繁荣的未来。

（二）入盟之后的外交政策

1. 20 世纪 80 年代的外交政策

1981 年，泛希社运党在大选中获胜上台后，希腊的外交政策发生了重大变化。新任总理帕潘德里欧主张寻求更为独立的外交政策，并在许多外交事务上采取了与欧共体和北约伙伴相左的立场。外界评论，与偏右的卡拉曼利斯相比，帕潘德里欧的意识形态更左倾、更倾向于与东方发展友好关系（亲苏联、亲阿拉伯立场），也更坚持民族主义的国家利益。帕潘德里欧认为，希腊在安全事务上太依赖于西方，以至于损害了本国的利益。他反对新殖民主义大国再次瓜分势力范围，并试图减少美国和欧洲大国对于希腊事务的干预。1980 年 10 月，时任希腊总理的卡拉曼利斯同北约达成希腊重返北约军事一体化机构的协议。② 帕潘德里欧上台后，立即宣布希腊重返北约军事一体化机构协议"部分中止"，并指责该协议未确认恢复希腊对爱

① Theodore A. Couloumbis and Sotiris Dalis, "Greek Foreign Policy since 1974: From Dissent to Consensus", in Dionyssis G. Dimitrakopoulos and Argyris G. Passas, eds. , *Greece in the European Union*, Routledge, 2004, pp. 77 - 85.

② 1974 年，卡拉曼利斯为抗议美国在塞浦路斯问题上偏袒土耳其，对希腊不利，于 1974 年 8 月决定退出北约军事一体化机构和减少美军事基地。

琴海的局势控制权，以北约不同意将希土有争议的岛屿列入其领土范围为由，多次抵制北约在爱琴海上的军事演习。与此同时，与美国谈判减少军事基地数量，明确基地撤出的期限，并要求对基地活动实行监控；在欧洲导弹问题上，主张削减核武器。1983 年 8 月，在希腊担任欧共体轮值主席国期间，希腊外长哈拉兰博普洛斯致函其他成员国，建议如果美国和苏联的日内瓦谈判在 1983 年年底前达不成协议的话，推迟半年在西欧部署美新式导弹。① 希腊的核武器政策因与其他成员国立场的迥异而招致欧共体警告，称将在未来欧洲安全事务的讨论中将希腊搁置一旁。

在与苏联关系上，希腊也采取了和欧共体不一致的立场，拒绝公开谴责苏联击落南韩客机（1983 年），重视与苏联发展经济贸易关系，例如扩大向苏联的出口，与苏联签订长期经济技术合作协定、苏联向希腊提供石油和天然气等协定。②

在巴以冲突问题上，欧共体的立场是平衡巴勒斯坦和以色列的关系，许多成员国与以色列建立了良好的外交关系。但泛希社运党上台后更倾向支持巴勒斯坦，并与激进

---

① 林梅：《希腊社会党政府对外政策的独立倾向》，《国际问题研究》1984 年第 2 期，第 24—27 页。

② 林梅：《希腊社会党政府对外政策的独立倾向》，《国际问题研究》1984 年第 2 期，第 24—27 页。

的阿拉伯国家，如阿尔及利亚、伊拉克、利比亚和叙利亚建立了密切的联系，希望借助自己作为欧共体成员国的身份促使欧洲政治合作采取更为亲阿拉伯的政策，以此换回这些国家在塞浦路斯争端上和爱琴海问题上对希腊的支持，并吸引阿拉伯国家对希腊进行投资。

有学者如科沃列奥斯（Kyriakos Kouveliotis）认为，自泛希社运党上台执政后，希腊进入了与欧共体的"外交隔离"时期，欧共体在外交政策上的一些共同立场因为希腊的反对而搁置。帕潘德里欧领导的泛希社运党选举纲领有三条核心原则：民族独立、人民主权和社会主义化。其中，民族独立原则被视为帕潘德里欧对欧政策的主要障碍。但这种状况在帕潘德里欧的第二个任期内得到改观。如果说在第一个任期内，泛希社运党政府过于强调外交政策的独立性，采取了许多与欧共体并不一致的立场；那么在 20 世纪 80 年代后期第二个任期内，明显缓和了对立的态度，在对外政策上不再突出强调"独立"和"民族主义"。希腊对苏联、阿拉伯国家等东方邻国的热情也渐渐淡化，因为第一任期内向东"倾斜"的外交政策并没有为自己带来期待的利益，例如赢得上述国家对希腊的土耳其政策的支持等。而且，随着帕潘德里欧执政时期见长，国内面临的经济问题等也使其萌生留在欧共体内、借助欧共体获得经济利益之意。尤其是欧共体出台《单一欧洲法令》后，希腊从中看到本国社会和经济发展的红利。此时，泛希社运党内部对于欧共体的态度悄然发生变化，它们争论的中心问题不再是是否留在欧共体，而是如何改善作为成员国的待遇，并且借助欧共体在土耳其问题、塞浦路斯等本国最核心的外交问题上争取最大的收益。①

2. 20 世纪 90 年代的外交政策

1991—1993 年，新民主党上台后，亲欧的米佐塔基斯政府致力于改善与欧盟和西方的关系。但是东欧剧变与苏联解体使希腊周边的巴尔干地区局势变得动荡不安、错综复杂，囿于本国的地缘政治利益，希腊政府虽怀有与欧共体与西方协调同步之心，但在现实中因为立场和利益的分歧，仍有龃龉发生。当时，希腊在对外事务上主要面临两大问题：一是与北部邻国马其顿等国的关系；二是与老对手土耳其关系紧张。前南斯拉夫共和国马其顿于 1991 年 11 月宣布独立，国名定为"马其顿共和国"。这在希腊国内不啻于扔下了一颗炸弹。多数希腊人对此表示强烈反对，他们认为，第一，这个名称篡夺了希腊马其顿帝国的荣耀。马其顿帝国是希腊北部地区人民引以为豪的历史遗产，两千年来，该地区一直以"马其顿"命名。希腊认为，1913 年马其顿地区被划定，意味着从此不会再有建立

---

① Kyriakos Kouveliotis, "The Impact of European Integration on the Diplomatic and Strategic Domains of Greece", London School of Economics: Hellenic Observatory, 2004.

独立马其顿民族国家的诉求，而这个马其顿国名含有这种民族统一和扩张的意图，是针对邻国特别是希腊。第二，马其顿共和国的国旗使用"弗吉纳之星"图案（star of Vergina），这是希腊人珍爱的马其顿王朝的象征。第三，最具有实质意义的是，马其顿共和国的宪法序言号召世界各地的马其顿人在马其顿旗帜下联合团结起来。这在希腊人看来是煽动希腊境内的马其顿族人的分裂运动。[①] 因此，希腊强烈反对马其顿使用上述国名，两国关系走向紧张对峙。

从1991年年底开始，希腊两届政府都试图将此事提交联合国讨论，以使国际社会认识到马其顿国名问题的严重性。1994年，长达几个月的谈判无果而终后，希腊在担任欧盟轮值主席国期间，宣布对马其顿共和国实行贸易禁运。虽然国内政治力量和大部分民众在这个问题上立场一致，但是国外的反应，尤其是北约和大部分欧盟成员国对希腊的做法表示不满，认为希腊的强硬立场有可能使充满火药味的巴尔干地区冲突进一步蔓延。随后在美国的调解下，希腊和马其顿的关系初步缓和。

在巴尔干议题上，除了马其顿的国名问题，希腊与欧盟多数成员国发生分歧的另一事项是与塞尔维亚的关系。在传统上，希腊与塞尔维亚一直保持着友好的关系。1992

---

① 参见宋晓敏编著《列国志：希腊》，社会科学文献出版社2008年版。

年，波黑内战爆发后，希腊由于支持塞尔维亚（它是欧共体中唯一一个支持塞尔维亚的成员国），使欧共体未能在南斯拉夫危机中形成共同立场和外交政策。

但是，希腊既是北约成员国也是西欧联盟成员国，其外部的安全问题得到这两个安全机制的保障，因此，马其顿国名问题和塞尔维亚制裁虽然在外交上使希腊与欧共体时有矛盾，但并不危及本国的安全问题，然而与土耳其的关系始终是希腊的心头大患。自 1974 年以来，两国曾三次处于战争边缘：1974 年爆发塞浦路斯危机，土耳其入侵塞浦路斯南部；1987 年，两国为争夺爱琴海的开矿权，险些发生武装冲突；1996 年年初发生伊米亚岛危机，有希腊官员和土耳其记者先后登上有领土纠纷的伊米亚岛，声称对该岛拥有主权，最后导致希土两国军舰在伊米亚岛附近海域紧张对峙。

因为土耳其是北约成员国，而且冷战结束后战略位置凸显，被美国认为其地位比希腊更重要，从而给予更多的军事援助。而欧盟在对待土耳其和希腊的关系问题上，不愿过多涉入，以免增加冲突的风险。随着希腊致力于加入经济货币联盟以及经济形势的好转，政府开始重视本国在巴尔干地区的利益与影响力，也由此认识到与土耳其关系的正常化是必要前提。民调也显示，希腊人对土耳其的态度从 20 世纪 90 年代开始发生变化。社会各界，如商界、学术界、社会团体等都支持希腊政府和土耳其发展良好的关系，以在巴尔干地区获得共同的经济利益和安全利益，而且支持土耳其加入欧盟的比例也在显著增加。① 国内关于土耳其加入欧盟将对希腊的贸易和经济发展带来积极影响的共识在逐步积累。到 20 世纪 90 年代中期泛希社运党再次上台执政后，改变了与土耳其对立的立场，开始和土耳其缓和关系。

总体来看，自 20 世纪 90 年代中期之后，希腊政府意识到冷战后的政策并未给本国带来实实在在的好处，希腊只有更深地融入欧盟，在军事上加强与北约的关系，才能在马其顿问题、土耳其关系问题上找到集体解决的方案。冷战结束后，巴尔干地区的经济问题、民族冲突和政治衰败带来的外部挑战也使希腊认识到，巴尔干地区的未来只有置于地区合作和发展框架中才能获得更好的出路，而希腊作为欧盟的巴尔干地区的成员国，可以推动它融入欧洲。如果将整个东南欧纳入"欧洲的大厦"，将有利于这个地区的政治稳定、减少民族冲突和发展市场经济。因此，20 世纪 90 年代后期，希腊更注重与欧盟改善关系，并且尝试将本国与马其顿、土耳其的关系置于欧盟共同立场的框架下。可以说，从此时起，希腊外交政策的欧洲化有了明显的进展。

1996 年，为修订《欧洲联盟条约》，欧盟召开了政府

---

① Akis Kalaitzidis, *Europe's Greece：A Giant in the Making*, Palgrave Macmillan, 2010.

间会议，希腊提出了加强外交与防务一体化的提案；倡议取消支柱结构，实现外交与防务政策（CFSP）的共同体化；支持将西欧联盟并入欧盟；支持欧盟委员会和欧洲议会在 CFSP 领域加大力度，即使对有效多数表决机制持保留意见，也越来越向亲欧洲派靠拢，认为欧盟可以为其外部边界提供可靠的保障。从理论上而言，如果欧洲联盟内部制定了共同的防务政策，那么它将保护所有成员国免受外部威胁，借此可以威慑奉行扩张主义的邻国（比如土耳其）；进一步而言，如果威慑失败，欧盟也会提供帮助，提供政治和军事的支持，对侵略者实施经济制裁，甚至可能通过派遣一支欧盟/西欧快速反应部队（EU/WEU Rapid Reaction Force）来提供援助。将安全/防务纳入欧洲一体化被希腊认为有利于保障本国的安全利益。自此，希腊认可本国的外交政策目标与欧盟挂钩，甚至 CFSP 的深化可以促进其目标的实现。

3. 21 世纪的外交政策

进入 21 世纪后，希腊外交政策的定位日益清晰，可用三个同心圆来形象说明。最里层的圆是欧盟，希腊无论在组织上还是机制上都是属于欧盟的成员，这也是它在国际体系中所处的基本位置；中间的圆是区域层次的东南欧，这是希腊的地理和文化定位；最外层是更为宽泛的国际体系，如希腊加入的联合国组织等。在此定位下，希腊确立了两个基本的外交政策目标：（1）推动实现希腊作为欧盟成员国和东南欧国家的利益；（2）积极促进基于"和平、稳定与合作"原则的外交行为模式，尤其是在巴尔干和东地中海地区。[1] 显然，欧盟是希腊外交政策的根基，是希腊寻求和发展地区和国际角色的"跳板"。也就是说，欧盟是希腊建立与外部世界关系的出发点。自加入经济与货币联盟、发行欧元后，希腊希望本国地位从欧盟的边缘走向中心。

在对欧政策上，希腊首先支持欧洲一体化的深化，例如主张建立"政治政府"，以更好地运行经济与货币联盟，承担扩大了的经济与政治职能；呼吁修订条约以加强联盟的机构职能；支持对外军事行动，在安全和防务上形成"一个声音"；[2] 反对"弹性一体化"，认为不同水平的一体化会分裂欧盟。其次，希腊支持欧盟扩大。希腊认为，中东欧国家加入欧盟，意味着给这个政治上联合起来的欧洲带来民主、稳定和繁荣。这同样适用于巴尔干国家，包括从南斯拉夫独立出来的小国。它们的入盟将会消除这个地区不稳定的源头。希腊也做好准备，欢迎土耳其加入欧盟。这表明希腊遵从欧盟所建立的原则和规范。更重要的

---

[1]　Achilleas Mitsos and Elias Mossialos, eds., *Contemporary Greece and Europe*, Ashgate Publishing Ltd., 2000, p. 31；另可参见宋晓敏编著《列国志：希腊》，社会科学文献出版社 2008 年版，第 364 页。

[2]　欧盟在 2003 年 7 月 1 日之前建立一支 60000 人的欧洲快速反应部队。希腊承诺派遣一支 3500 人的特遣队。

是塞浦路斯加入欧盟，会促进该地区的繁荣，给当地人民增添安全感。21 世纪初的"欧洲晴雨表"的民意调查显示，欧盟的深化和扩大在希腊获得压倒性的支持。[①]

在地区政策上，在东南欧建立区域内合作机制是希腊外交政策的主要目标之一。最终任务是推动这些国家加入欧盟。特别是科索沃危机爆发后，通过合作机制促进这个地区的稳定是希腊外交的重要目标。进入 21 世纪后，希腊在欧盟制定周边政策以及有关巴尔干地区政治、经济改革和制度建设的倡议方面发挥了积极作用，例如东南欧合作倡议以及科索沃战争结束后的《东南欧稳定公约》。

经过联合国的斡旋以及在欧盟和美国的施压下，希腊与马其顿的关系获得突破性进展。转机始自 2017 年 5 月，社会民主联盟主席佐兰·扎耶夫（Zoran Zaev）出任马其顿总理后，将加入北约和欧盟作为首要任务。为获得希腊的支持，扎耶夫政府决定率先放弃原来的立场，与希腊商谈国名更改问题。而齐普拉斯自 2015 年担任希腊总理后，一直面临偿还国内巨额债务的问题。欧盟和美国以"为希腊的债务谈判创造条件"为由，要求齐普拉斯政府软化在马其顿国名问题上的立场。在国际压力下，在 2018 年 1 月召开的冬季达沃斯论坛上，马其顿总理扎耶夫和希腊总理齐普拉斯就马其顿国名问题进行长时间的会谈。会后，扎

---

① Dionyssis G. Dimitrakopoulos and Argyris G. Passas, eds., *Greece in the European Union*, Routledge, 2004.

耶夫表示，马其顿对希腊没有任何领土诉求，希望与希腊一道成为北约和欧盟成员国。马其顿将以善意和诚意，继续与欧盟和其他国际组织合作，解决国名问题，最终的解决方案要使两国都能接受，符合两国人民的民族认同。齐普拉斯则表示，这是七年来两国总理的第一次会晤，开辟了两国未来关系的新前景。[1]

　　2018 年 6 月 12 日，希腊和马其顿就国名问题达成协议，马其顿扎耶夫政府同意修改宪法，删除被希腊视为"有领土要求"的内容。希腊政府同意马其顿更名为"北马其顿共和国"后，不再阻拦其加入欧盟和北约。2019 年 1 月 11 日，马其顿议会通过宪法修正案，同意按照协议更改国名。1 月 25 日，希腊议会也批准了该协议。2019 年 2 月 12 日，马其顿政府发表声明宣布，即日起，马其顿正式更名为"北马其顿共和国"。至此，困扰两国 20 多年的马其顿国名问题得到解决。[2] 希腊和"北马其顿共和国"的关系进入正常化轨道，为巴尔干西部及其他地区的和平与稳定发挥了积极作用。

　　在土耳其问题上，希腊也决定发展与土耳其的友好合作

---

　　① 马细谱、李建军：《马其顿更改国名，究竟谁更"蒙羞"》，《世界知识》2018 年第 13 期，第 39—43 页。

　　② 《马其顿和希腊就国名问题达成协议》，人民网，http：//world. people. com. cn/n1/2018/0613/c1002-30055883. html，　2021 年 8 月 2 日；《马其顿正式更名为"北马其顿共和国"》，人民网，http：//world. people. com. cn/n1/2019/0214/c1002-30670331. html，2021 年 8 月 2 日。

关系，基于国际法和相关条约，维护双方在主权及其他领域的合法权利。1999 年 8 月，希腊和土耳其开始展开低政治范畴的对话，涉及环境、旅游和文化等，为将来处理复杂的主权问题制造良好氛围。1999 年 8 月，土耳其发生地震，希腊快速提供人道主义援助，双方关系有所改善。希腊认为，作为东南欧地区欧盟、北约等重要组织的成员，负有特殊的责任和角色。按照欧盟的要求，希腊推动其外交政策致力于实现欧洲尤其是东南欧地区的稳定、民主和一体化。

自 1999 年夏天以来，希腊与土耳其的关系大为改善。在旨在促进睦邻关系和双边合作的谈判启动几个星期之后，土耳其和希腊遭受了灾难性地震的袭击。两国人民表现出前所未有的团结，为从根本上重新评估两国的关系铺平了道路。2000 年 2 月，希土签署了重要的双边协定，并设立了促进各领域合作的委员会。此外，希腊在欧盟—土耳其关系上的立场发生了巨大变化。希腊和土耳其关系紧张的一个主要原因是塞浦路斯问题。1974 年土耳其入侵后，占领了塞浦路斯共和国 36% 的领土（土族塞人只占人口的 18%，其余几乎全部是希族塞人），导致 20 万希族塞人流离失所。根据 1977 年和 1979 年希族塞人和土族塞人领导人在首脑会议上达成的协议，在两区两族联邦的基础上公正解决塞浦路斯问题，可以为希腊和土耳其扩大合作铺平道路。2004 年 4 月，联合国秘书长科菲·安南起草的塞浦路斯统一计划未能满足希族塞人的要求，因为该计划虽然试图平衡双方关系，但没有为土耳其军队和大量定居者的撤离制定明确的时间表。在扩大英国、希腊和土耳其这三个担保国的干预权的同时，这些被视为违反国际法的权力也被认为与欧盟成员资格不符。尽管如此，塞浦路斯的南北两个地区正在相互靠近。实际上，在土族塞人行政当局决定允许人员自由流动之后，不少当地人受雇于希族塞人公司。希腊支持土族塞人对欧盟的出口，如果就开放法马古斯塔港达成协议，欧盟应加盖塞浦路斯共和国印章或欧盟印章。塞浦路斯政府表示愿意为两族之间的接触与合作提供便利，并采取建立信任措施，拆除绿线上的隔离墙。除了欧盟金融条例和绿线条例为其提供可能性外，塞浦路斯政府还宣布了一些双边措施，以促进被占领地区的经济，并改善当地居民的福利水平。

第二节　希腊外交政策的欧洲化

希腊因为自己的地缘政治位置的敏感性以及对于本国安全利益的特殊关切，在加入欧共体后，对于欧洲政治合作与共同外交政策/欧洲政治一体化表现出浓厚的兴趣。但由于本国外交传统、民族认同和国家利益的特性，希腊在对外政策上的立场与欧共体产生了分歧，导致在入盟后的十年中，成为"不合拍的小伙伴"。而 20 世纪 90 年代初东欧剧变、苏联解体，以及随之而来的波黑内战和前南斯拉夫危机使希腊周边地区局势动荡不安，而与老对手土耳其的紧张对峙也时有发生。因此，种种不安全感促使希腊加快融入欧洲政治一体化的步伐，希望借助欧盟这个超国家机制来保障本国的安全、牵制土耳其等对手以免对自己造成安全上的威胁，从而使自己的外交和安全利益得到最大化。1996年亲欧的西米蒂斯上台后，将本国的现代化改革视为欧洲化的发展，在外交上的欧洲化色彩也更为浓郁。本节将对希腊外交政策欧洲化的动因、欧洲化内容及成效展开具体分析。

一 外交政策欧洲化的动因

欧盟成员国外交政策欧洲化的压力比较复杂、也难以精确衡量。因为共同外交与安全政策不同于欧盟第一支柱的经济（货币）政策、社会政策（养老金），它属于政府间合作机制，既不受硬法的法律约束，也没有软法的开放式协调，更多地是通过社会化的过程，比如政治精英的学习，形成遵守欧盟外交政策的偏好和价值观，再影响国内的外交政策议程。也就是说，外交界的精英成为欧盟和国内政策之间的变化的传输带。[1] 此外，基于政府间合作的外交政策领域，并没有超国家机构进行决

---

[1] Claudia Major and Karolina Pomorska, " Europeanisation: Framework or Fashion?", CFSP Forum, Vol. 3, Issue 5, September 2005, http://www.lse.ac.uk/internationalRelations/centresandunits/EFPU/EFPUpdfs/CFSPForum3-5.pdf。

策，其共同立场、联合行动都是经过成员国协商后形成和付诸实施的。因此对于成员国而言，来自欧盟层面的政策目标并不明确，也缺少充足的政策工具。也就是说，来自欧盟的调适性压力比较低。不管是货币政策还是社会政策（养老金改革），欧盟都提供了政策变化的样板，但在外交政策领域，欧洲化更多的是发生在相互协商和自愿调整的基础上。总体而言，刺激国内外交政策变化的压力主要来自通过欧盟层面的交流、协商与合作形成的规范认同以及外交界精英通过社会学习获得偏向欧盟的立场。相比于货币和经济政策、社会政策，这种调适性压力更小、也更难以察觉和评估。

　　从欧盟的压力到国内外交政策的变化的首要途径是政治精英的社会化，也就是说，精英学习被认为是外交政策欧洲化的核心机制。在社会保障领域，欧盟建立了开放式协调机制，为集体学习提供了重要平台。但在外交政策领域，既没有欧盟层面的学习平台，也没有政策模板。政策制定者更多的是从外交经历中学习，例如危机和政策失败的经验（前南斯拉夫危机、伊拉克战争的立场协调等），而不是从最佳实践和共同标准中习得。精英的社会化（学习）有两种：一种是浅层学习（thin learning），行为体仅仅为了达到自己的目标而调整自己的外交政策和战略；另一种是深层学习（thick learning），比如信仰体系、偏好和价值观的重塑。社会化的对象分为两类：一类是外交政策决策低层的外交官，通过具有俱乐部氛围的外交场合交流信息、重塑价值、偏好等；第二类是决策高层，通过谈判学习规则、规范，例如对于共同行动和一致立场的承诺等，包括谈判中需要树立遵守欧盟政策规则的信誉等。一旦不遵守规则的话，则会面临决策进程中被孤立和边缘化的风险。①其次是外交机制的欧洲化。如设立专门协调共同外交与安全政策的官员，召开定期的会议，对外交议题形成共识并开展共同行动等。最后是公众的支持。自《单一欧洲法令》颁布后，公众对欧洲政治合作/欧盟外交政策的支持率显著提升。②

二 外交政策欧洲化的内容

欧洲政治合作机制作为欧盟共同外交与安全政策的前身，更像是非正式、没有法律约束力的论坛，对成员国的外交政策的影响非常有限。对于希腊这样的小国，也是第三批加入的后来者，其首要的影响在于外交人员和机构的扩充与调整。20 世纪 80 年代初期，希腊外交资源极为有限，既缺少外交人员，也缺乏相应的负责欧洲事务的机构。而且其公务员队伍的素质、政府行政机构、国内法律部门

---

① Michael E. Smith, "Conforming to Europe: The Domestic Impact of EU Foreign Policy Co-operation", *Journal of European Public Policy*, Vol. 7, No. 4, 2000, p. 619.

② Dionyssis G. Dimitrakopoulos and Argyris G. Passas eds., *Greece in the European Union*, Routledge, 2004.

的发展水平远未达到其他发达的成员国的标准。因此，为了融入欧洲政治合作机制，希腊政府扩大了与布鲁塞尔对接的外交人员，并且对外交部进行了机构扩充，例如设立了欧共体事务处、欧洲政治合作处。这两个部门在外交决策上的权力随着欧洲政治一体化的深入也越来越大。此外，政府赋予外交部协调共同体政策、形成政府立场并传递给布鲁塞尔、与其他共同体机构进行联络和沟通的职责。

其次，扩大了本国外交政策的目标和领域。在加入欧共体之前，希腊的外交政策制定者主要关注与本国民族利益息息相关的问题，比如塞浦路斯争端、与土耳其的关系等。自加入欧洲政治合作机制后，希腊被迫关注欧共体层面上需要讨论和协商的国际问题，这远远超出了本国原来传统的、极为有限的外交政策领域，其讨论的外交议题范围更加广泛，包括东西方关系、中东危机、伊朗—伊拉克冲突、跨大西洋关系、阿富汗危机、马岛危机甚至是打击恐怖主义等。有些议题无论在地理位置上还是外交传统上都不属于希腊本国的兴趣范围，如菲律宾问题、埃塞俄比亚、苏丹问题等。此外，希腊首次在外交政策内容中加入全球经济问题和对外经济政策的议题。[1] 正是

---

① Achilleas Mitsos and Elias Mossialos, eds. , *Contemporary Greece and Europe*, Ashgate Publishing Ltd. , 2000, pp. 363 – 365；Kyriakos Kouveliotis, " 'Europeanisation' and Greece：The Impact of European Integration on the Diplomatic and Strategic Domains of Greece".

在欧洲政治合作机制框架下，希腊开始了外交政策的欧洲化。

欧洲政治一体化从欧洲政治合作机制发展到共同外交和安全政策阶段后，对成员国的外交政策目标提出了更高的标准，要求成员国之间建立机制化的合作，逐步完成共同行动。具体而言，成员国需要向部长理事会报告关于本国的外交和安全政策事项，彼此协商，以便使理事会采取共同立场。一旦形成共同立场，成员国还要保证本国的政策与此相一致，共同协调行动。欧洲理事会为共同行动制定总的指导原则，并且全体一致决定哪个领域或者议题需要采取共同行动，细节上的安排则由有效多数表决决定。这一时期，希腊外交政策的欧洲化主要表现在以下四个层面。（1）外交议题的增加，在欧盟共同外交政策的要求下，希腊在其外交议程上增加了经济和"低端政治"议题，如贸易、环境、文化和农业等。此外，希腊外交的地理范围进一步扩大。在欧盟共同外交和防务政策框架内，希腊有史以来第一次涉入偏远地区和国家的事务中，如拉丁美洲、亚洲等。希腊的外交政策已经超出原来设定的有关"国家利益"的"国家事务"的范围。（2）从核心内容上来看，对土耳其、塞浦路斯和马其顿的政策从原来坚持的民族主义、国家利益的争锋相对的立场转向在欧盟的集体机制中共同解决。（3）外交决策机构的进一步改革。为了加强协调能力，适应共同立场和联合行动，希腊对外交部机构进行了改革。经过 1998 年重组后，① 该机构的职能变为"为迎接希腊作为欧盟成员国所要面对的挑战，使本国外交政策目标逐渐与欧盟的政策目标相互交融"。其机构改革的重心是以欧盟为模式，建立政策分析和计划中心、危机管理中心和决策部门，使希腊适应共同外交与安全政策的发展带来的外交议题和内容的变化。并且借鉴欧盟经验，将原先独立的经济、政治司按照地理管辖范围合并成一个综合司。（4）从政策风格来看，欧盟的共同外交和安全框架也迫使希腊外交从原来注重民族主义、更富于形式的外交转变为风格更加务实、以解决问题为导向的外交。通过外交界精英的社会化和学习，使外交政策更多地体现了共同决策的风格，决策行为体也更为多元，囊括了外交官、技术专家和其他部门官员等。整个外交决策风格变得更为开放和透明。

1996 年，泛希社运党的西米蒂斯出任总理后，提出了三个同心圆的外交政策：最里层的圆是欧盟，希腊无

① 1998 年 7 月 28 日通过总统令第 230 号。按照欧盟的第一、第二、第三支柱事务的不同属性进行了结构重组。C 总司负责欧盟对外事务中不属于共同外交和安全政策的事务。C1 司负责欧盟第一支柱中的事务，C4 司负责第三支柱事务，包括《申根协定》事务。共同外交与安全事务由 A11 司负责，属于 A 总司政治事务的一部分。A 总司又分成两个部分：A11 负责所有外交政策事务，除了塞浦路斯事务由 A2 负责，巴尔干事务由 A3 负责，土耳其事务由 A4 负责。此外，还设置了副部长一职专门负责欧洲事务。Elena Georgiadou，"The Greek Ministry of Foreign Affairs in a Transforming World"，http：//paperroom. ipsa. org/papers/paper_ 26245. pdf.

论在组织上还是制度上都属于欧盟的一个成员，这是希腊在国际体系中所处的基本位置。中间的圆是东南欧地区组织，这是希腊归属的地理和文化区域。最外层的同心圆是更为宽泛的国际体系，这里指希腊作为正式成员参加的各种国际组织，如联合国等。由此可见，欧盟已经成为希腊外交政策框架的基石，是希腊寻求自己的地区和国际地位及作用的出发点。从这一时期开始，希腊外交政策的欧洲化色彩更为鲜明。[1]

而最能反映外交政策欧洲化的案例是希腊对土耳其政策的转变。[2] 几十年来，土耳其一直是希腊的宿敌，希腊的国防预算就是为平衡土耳其的军事力量而制定的。双方为塞浦路斯和爱琴海岛屿的主权问题冲突不断、互不相让。从20世纪80年代到90年代中期，希腊对于土耳其的政策有三个特点：首先，反对欧共体/欧盟与土耳其发展关系，包括与土耳其进行关税同盟的谈判；其次，在塞浦

---

① Theodore A. Couloumbis and Sotiris Dalis, "Greek Foreign Policy since 1974: From Dissent to Consensus", in Dionyssis G. Dimitrakopoulos and Argyris G. Passas, eds., *Greece in the European Union*, Routledge, 2004, pp. 77 – 85.

② Stelios Stavridis, "Assessing the Views of Academics in Greece on the Europeanisation of Greek Foreign Policy: A Critical Appraisal and A Research Agenda Proposal", 29 September 2003, http://www. lse. ac. uk/europeanInstitute/research/hellenicObservatory/pdf/discussionpapers/stavridis – 11. pdf.

路斯问题上，要求欧共体对土耳其施压，从塞浦路斯南部撤军；最后，反对土耳其加入欧共体/欧盟。在 1997 年 12 月卢森堡欧盟首脑会议上，欧盟拒绝授予土耳其候选国身份，一个主要原因是希腊投了否决票。上述政策不仅加剧了与土耳其的紧张关系，也阻碍了欧盟实施对土耳其的建设性政策。20 世纪 90 年代后期，在欧盟共同立场的影响下，并基于本国安全利益的考量，希腊开始改变自己的立场和战略，先是同意土耳其加入关税同盟和探讨加入欧盟的可能性；随后在 1999 年 12 月的赫尔辛基首脑会议上支持土耳其成为欧盟的候选国，将希土关系纳入欧盟的共同外交政策框架中。在 2003 年萨洛尼卡欧盟首脑会议上，希腊作为轮值主席国支持土耳其的改革并申请加入欧盟，同时积极推动东南欧稳定进程，为加强西部巴尔干与布鲁塞尔的关系发挥了领导作用。其之所以对土耳其政策的立场从有条件性的制裁向有条件性的回报转变，是因为希腊外交政策欧洲化导致政府的理念发生变化，认为入盟的条件将促使土耳其的政治制度和社会的欧洲化，最终在塞浦路斯和爱琴海岛屿的主权诉求上减少对希腊的威胁，从而保障本国的安全。外交政策的欧洲化，促使希腊在处理土耳其关系上，从双边转向多边，并将它牢牢地植入欧盟的外交框架。①

----

① Spyros Economides, "The Europeanisation of Greek Foreign Policy", *West European Politics*, Vol. 28, No. 2, 2005.

三 效果评估

在外交政策领域，来自欧盟的压力小，也难以衡量，与此相对应，要对欧盟压力下成员国外交政策的变化做出评估，难度也大。总体而言，在欧盟共同外交与安全政策的影响下，希腊外交政策产生了吸收性变化的效应，例如扩大了外交议题、推动了外交机构的改革，与欧盟对接；缓和与土耳其的关系，将双方的关系置于欧盟共同外交政策的框架下，通过集体的方式解决等。正如艾柯米迪斯所指出的，外交政策的欧洲化，使希腊摆脱了狭窄的民族主义视野和立场，转而追求更为平衡的实用的外交方式。很多观察家也认为，希腊外交政策的欧洲化意味着从民族主义、悲观、对抗和防御性的民族认同转变为现实的、乐观的和积极的欧洲主义，通过多边的方式代替单边主义来获得民族和国家利益。①

正如科伦毕斯（Theodoros Couloumbis）所说，希腊将自己绑在欧盟的桅杆上，以抵制民族统一主义和侵犯性的民族主义的回潮。如果没有这个桅杆，希腊之船可能会在原地打滑，还会陷入巴尔干战乱的致命陷阱。欧盟成员国

① Charalambos Tsardanidis and Stelios Stavridis, "From Special case to Limited Europeanizaion", in Reuben Wong and Christopher Hill, eds. , *National and European Foreign Policy : Towards Europeanization*, Routledge, 2011.

的身份为它提供了欧洲防线，最终使民族主义对外交政策的影响黯然失色。[1]

客观地看，希腊外交政策的欧洲化转向是欧盟压力与自我选择的结果。加入欧盟是希腊二战后对外关系上最重大的事件，被誉为和独立建国并立的外交上的最杰出的成就。[2]其外交政策的欧洲化具有以下促成因素：（1）来自欧盟的持续增长的利益输送，尤其是欧盟的财政转移支付给希腊带来实实在在的经济利益，使希腊公众对欧盟一体化持有很高的热情。在主权债务危机爆发前，希腊选民对欧洲一体化的支持率一直在成员国中位居前列。（2）冷战的终结，苏联和东欧阵营的解散，以及东西方对立的消失，使希腊意识到寻求非美国领导的西方联盟具有现实的可能。显然，欧盟是希腊最好的选择，进入这个制度框架，不仅可以为希腊带来更大的利益，而且可以帮助希腊融入更为广阔的国际体系。（3）加入经济货币联盟。欧元的成功发行使希腊意识到，自己不仅可以从欧洲一体化中获得经济利益，在政治和外交上同样可以借助欧盟获得保障国家安全、提升国际地位和扩大国际影响力的收益，通

---

[1] Dimitrios Kavakas, "Greece", in Ian Manners and Richard Whitman, eds., *The Foreign Policies of European Union Member States*, Manchester University Press, 2000, p. 147.

[2] Kyriakos Kouveliotis, "The Impact of European Integeraion on the Diplomatic and Strategic Domains of Greece", Occasional Papers-Institute of International Economics Relations, 2001, p. 8.

过欧盟的多边路径解决以前靠单边主义无法解决的外交难题，如处理好与土耳其的关系等。

总之，尽管基于政府间合作机制，共同外交政策对于希腊外交政策的约束力相对于"硬法"和"软法"的治理方式而言可谓更弱，但从20世纪90年代后期以来，希腊外交政策的欧洲化仍然取得了较大进展。这是因为，希腊政府和政治精英认为，只有更深地融入欧洲政治一体化，加入欧盟共同外交政策机制，才能使本国的外交利益和安全利益实现最大化。欧盟的共同外交政策使政府和政治精英在外交领域获得了新的政治机会，借助欧盟的授权可以扩大自己的资源和权力，并进一步遏制民族主义（民粹主义）的势力。

从国内制度设置所遭遇的否决行为体来看，由于外交政策决策具有的保密性、非透明性以及一定程度的专业性，普通的民众以及工会等利益集团均难以掌握足够的信息并拥有畅通的渠道来介入外交政策决策，因此很难找到适当的时机和否决点来阻止外交政策的变化。可以说，在某种程度上而言，希腊外交政策的欧洲化是由政治精英所主导的。一旦政府作出决策后，除了内部精英之间出现分歧，一般不会遭遇像养老金政策领域中的工会等强大的否决行为体的阻挠，政府也无需像削减公共支出、减少养老金问题那样与社会伙伴进行对话。

另一方面，虽然很多学者认为，外交政策是希腊欧洲化最为成功的政策领域，① 但笔者认为，共同外交与安全政策仍然属于欧盟的政府间合作机制，欧盟本身在"用一个声音说话"表达共同立场和实施共同行动上存在愿望和能力之间的巨大差距。在不同的外交议题上，各个成员国的利益和立场差异性较大、协调难度也大，且态度并非不可逆转，而是根据不同的决策环境和利益需求处于变化之中。即使形成共同决定，希腊也会根据本国的利益行事，并非比其他成员国更愿意服从欧盟的决定，只是在某些外交议题上（比如土耳其、塞浦路斯问题）认为符合自己的利益，就会表现出与欧盟高度一致的姿态。这种欧洲化可以说是边缘性的，并没有触及希腊以民族和国家利益为着眼点的外交政策的核心关切，以及以此为基础所构建的外交制度。而且，值得注意的是，希腊外交政策的欧洲化是有前提条件的，例如在被很多学者认为最为成功的对土耳其关系的欧洲化上，希腊的"华丽转身"是因为它与欧盟达成了利益交换：如果希腊同意欧盟与土耳其签署关税同盟协定，那么欧盟

---

① 斯塔夫里迪斯博士对希腊从事外交政策研究的学者进行了访谈。访谈题目是"希腊外交政策有无欧洲化"。15 位专家中有 9 位认为，希腊的外交政策已经欧洲化了，这个趋势不可逆转；2 位对此表示怀疑；2 位认为希腊外交政策没有欧洲化。See Stelios Stavridis, "Assessing the Views of Academics in Greece on the Europeanisation of Greek Foreign Policy: A Critical Appraisal and A Research Agenda Proposal", 29 September 2003.

必须与塞浦路斯启动入盟谈判；如果土耳其成为欧盟的候选国，那么塞浦路斯争端的解决不应成为塞浦路斯共和国入盟的前提条件。在欧盟同意希腊的要求后（塞浦路斯在仍处于南北分裂的状况下，就成为欧盟候选国，并于 2004 年顺利加入），它才同意欧盟发展与土耳其的关系，融入欧盟对土耳其的共同立场。

故从总体上判断，希腊外交政策的欧洲化仍属于吸收性变化。其原因是，这种变动由政治精英主导、顶层推动，更流于表面化，没有从根本上改变外交政策行政部门的官僚体系和制度结构；[①] 更为重要的是，希腊推动外交政策的欧洲化主要是基于民族和国家利益的考虑。例如很多希腊学者认为，外交政策欧洲化最为成功的体现是对土耳其关系的转变，从对立到缓和，最后支持土耳其入盟；欧洲化使希腊外交政策与欧盟的共同立场渐趋一致。但本研究认为，这也是因为随着希腊经济力量的增强、在巴尔干地区的角色和地位愈益重要，亟需与土耳其建立良好关系的结果。此外，以支持欧盟共同外交政策（对土耳其关系）为要价，希腊成功游说欧盟同意以希族占主体的（南部）塞浦路斯共和国加入了欧盟。希腊认为，借助欧盟这个超国家机制，可以使本国的安全和外交利益最大化。虽

---

① Stelios Stavridis, "Assessing the Views of Academics in Greece on the Europeanisation of Greek Foreign Policy: A Critical Appraisal and a Research Agenda Proposal", 29 September 2003, p. 11.

然，从外交政策内容的扩展、外交机构的调整以及外交风格的变化来看，希腊外交政策欧洲化的色彩愈益浓厚，但从实质上来看，其关注土耳其关系、塞浦路斯问题和马其顿国名争端等涉及民族和国家利益的核心内容及维护民族国家利益的立场未变。① 自 2014 年乌克兰危机发生、欧盟对俄罗斯进行经济制裁后，希腊对此态度显然未如其他成员国那么积极支持。总体来看，其外交政策的欧洲化仍然是相当有限的。

综上而言，相较于经济领域的货币政策中欧盟实施的"硬治理"、在社会领域的养老金政策中欧盟推行的开放式协调的"软治理"，欧盟对共同外交与安全政策的约束力更弱，协调成员国外交政策仍然基于政府间合作机制。但是，希腊因为自己的地缘政治位置的敏感性以及对于本国安全利益的特殊关切，在加入欧共体后，对于欧洲政治合作与共同外交政策/欧洲政治一体化不乏兴趣。然而，由于本国外交传统、民族认同和国家利益的特性，希腊在对外政策上的立场与欧共体产生了分歧，导致在入盟后的十年中，成为"不合拍的小伙伴"。从 20 世纪 90 年代尤其是亲欧的西米蒂斯上台后，希腊开始积极支持欧盟共同外

---

① 在斯塔夫里迪斯博士的访谈中，一些专家也和笔者持相同观点，参见 Stelios Stavridis, "Assessing the Views of Academics in Greece on the Europeanisation of Greek Foreign Policy: A Critical Appraisal and a Research Agenda Proposal", 29 September 2003, pp. 10 – 11。

交政策的发展，其在外交上的欧洲化色彩也更为浓郁。主要表现在：外交议题的增加，外交地理范围的扩大；在核心对外事务，如对土耳其关系、塞浦路斯争端和马其顿国名之争等问题上，从原来坚持的民族主义、针锋相对的立场转向在欧盟的集体机制中共同解决；外交决策机构得到进一步改革，使之对接欧盟事务，适应共同外交与安全政策的发展带来的外交议题和内容的变化；政策风格从原来注重民族主义、更富于形式的外交转变为更加务实、以解决问题为导向、更加开放和透明；通过外交界精英的社会化和学习，希腊外交政策的决策行为体更为多元，囊括了外交官、技术专家和其他部门官员等。但希腊外交政策的欧洲化仍属于吸收性的低度变化范围，因为这种变化由政治精英主导，更流于表面化，并未影响公共舆论和塑造欧洲认同。此外，就外交层面而言，欧洲化也没有从根本上改变作为其核心的外交官僚体系和制度架构。

第七章　欧洲一体化对希腊的影响

既有研究表明，欧洲化对于欧盟成员国的影响主要体现在政体、政治和政策三个层面。对于希腊而言，在政策上的影响最为显著，政治次之，在政体上的影响并不显著也难以衡量。限于篇幅，本书仅对希腊在经济政策（货币）、社会政策（养老金）和外交政策领域的欧洲化进行了详细的案例分析。但在政策领域，除了上述货币、养老金和外交三项外，还有农业政策、地区政策、社会政策等。在政策领域之外，希腊的政治也受到欧盟的深层影响。本章节通过梳理国外学界的研究成果，尝试对希腊的欧洲化进行延伸性讨论。

第一节　希腊欧洲化的政策维度

相较于政体与政治，欧洲一体化对成员国希腊政策的影响显然最为突出。季米特拉科普洛斯（Dionyssis G.

Dimitrakopoulos）和帕萨（Argyris G. Passas）编辑了《欧洲联盟中的希腊》，从农业、地区、环境、社会、外交、经济货币等政策领域考察了希腊作为欧盟成员国在这些政策领域中受到哪些影响，又是如何发生变化的；继而分析了希腊为何在一些领域中实施欧盟的政策比其他领域更为成功？该书展开的实证结果发现，欧洲化的国内影响呈现了国家特性，从历史制度主义和社会学制度主义的视角来看，展现了路径依赖的逻辑；除了关注变化过程的国家特征外，也需要分析部门变化的特点。因此，希腊欧洲化的研究要从广泛的决策模式转向详细的案例研究；与此同时，需要探讨希腊公众态度变化和欧盟成员国身份演变之间，是否存在因果关系。[1]

一 农业政策

在加入欧盟之前，希腊的农业政策主要致力于通过各种干预市场的措施和出口补贴来保障农产品的自给自足。与此同时，推行多样化的激励举措促进农场的现代化，主要是补贴生产投入等。这样的农业政策保证了希腊农产品较高的产出，但关税保护比较严重，一方面进口需要政府发放许可证，另一方面政府还对出口予以大量的补贴。也就是说，希腊原有的农业政策是内向型且缺乏市场导向

---

[1] Dionyssis G. Dimitrakopoulos and Argyris G. Passas, eds., *Greece in the European Union*, Routledge, 2004.

的，其风格带有"国家主义"（Statist）的色彩。此外，希腊的农业存在结构性弱点：在欧盟国家中，农场规模最小，农业人口占就业总人口比重较高，农民受教育程度低，加上多山的地形和水源缺乏，导致农业生产率较低、农民人均收入不高。但相比于欧盟其他成员国而言，农业在希腊经济中的地位突出。其农业产值占 GDP 总量的 8% 以上（欧盟平均为 3%），农业人口占就业总人口的 16%（欧盟平均为 5.5%），农产品出口占总出口的 30%（欧盟平均为 10%）。①

欧盟共同农业政策作为联盟最为重要的共同政策之一，主要目的是规范内部农产品的生产、贸易和加工。它制定了成员国必须遵守的 3 条原则：（1）统一市场原则，即欧共体内部各国之间产品、劳动力及资本流通取消关税政策。（2）价格保护原则，即当进口商品的价格低于欧共体内部商品的价格时，对进口商品征收关税防止倾销，以保护欧共体内部的市场不受影响；当出口产品价格低于欧共体内部价格时，对出口商品实行价格补贴。（3）实行统一的价格和预算，各成员国缴纳一定的农业发展基金，用

---

① Napoleon Maraveyas and George Mermigas, "The European Integration of Greek Agriculture Twenty Years after the Accession to the EU", in Secretariat General of Information, eds. , *Greece in the European Union: The New Role and the New Agenda*, Athens, 2002.

于补贴和支持农业发展。① 对于希腊而言，欧盟的成员国身份意味着必须调整国内立法，引入新的制度安排以确保对共同农业政策的实施。但一开始，希腊仅仅将共同农业政策作为一种慷慨的资金来源，替代政府对农业的补贴和投入。这一方面导致农民的收入增加，另一方面因为农业政策的一体化，内部市场规则和共同体优惠原则致使国内产生了严重的贸易转移效应，农产品贸易由顺差转为逆差。加上希腊原有的行政部门效率低、协调不足，导致国内制度变化缓慢。《欧盟 2000 年议程》的出台加快了共同农业政策的改革，旨在从农业收入支持转向更广泛的农村发展，这对希腊施加了更大的政策调整压力。从对行政结构的影响来看，欧洲化的结果使农业部改变了原来的等级结构，并增加了金融职能，加强了部门之间的协调；成立支付机构，负责国家行政部门与欧洲农业指导与保障基金担保部门之间的金融交易。此外，希腊在农业部内部新设农产品市场管理机构（YDAGEP），主要负责提供金融支持；建立农业经济研究和规划局（GOM），负责制定相关政策的制定和实施，监测欧盟农业市场共同组织的最新进展，收集农产品和行业数据与信息，最后负责将欧盟法律转化为国内立法，向农业部的地方机构发布相关指令。实践证明，这种新的制度架构并不稳定：其一，机构的地

---

① 付岩岩：《欧盟共同农业政策的演变及启示》，《世界农业》2013 年第 9 期。

位经常发生变化；其二，人员流动性强，如单位负责人和上级部门代表更换频繁；其三，人力资源培训不足。农业政策欧洲化的局限性主要表现在，希腊将共同农业政策作为资金和技术的保障，对国内相关的立法和行政制度进行了调整，但忽视了共同农业政策的真正目的是从以生产为导向的国内政策转向以市场为导向。这也是希腊有意忽略的欧洲化方向，面向市场的改革将损害国内既得利益行为体的利益。总体而言，共同农业政策对于希腊制定本国相关政策的优先目标及实施政策的行政机构的改革产生了直接影响。希腊官员在参与欧盟管理的行政网络中获得的经验和教训改变了直接参与共同农业政策决策的公务员的信念和态度，高层管理者的相互接触与交流为政策转变提供了机会。农业部也采取了重大举措，努力使国内政策适应欧盟的要求。但因为国内本身存在的行政效率和协调问题，使得希腊的农业政策的欧洲化的速度、质量和效率不尽如人意。从制度调整和财政角度来看，希腊农业部门从成员国身份中受益良多，这在 20 世纪 90 年代尤其明显。成员国身份显著改变了国内农业政策的规则，国内行为者之间的权力和资源分配以及政策理念。但欧洲化存在的问题与希腊政治体系的特征密切相关。尽管共同农业政策越来越重视农村的发展，但希腊农业部尚未制定明确的农村发展战略，这反映了农业部过度集权的官僚结构，忽视了地区在欧盟资助项目的制定、协调和实施中的作用。[①]

二 地区政策

对于希腊而言，欧盟最重要的政策之一是地区政策，自 20 世纪 90 年代之后经常被称为凝聚政策（cohesion policy）。[②] 该政策宗旨是缩小欧盟各地区之间发展水平的差异，改善最不发达地区的落后局面。希腊就是欧盟地区政策的四个最初受益国之一，也深受其影响。1986 年，希腊被划分为 13 个大区，就是为了吸收欧盟拨付的地区发展基金。[③] 1988 年结构性基金改革后，希腊被划入"目标 1"组（欧共体欠发达地区）。1989—1993 年第一次欧共体支持框架（CSF）的 40% 资金拨给了希腊，总计 15 亿埃居，为其 GDP 年增长率贡献了 1%。希腊将其中的 40% 用于基础设施建设，21% 用于人力投入，19% 用于农业，8% 用于工业。第二次欧共体支持框架（1994—1999 年）为希腊拨付

[①] Dionyssis G. Dimitrakopoulos and Argyris G. Passas, eds., *Greece in the European Union*, Routledge, 2004.

[②] 参见臧术美《欧盟地区政策研究：改革、效应与治理》，时事出版社 2020 年版，第 13 页。

[③] 凝聚政策是欧盟在国家和区域层面支持经济和社会发展的主要工具，包括欧洲地区发展基金、欧洲社会基金、凝聚基金。从 1988 年开始，欧洲共同体推出第一个多年期凝聚政策计划，主要受益国除了希腊，还有西班牙、意大利、葡萄牙。其原则有四项：集中、多年期、附加性和伙伴原则。参见张晓晨《欧盟凝聚政策的演变及其收敛效应》，《国际经贸探索》2009 年第 10 期。

的资金为其贡献了每年 1.1% 的经济增长率，其资金总额达
到 45 亿埃居。[①] 安德烈乌（George Andreou）基于历史制度
主义的视角考察了希腊执行欧盟凝聚政策的情况以及对地方
发展的影响。他认为，欧盟产生的适应性压力并不会明确导
致国内的变革。因为国家层面的机构有能力去塑造、减缓或
阻止这种变化。因此，必须引入时间节点和因果序列，分析
是否、何时以及如何在互动中出现变化，并对国内变化的水
平进行评估。例如，从 1981 年泛希社运党上台执政后就开始
推动权力下放，虽然地方权力有所增加，但中央和地方的权
力关系没有得到明显的改变。但在 1985—1986 年，欧盟对希
腊建立区一级行政机构起到了关键性作用。起因是，欧盟启
动了综合性地中海计划（Integrated Mediterranean Pro-
grammes，IMPs），1985—1992 年为希腊提供 20 亿埃居的资
金帮助落后地区的发展，同时引入了地区化、规划管理和伙
伴关系的概念。为了执行该计划，希腊政府将全国划分为 6
个区域，并设立了区域监督委员会，以监督计划的进展，但
没有设立行政机构，所有的地中海计划方案都是由经济部地
区政策司拟订。但在上交综合性地中海计划后，希腊推出了
第 1622/86 法令，设立了 13 个行政大区，这是按照欧共体对
统计单位的分类划分的。这些大区后来变为第一级行政单

---

① Dimitri A. Sotiropoulos, "The EU 'S Impact on the Greek
Welfare State: Europeanization on Paper?", *Journal of European Social
Policy*, Vol. 14, 2004.

位。但不可否认的是，希腊政府仍然在大区一级复制了省市的行政模式。权力掌握在中央政府手中，其主要目标是尽可能多地吸纳欧共体资金，而地方政府因为权力、人力受限，加上行政效率低，以至于常常无法完成欧盟的任务。作者通过历史的梳理和案例的实证表明，欧盟的凝聚政策起到了权力下放和地区行政改革的催化剂作用，但地方行政结构、功能和变革主要受到国内因素的影响。也就是说，欧盟的适应压力并没有挑战希腊以中央为中心的权力结构。它改变的是希腊的政策目标、手段和实践。总体而言，希腊面对欧盟的压力形成了"容纳性变化"。希腊的政治行为体通过调整改革进程、政策和制度来适应欧洲化的压力，但没有改变核心的政治结构。因为中央政府并不希望放弃在地区层面分配公共资金的政治权力，因此选择了通过中央控制的行政体系来解决区域规划的问题，而且仅仅允许有限的地方当局和利益集团参与进来。就此而言，凝聚政策没有赋予地方政治行为体以权力，并通过分权改革来解决经济问题。得益于欧盟的资助，次国家和非政府行为体在某种程度上增加了一些权力和影响，但这都是在中央控制的权力网络中实现的。①

　　安德烈乌在另一篇文章中将欧盟凝聚政策的实施分为四个阶段：1981—1989 年、1990—1993 年、1994—1999 年、

---

　　①　George Andreou, "EU Cohesion Policy in Greece: Patterns of Governance and Europeanization", *South European Society & Politics*, Vol. 11, No. 2, 2006, pp. 241 –259.

2000—2006 年。他认为，在第二阶段开始，因为欧盟推行
了结构基金改革，对希腊的行政体系提出了严峻的挑战。
满足欧盟的规划要求超出了希腊中央政府和行政机构的能
力范围。与此同时，希腊从欧盟凝聚政策中获得的资金大
幅增加。从 1989 年到 1993 年，希腊凝聚力政策的资金总额
达到 154 亿埃居（按 1994 年价格计算）。在欧盟的压力下，
希腊政府通过在既有的行政管理体系内增设管理机构的方
式，来完成凝聚政策的各项任务。此外，在欧盟强调的建
立伙伴关系、提高行政效率和透明度的原则下，扩大了地
方层面行为体对凝聚政策的参与，提高了管理效率。也就
是说，欧盟的原则，如综合规划、伙伴关系、透明度以及
健全的管理、评估和督查通过欧洲化成为希腊国内的做法，
但没有涉及制度改革，而是在原有的行政结构上增补了新
的政策和机构，中央集权的制度结构没有发生本质变化。
他总结道，在凝聚政策领域，自上而下的欧洲化效应是显
而易见的。希腊政府通过战略算计，决定适应欧盟的压力，
改变自己的区域规划，推动落后地区的发展，主要是为了
最大限度地吸收欧盟的资金。在欧洲化的进程中，希腊政
府部门通过"深度学习"吸纳了欧盟的科学规划、精细管
理、透明度和有效率的原则。[1]　伊科诺穆（Giorgos Oikono-

---

[1]　George Andreou, "The Domestic Effects of EU Cohesion Policy in
Greece: Islands of Europeanization in a Sea of Traditional Practices", *South-
east European and Black Sea Studies*, Vol. 10, No. 1, 2010, pp. 13 – 27.

mou）也从欧盟凝聚政策视角入手，分析了希腊的地方行政管理改革。他认为，希腊地方行政管理改革（1986—2013年）主要是欧洲化的压力导致的，它来源于与欧盟"不吻合"的压力以执行欧盟凝聚政策的要求。①

但查达斯（Anastassios Chardas）的研究认为，欧盟地区政策在希腊没有得到有效实施。他基于欧洲化的理论分析框架，考察了欧盟地区政策对希腊的制度的影响，认为地区政策的四项指导原则（伙伴关系、计划性、集中性和额外性）以及管理工具为希腊国内制度体系变化提供了刺激。但是，尽管希腊的地区政策决策模式发生了变化，但政治和行政管理制度原有的特征并未发生很大的变化。欧盟地区政策治理机制仅仅带来了部分和表面上的管理机构的重组，而希腊中央政府集权化的趋势最终阻止了地方权力的下放。因此，虽然在地区政策取向上有所进展，但制度结构仍然维持原样。因此，希腊仅仅是以有选择的和只重形式的方式采纳了欧盟地区政策的指导性原则。在欧盟凝聚基金的支持下，希腊进入 21 世纪后平均 GDP 增长率接近 4%，高出欧盟平均水平，但其结构性弱点如竞争力低下、失业率高、社会经

---

① Giorgos Oikonomou, "Europeanization Pressures and Adminis-trative Reforms in Greece: Europe's Influence on Subnational Institu-tions", The 4th Euroacademia Global Conference "Europe Inside-Out: Europe and Europeaness Exposed to Plural Observers", 23 – 24 May 2014, Athens, Greece.

济水平差距大等均未显著改变。希腊 13 个大区中仍有 8 个属于欧盟的落后地区，即人均 GDP 低于欧盟平均水平的 75%。①

希腊还有不少学者以欧盟地区政策为例，探讨了它对于希腊国家机构和行政管理（公共管理）体系的影响。其结论是，虽然欧洲一体化提供了积极的外部刺激，但欧盟层面的要求和既有的希腊地区制度能力存在差距。欧盟地区政策的影响及其资助要求对于希腊的社会伙伴关系、公民参与城市治理决策的模式具有一定的作用，但同时也受到政党政治、部门利益和庇护主义的影响。

三　社会政策

索提奥波罗斯（Dimitri A. Sotiropoulos）比较了欧盟对希腊社会政策和决策机制变化的影响，认为在政策结果上几乎没有实质性改变。自希腊加入欧共体以来，福利改革主要是由国内政治推动的，来自欧盟的影响较小。例如，20 世纪 80 年代的社会政策的扩张主要是泛希社运党推动的。20 世纪 90 年代，希腊在向马斯特里赫特标准看齐时，并未对养老金体系进行大刀阔斧的改革。进入 21

---

① Anastassios Chardas, "How the EU Affects Domestic Institutional Capacities: The Europeanisation of Greece's Administrative System in the Context of the EU's Regional Policy", European Policies Research Centre, No. 79, May 2011.

世纪后，在养老金体系的多支柱模式发展上，希腊仍然落后于其他成员国，并且是唯一一个没有最低收入保障的国家。希腊福利制度的变革具有路径依赖的特点，源自欧盟的变革压力未能打破养老金、健康医疗和家庭政策的制度遗产的桎梏。尽管有欧盟的压力（对于政府预算的财政约束、经济与货币联盟的趋同标准）和国内的推动，社会政策的改革仍然是缓慢的。但是，加入欧洲一体化几十年来，希腊不可能成为欧盟规则的例外。尤其是西米蒂斯上台执政后，借助欧盟的压力推动了社会政策的变化。

希腊社会政策的欧洲化表现为四种政策工具的出现：（1）社会伙伴之间的"新社团主义"协商模式。从 20 世纪 90 年代后半期开始，政府和雇主、雇员进行了三方对话。希腊政府、地方当局和社会伙伴经过社会化的过程，学习了社会政策的规划和协调，并在国内推广欧盟标准。希腊政府还采用欧盟使用的政策工具、设立了决策机构。新的社会政策的决策模式既包括政府当局、利益集团代表、技术官僚和新机构人员之间的协商，也涵盖了社会伙伴、机构之间关于意见草案和执行计划的拟定和宣传，而不像原先仅仅由劳动和社会保障部来决定。（2）设立了专家委员会。西米蒂斯在执政期间启动了劳动力市场、劳资关系和社会保障体系的改革，这些委员会发挥了重要的作用。它们在总理的倡议下成立，其提出的主要建议交由公众辩论。这些专家委员会的工作范围和特点是社会政策欧洲化的典型体现。（3）设立了新机构。在欧盟的资助下，希腊在社会政策领域建立了新的机构，招募了新的工作人员，建立了新的管理等级，比劳动和社会保障部门更为灵活。如 1992 年成立了教育和培训组织（OEEK），1994 年成立了经济和社会委员会（OKE），1998 年成立了社会照护的国家机构（EOKF）。这些新机构的设立比社会政策的认知改变更为重要，因为它们有助于社会福利管理者和社会伙伴的社会化，并将其转变为欧盟驱动的社会政策的逻辑。这种社会化包括扩展社会权利的观念传播，如性别平等、与工作条件安全卫生相关的权利以及社会政策的合理化。在欧洲一体化的约束下，希腊政府改变了过去几十年来对社会事务的随意决策，转而强调设定可衡量的目标，在合理期限内吸收专项资金以及跟踪立法政策的执行情况、评估改革措施的效率和有效性。（4）国家行动计划。欧洲就业战略出台后，每个成员国被要求递交就业的"国家行动计划"。2000—2003 年，希腊政府每年制定国家就业行动计划，2001 年和 2003 年分别制定了两项社会包容的国家行动计划和养老金制度改革的国家战略。尽管这些计划在实施过程中遭遇了困难，但从欧盟输入的规划协调的逻辑改变了希腊社会政策的计划和监督。

此外，在五个社会政策领域内出现了不同程度的欧洲化。（1）劳动力市场和就业。为了遵循欧盟关于劳动力市场改革的指导方针，希腊政府引入了新的立法并确定了实施的政策工具。其落实的措施包括激励雇主通过增加加班工资来减少加班工作；通过减少低收入工人的社会保障缴费和降低企业利润税率（从 40% 降至 35%）来雇用新员工；通过增加补偿激励兼职工作，鼓励和推广非全日制工作；增加儿童支持设施；减少性别不平等。自 20 世纪 90 年代后期以来，希腊的劳动力市场和就业政策明显受到欧盟的影响。政府动员了大量的人力、资金和其他资源来满足欧盟的要求。欧盟的压力触发了希腊社会政策的变化，为妇女、年轻人和失业者创造了就业机会。① （2）养老金政策。欧盟在这个领域的影响并不显著。在工会等利益集团的阻挠下，其政策改革只能通过小步走或者"零碎的"方式进行，如逐步合并数量众多的养老金基金会、收紧领取标准、降低替代率等。（3）公共卫生。欧盟对希腊医疗卫生的影响并不明显，因为医生职业的垄断、公立医院和私营企业之间盘根错节的利益关系对这个政策领域的改革阻碍较大。自 1983 年建立国民医疗体系（NHS）后到 20 世纪 90 年代后期，医疗卫生体系没有发生太大的结构性变化。2000 年，西米蒂斯连任后，通过了一项建立地区医疗卫生体系的法律，将全国分为 17 个地区，每个地区拥有自己的卫生局，以监督当地的医疗服务，改善医疗服务

---

① Dimitri A. Sotiropoulos, "The EU's Impact on the Greek Welfare State: Europeanization on Paper?", *Journal of European Social Policy*, Vol. 14, 2004, pp. 267 – 282.

水平。但资金滥用、专业医务人员缺乏、医疗设施老化等问题没有得到根本性解决。（4）社会救助。欧盟一向重视成员国的贫困问题，因此对这个政策领域的影响较为明显。在欧盟的要求下，西米蒂斯政府（2000—2004 年）制定了消除贫困和社会排斥的国家行动计划，为需要的公民提供非缴费性的转移支付和服务。除此之外，还提供了两项社会救助，如为低收入者返回社会保险缴费、为长期失业人员发放失业救助金。（5）家庭和儿童照顾。在南欧国家包括希腊，家庭是社会保障的安全网，失业人员在家族企业继续工作或受到家庭的接济。由于缺乏公共照护机构，儿童和老人都在家庭接受照顾和看护。在欧盟的要求下，希腊制定了就业和社会包容国家行动计划，致力于性别平等、为儿童和老人提供看护、为妇女包括年轻人提供就业机会等。萨克拉罗波罗斯（Theodoros Sakellaropoulos）认为，希腊以国家为中心的社会结构和糟糕的公共管理限制了经济和社会现代化进程。解决问题的困难和方案的受限，对政策有效性产生了消极影响。[1] 福克纳（Gerda Falkner）等学者认为，按遵从欧盟社会政策指令的成效来看，希腊应该被归为"忽视、怠慢"一类。这类国家具有

---

[1]　Theodoros Sakellaropoulos，"Greece：The Quest for National Welfare Expansion through More Social Europe"，in Jon Kvist and Juho Saari，eds. ，*The Europeanization of Social Protection*，Policy Press，2007，pp. 211 – 227.

官僚体制上的惰性、对政治变化冷漠以及在政治和管理制度上具有极低的服从文化。因此，欧盟常常将希腊告上欧洲法院（ECJ），要求对希腊因不遵从社会政策指令处以罚款。①

四　环境政策

环境政策是希腊欧洲化较为显著的领域。自 20 世纪 80 年代后期以来，欧盟的权能进一步扩张。《单一欧洲法令》将环境政策纳入欧共体条约，而《马斯特里赫特条约》和《阿姆斯特丹条约》进一步加强了共同体在这一领域的参与。尽管欧盟环境政策的实施主要是成员国的责任，但共同体在该政策领域的作用不断扩大。欧盟环境政策的发展是共同体在"生活质量问题"中推行监管政策的典型表现，旨在遏制市场一体化产生的负外部性。其目标是取代国内监管安排，重塑既有的国内制度和规定。该政策主要依赖于针对成员国的欧盟立法（指令），其国内法律和制度体系必须满足这项政策的要求。因此，如何实施成为理解环境政策欧洲化的关键。希腊 1975 年宪法规定：环境保护是国家的职责，这是制定环境法的起点。但直到 20 世纪 80 年代中期，希腊才制定了具体的法律，第一部

①　Gerda Falkner, Oliver Treib and Miriam Hartlapp, *Complying with Europe: EU Harmonisation and Soft Law in the Member States*, Cambridge University Press, 2005.

环境立法以框架法的形式获得通过（Law 1650/1986）。1980 年成立的规划、住房和环境部（YHOP）被赋予真正的管理权力和组织结构。20 世纪 80 年代后半期，《单一欧洲法令》生效后推动了希腊环境政策的发展。一方面，它确定了欧共体在环境事务中的作用；另一方面，产生了协调国家环境标准和适应国家行政、行业和个人实践的指令和法规。快速发展的欧盟环境政策成为希腊环境政策模式发生一系列重要转变的来源。

第一个阶段（1986—1992 年），其变化的特点是正式承认欧盟在环境政策方面的权能。在环境领域，欧盟以实质性和详细的指令或法规的形式建立"硬"监管机制，协调现有的成员国规定；要求成员国建立具体的集中指挥和监控体系，以便将欧盟法律纳入国内立法。当时，希腊的环境立法还几乎为空白，因此，满足欧盟环境法的要求成为推动该领域立法的主要动力，欧盟环境政策因而成为这一政策领域的国内法律框架。从这个意义上说，尽管在执行共同体法律方面存在地方性问题和延误，但欧盟在这一时期作为"代行立法机构"在希腊开始发生作用。环境部的权力在中央和地方上得到了加强。1990 年，希腊成立环境总局，重组地方服务机构以及在每个省设立环境办公室等，这都是为了确保遵守欧盟环境政策的要求。欧盟和成员国环境法之间的互动产生了新的司法标准，一些新的规范和原则被纳入国内法律体系。最后，对欧盟规则的遵守，加强了公民个人和非政府组织在监督公共和私营经济体在保护环境中的作用。欧洲化的实证分析表明，当"适应压力"高时，国内对变革的抵制最有可能发生。相反，当欧盟政策只需要适度和渐进式调整时，更可能出现国内制度的变化。希腊环境政策案例也表明了这一点。欧盟环境政策为国内监管风格和行政结构规定了具体的制度模式。希腊政府对欧盟压力的反应因环境政策的强制风格与国内传统和政策风格匹配程度正相关。当欧盟环境政策中的命令和监控原则使用统一且具有法律约束力的标准时，恰好符合希腊政府集权和法律主义的传统。因此，大部分欧盟环境法被转换为国内立法。希腊的实践还表明，除了制度之外，其他变量，如国内行为体的利益、战略和信念以及行动者联盟和规范结构，都会影响欧洲化过程，有时会改变最终结果。因此，仅靠适应压力不能产生国内的变化。或者说，促成或阻碍国内变化的中介因素的作用变得至关重要。

第二个阶段（1993—2000 年），欧盟第五个环境行动计划的生效引入了一种新的环境政策方法，旨在实现可持续发展。为了实现这些目标，欧盟推出了新的环境政策工具，改变或影响个人和集体行为者的信念、决定和行动。在此背景下，以前的"命令和控制"形式的监管受到批评，而基于程序监管和自我监管的"软"干预形式被引入。根据这些新要求，欧盟环境政策在成员国落实过程中发生了变化，包括从正式合规向实际实施的转变，从而促进了新的行为和理念的出现。对于希腊这样缺乏自我监管、协商谈判和权力下放传统的国家而言，这种转变产生了新的压力。自愿和自我监管的原则与其原有的拘泥于法规法令的监管风格相矛盾。因此，希腊在实施新的环境政策上行动迟缓，效果并不理想。①

卡扎克斯（Panos Kazakos）从国际协定、欧盟法、共同体支持框架以及通过政策网络的学习等不同的机制入手，试图解释欧盟给希腊环境政策带来的影响。虽然，环境政策属于欧盟的硬政策领域，但是欧洲化的结果在很大程度上取决于国家层面的行为体。因此，他认为，欧盟立法经常未被执行是因为缺乏成员国有效的管制、政治意愿不足，上述因素不利于环境保护。②

五 移民政策和少数民族政策

从 1997 年签署的《阿姆斯特丹条约》开始，欧盟的移民政策初步成形。该条约规定，各成员国必须自觉遵守

---

① Georgia Giannakourou, "The Implementation of EU Environmental Policy in Greece Europeanisation and Mechanisms of Change", in Dionyssis G. Dimitrakopoulos and Argyris G. Passas, eds., *Greece in the European Union*, Routledge, 2004.

② Panos Kazakos, "The 'Europeanization' of Public Policy: The Impact of European Integration on Greek Environmental Policy", *European Integration*, Vol. 21, 1999, pp. 369 – 391.

统一的一体化移民政策；各国的移民法不能限制成员国移民在欧盟各主权国家内的居住权和自由迁徙权；不能与欧盟的移民政策相抵触；如有内容冲突的条款必须向欧盟委员会做出必要的说明。在移民政策领域，各成员国不能阻止欧盟委员会制定相关规定，只可保留和实施与《阿姆斯特丹条约》及其他国际公约相一致的国内规定。① 《里斯本条约》生效后，移民和难民政策已完全被纳入欧盟条约框架，并适用普通立法程序，欧洲法院拥有完全管辖权。②

20 世纪 90 年代之前，希腊基本上没有移民政策。这跟国家特性有关，因为国内 98% 的人口是希腊族人，同质性高，因此不欢迎也不鼓励外国人定居本国。而且因为经济落后的原因，希腊一直到 20 世纪 70 年代都是移民的流出国。20 世纪 90 年代初，东欧剧变导致大量东欧人非法进入希腊，其中阿尔巴尼亚人占了多数。尤其是 1996—1997 年，希腊合法和非法的移民总数达到 100 万人，阿尔巴尼亚人就占了四分之三。如此大规模、迅速而又无组织的移民的涌入，使希腊政府措手不及。在非法移民带来社会危险的公众认知的推动下，希腊出台了新移民法（第 1975/1991 号法令），实施了严格的移民标准，并加强了非

① 朱虹：《欧盟移民政策的由来与未来》，《中共中央党校学报》2004 年第 4 期。

② 张亚宁：《欧盟的非正式治理模式刍议——以欧盟难民政策的发展为例》，《欧洲研究》2015 年第 6 期。

法入境的管理。该法首次规定了外国人的行政驱逐标准，并就向难民提供政治庇护制定了详细的程序，因对移民的限制过多被认为过于"严苛"而不切实际的移民政策，最终产生了适得其反的效果。因为很少有移民能符合其规定合法进入希腊，反而导致绝大部分继续非法进入并留在希腊。希腊当局通过身份证的检查逮捕并驱逐了大量非法流入的外国人。这一政策带来了三方面的问题：其一，政治代价过大，驱逐移民加剧了与移民原籍国的紧张关系；其二，造成巨大的经济负担，尤其是拘留和驱逐费用过高；其三，对移民的大量驱逐和非人道待遇引发国际社会对希腊的强烈抗议。这促使希腊政府对移民政策进行了改革。1997 年，希腊颁布两项总统令，允许非法居住的外国人申请居留和工作许可。4 年后，出台 2910/2001 法令，将解决外国人合法入境、居留和就业的条件作为居住在希腊的外国人的权利，并为他们融入希腊社会创造条件；同时将移民管理责任从公共秩序部移交给内政部，标志着从公共秩序问题转变为内部的政治和社会问题。

帕帕耶奥尔尤（Ioannis Papageorgiou）认为，欧洲化意味着将欧盟立法转化为国家法律，它更广泛地涵盖了欧盟压力和政策对国内决策和政治的影响，甚至涉及政治制度、社会和经济等。针对移民和难民政策，欧洲化的概念进一步体现了其复杂性，因为欧盟在这些领域的政策始终在调整，并且仍然允许成员国制定自己的政策。此外，欧洲化不仅包括欧盟可以使用基本监管工具（指令、法规等），还包括个人权利的保障如移民的拘留条件、家庭生活的保护以及不遣返义务等。也就是说，移民和难民政策的欧洲化涵盖了欧盟法律的应用，以及在"共同体方法"下形成的价值观、标准和实践，甚至包括主动干预国家移民和难民政策的方式。因此，希腊移民和难民政策的欧洲化，应该包括两个层面：一个是对欧盟法律的执行；另一个是希腊当局从政治和行政上对欧盟模式和实践的吸收。20世纪90年代初，希腊的移民政策并未成型，对于欧盟相关法律也不够重视，在执行上，因为长期以来行政效率低下、协调不足以及专业人员数量受限，使其难以遵守欧盟难民政策的标准。进入21世纪后，欧盟对于希腊移民和难民政策的影响加大，直接的影响来自欧盟移民政策对成员国施加的义务越来越多，间接的影响来自欧盟移民政策的安全化要求成员国承担的责任中隐含的要求越来越多。首先，欧盟移民政策越来越具有强烈的保障人权的导向。受国际人权法和难民法的发展、相关法院判决以及来自非政府组织压力的影响，欧盟机构（尤其是作为条约守护者的欧盟委员会和作为基本权利捍卫者的欧洲议会）要求保障第三国国民的实质性权利，并在成员国国内推行标准程序。希腊面临来自欧盟的日益沉重的立法和执行压力，被迫调整本国的法律以保障第三国国民的权利，如满足家庭团聚的要求，引入长期居民身份，逐步为移民提供更多的权利，尤其是社会权利等。与此同时，希腊移民政策欧洲化的局限性清晰可见。首先，其转化欧盟相关法律的进程滞后，常常超出设定的最后期限。即使被转化，其中一些条款也因为行政准备不足只能得到部分实施。其次，希腊对欧盟立法的转化具有本本主义的特点，不按照本国的实际情况进行调整，而是拘泥于欧盟的文本。再次，暗中减少和限制欧盟立法规定的第三国国民的权利。这反映了国家和社会对于外国人普遍权利的抵制。在接待庇护者和庇护申请方面的欧洲化并不成功。在希腊，因为庇护人数少以及行政效率低下，不合欧盟标准的做法极为常见，也因此受到欧盟的批评。

2000 年，希腊加入《申根协定》后，承担了保障欧盟边界安全、减少非法移民的任务。这导致欧洲化出现了复杂的效应。一方面，移民和难民政策的欧洲化增加了希腊的主权（对非法移民的管制）；另一方面，对于移民权利的保护仍然是滞后的。可以说，在这个政策领域，希腊的欧洲化是不情愿的和迟缓的。①

格里戈里亚季斯（Ioannis N. Grigoriadis）认为，第二次世界大战结束后，经历了内战以及冷战初期的希腊的民主制度并未成熟，人权也未得到充分保障。尤其是少数族

---

① Ioannis Papageorgiou, "The Europeanization of Immigration and Asylum in Greece（1990 – 2012）", *International Journal of Sociology*, Vol. 43, No. 3, 2013, pp. 72 – 90.

裔受此影响最大。除西色雷斯的穆斯林少数民族之外，其他少数民族的存在及其身份均未受到希腊官方的承认。此外，希腊还实施了减少少数民族数量、使其社会和经济地位边缘化的政策。1955 年的《希腊国籍法》第 19 条也被认为含有少数民族歧视的内容。它赋予政府剥夺"离开本国且无意返回的非希腊族人"的公民身份的权力。希腊的欧洲化进程使少数民族群体地位显著改善，这可以追溯到两次欧洲化浪潮。第一次是康斯坦丁诺斯·米佐塔基斯执政时期，强调首要任务是重建希腊与欧盟的牢固联系，不仅出台了新的更加面向欧洲的外交政策，同时采取了旨在实现经济和政治自由化的措施，其中包括保护少数民族的权利等内容。他不仅承认穆斯林少数民族是前任政府不公正政策的受害者，而且承认少数民族由三个子群体组成，即土耳其人、波马克人和罗姆人。在"法律平等—公民平等"的主张下，米佐塔基斯颁布了一项新的少数民族政策，并取消了多项限制性措施。第二次浪潮是 1996 年西米蒂斯上台后，继续推动希腊的欧洲化进程。其中对少数民族政策的改革是西米蒂斯政策议程的一部分。他强调希腊作为巴尔干地区民主化和欧洲化力量要发挥软实力，这一新角色需要尊重人权包括少数民族的权利，这是自由民主制度不可或缺的原则，也是实现希腊在该地区的战略目标的必要条件。在其执政期间，通过签署和批准相关国际公约，提升了希腊少数民族权利保护的法律地位。总体而言，希腊的少数群体权利保护是欧洲化的重大成果，但也是未充分发挥潜力的政策领域之一。①

波利斯（Adamantia Pollis）通过分析认为，由于希腊东正教的特性，以及禁止改变宗教信仰，限制了少数信徒的宗教权利。这违背了欧盟关于保障人权和基本自由的原则，这种对于欧盟规范的背离会阻碍希腊的欧洲化。但在欧盟的压力下，希腊已改变了原有的少数民族政策、宗教信仰和公民权利政策，并放弃了自己声称的特殊性。②

近40年来的相关研究表明，③ 欧盟成员国的欧洲化现象是客观存在的，但具体到各个成员国，深入到某一政策领域，其欧洲化的程度是深浅不一的。其影响因素主要来

---

① Ioannis N. Grigoriadis, "On the Europeanization of Minority Rights Protection: Comparing the Cases of Greece and Turkey", *Mediterranean Politics*, Vol. 13, No. 1, 2008, pp. 23 – 41.

② Adamantia Pollis, "Greek National Identity: Religious Minorities, Rights, and European Norms", *Journal of Modern Greek Studies*, Vol. 10, No. 2, 1992, pp. 171 – 196.

③ 国内对于希腊欧洲化的研究比较匮乏，主要的成果有檀柯的《希腊社会政策和"欧洲化"政治》等。这也是国内少数公开发表的关于希腊欧洲化研究的文章之一。作者认为，希腊特色的社会政策是造成希腊式"福利国家"效率低下和发展滞后的重要原因。这要从希腊社会特点和政治文化上来探求政策理性和社会冲突的线索。其研究结论是社会政策的碎片化与希腊社会发展中的痼疾是造成改革失败的根本原因，这也影响了希腊欧洲化的进展。参见檀柯《希腊社会政策和"欧洲化"政治》，《大学教育》2013年第1期。

自两个层面：一是欧盟压力。在不同的政策领域，欧盟的权能和政策工具以及成员国施加影响的方式各不相同，如有共同体方式（硬治理/硬法）、开放式协调（软治理/软法），还有政府间合作机制等。二是来自国内制度设置中的干预变量，如否决行为体、便利的制度和合作型的政治文化等。这些都对欧洲化的效果产生了影响。从上述农业政策、地区政策、社会政策、环境政策、移民政策和少数民族政策等案例分析来看，希腊的欧洲化渗透到了经济、社会各个领域，对国家治理方式、民众福祉产生了重大影响。然而，囿于国家制度的特性和痼疾，欧洲化的局限性依然存在，或深或浅，表现不一。

第二节　希腊欧洲化的政治维度

英国学者希克斯（Simon Hix）和戈兹（Klaus Goetz）等人认为，关于欧盟对成员国政治的影响的研究难度更大，成果更少。就希腊而言，虽然在政策的欧洲化、欧洲化进程中的行为体研究等涉及政党政治，但很少有研究专门分析希腊政党政治的欧洲化。[1] 里因采斯（Christos Lyrintzis）等人的研究是其中较有影响力的分析之一。他

---

[1] Simon Hix and Klaus Goetz, "Introduction: European Integration and National Political Systems", *West European Politics*, Vol. 23, Issue 4, 2000, pp. 1 – 26.

认为，在欧洲化的影响下，希腊政党的意识形态和竞选纲领都发生了变化，主要体现在新民主党和泛希社运党两大主流政党的意识形态的分野在缩小。新民主党从激进的自由主义转向新自由主义。其领导人科斯塔斯·卡拉曼利斯（1997 年当选新民主党主席）强调公共部门的改革和管理权能的变化，避免民粹主义意识形态的争论。而乔治·帕潘德里欧（2004 年担任泛希社运党主席）尝试在泛希社运党中开启"新政治"，寻求参与式民主、鼓励公民社会的发展以及倡导多元文化论。但在分析了希腊政党文化和政治环境后，作者认为，希腊并没有出现仅仅利用欧盟成员国的身份议题来进行政治动员进而成立新政党的现象。①而莱夫科弗雷迪（Zoe Lefkofridiy）运用政党变化和行为的理论分析了政党的欧洲化，即在一个经常变化的欧盟环境中分析民族国家如希腊的政党变迁。她考察了欧盟影响政党的目标后，进一步分析了欧盟制度环境如何引发政党变化。②

　　从政治制度来看，欧盟对于希腊的影响也是微弱的。盖门尼斯（Kostas Gemenis）和莱夫科弗雷迪（Zoe Lefko-

---

　　① Christos Lyrintzis，"The Changing Party System：Stable Democracy，Contested 'Modernisation'"，*West European Politics*，Vol. 28，Issue 2，2005，pp. 242－259.

　　② Zoe Lefkofridi，"National Political Parties and EU Policy Developments：The Case of Greece Prior to the Crisis"，*Journal of Modern Greek Studies*，Vol. 32，No. 2，2014，pp. 287－311.

fridiy）认为，大部分研究表明，国家层面的政治变化并不是欧盟的压力引起的。比如说，不管欧盟环境如何变化，成员国包括希腊的政党政治的反应具有非常大的弹性，而且其适应的部分压力来自国际层面，这就很难区分是欧洲化还是全球化的影响。在很多研究中，实证证据的不足导致必要的因果推论手段的缺乏。

斯帕诺（Calliope Spanou）主要围绕欧盟对希腊行政制度的影响进行了研究。她认为，各种各样的例外制度、国家—社会以及政治—行政之间互动的非正式的进程稀释了希腊体制对于欧盟挑战的反应，而且正式规则和非正式实践之间的差距可能会有助于提升或者阻止反应的能力。①

拉森（Henrik Larsen）和奥尔森（Kim B. Olsen）从政治和经济维度两个方面考察了希腊的欧洲化。从政治上而言，欧盟的影响主要体现为提供了政治稳定、巩固了民主，改变了国家和社会的关系，产生了现代公民社会。从经济上而言，通过欧盟的政治影响，为希腊建立了更为民主的经济关系、更为稳定的现代化的社会经济体系包括独立的银行体系。欧盟作为一个保障者，为希腊树立了稳定的对外经济主体的形象，吸引了更多的外国投资。在行政管理方面，通过引入和执行欧盟规范和标准使本国的行政

①　Calliope Spanou, "European Integration in Administrative Terms: A Framework for Analysis and the Greek Case", *Journal of European Public Policy*, Vol. 5, Issue 3, 1998, pp. 467 – 484.

管理更有效率。例如通过裁减政府公务员和公共部门的雇佣人员、削减政府对国有和公共企业的补贴来减少公共开支，通过采纳欧盟的规范来降低预算赤字。但是因为希腊政府治理能力的软弱、行政管理缺乏效率，以及庇护主义盛行和腐败严重，欧洲化对希腊而言必然是个长期的过程。不过，欧洲化给希腊的国家和社会带来很大的变化。总体来看，欧洲化对希腊政治的影响无疑是积极的。①

费瑟斯顿在《欧洲化与中心边缘：90 年代的希腊案例分析》一文中将欧盟对希腊政治经济的影响归纳为六个方面：（1）货币和财政的约束。加入经济货币联盟对希腊国内政策选择是个重要的约束，主要定义了希腊的政治议程，影响了主要的政治行为体的核心话语。（2）对国家行政管理的渗透。欧盟一体化深深地影响了希腊的行政管理，主要因为政府对欧盟援助计划的财政依赖，鼓励了本国行政管理的分权化。（3）扩大了市场的力量。欧盟政策使希腊政府的权力向市场转移。以往的政府对国内市场严加保护和管制。（4）输入政策理念。在欧盟的谈判中，希腊历届政府都处于弱势地位，在一系列重要的欧盟集体协议中仅起到边缘性影响。因此，希腊是欧盟政策和理念的输入方。（5）核心行政机构的垄断，造成国内执行欧盟政

① Henrik Larsen and Kim B. Olsen, "Europeanization of Greece", The Politics of the European Union—Cental Structures and Processes of the EU, Jean Monnet Programme, Spring 2010.

策的民主赤字。（6）碎片化效应。国内不同利益集团对欧盟影响的反应不一，有的积极，有的排斥。①

　　费瑟斯通还认为，只要自由裁量权（discretion）在希腊政府手上，那么决策仍然有利于核心行政机构的少数行为体。因此，欧盟成员国身份的影响使集权化的希腊行政部门进一步强化与其他国内行为体的关系，比如议会等。②季米特拉科普洛斯（Dionyssis G. Dimitrakopoulos）通过分析议会的结构和目标评价了议会对于欧盟成员国身份挑战的回应。他采用比较分析的方法，将希腊议会与法国和英国的议会进行对比，认为它只是发生了缓慢的、小型的边缘性的增量变化；确切地说，是立足于民族国家的议会的地位，在原来的制度构架下进行调整。在欧盟的压力下，希腊议会的反应是路径依赖式的。③

　　拉维达斯（Kostas A. Lavdas）在《希腊的欧洲化：利益政治和一体化危机》一书中研究了欧共体成员国身份是

① Kevin Featherstone, "Europeanization' and the Centre Periph- ery: The Case of Greece in the 1990s", *South European Society and Politics*, Vol. 3, No. 1, 1998, pp. 23 – 39.

② Kevin Featherstone, "Europeanization' and the Centre Periph- ery: The Case of Greece in the 1990s", *South European Society and Politics*, Vol. 3, No. 1, 1998, pp. 23 – 39.

③ Dionyssis G. Dimitrakopoulos, "Incrementalism and Path De- pendence, European Integration and Institutional Change in National Par- liaments", *Journal of Common Market Studies*, Vol. 39, Issue 3, 2001, pp. 405 – 422.

如何影响像希腊这样的小国。其分析主要聚焦欧共体/欧盟成员国身份对希腊国内利益政治和官僚政治的影响，并从欧盟机构政策对希腊行政管理改革的影响、欧盟对国内利益集团的影响以及私有化进程的影响三个案例展开了实证研究。他认为，国内的制度安排、利益联盟的协调以及其他干预变量会限制欧洲化的影响。而且，当危机来临时，希腊一般会加快欧洲化的进程。[1]

关于希腊的欧洲化，国外学界有两种不同的观点：一种是较为肯定的看法；另一种则是带有批判性的、更接近于否定的观点。前者以艾欧柯米迪斯（Panayotis Ioakimidis）为代表，主要著述为《希腊的欧洲化：一项全面的评估》[2]。其研究结论是，欧洲化进程给希腊带来了远比其他成员国更为普遍的影响。他认为，欧洲化深深地渗入希腊的政治制度，并重新定义了以下四个相互区别但又相互联系的层面：规制、功能、地方治理和制度。这些累积的效应生成了国家和社会的重新平衡关系的动态进程。欧盟成员国的身份显著改变了希腊国家和社会的边界，使国家的范围在缩小、社会的范围在扩大。这个重新平衡的过程使

---

① Kostas A. Lavdas, *The Europeanization of Greece: Interest Politics and the Crises of Integration*, Palgrave Macmillan, 1998.

② Panayotis C. Ioakimidis, "The Europeanization of Greece: An Overall Assessment", *South European Society and Politics*, Vol. 5, No. 2, 2000.

希腊的公民社会更为强大：第一，国家放松了社会机构的控制，强化了后者的自治；第二，扩大了原有的政治机会或者提供了新的可能性，使希腊的利益集团、社会团体和公民参与了民族国家和欧洲层面的决策进程；第三，在欧盟成员国身份的刺激下，通过地方的分权化放松了中央政府对地方的管控；第四，削弱了希腊政党的垄断地位，在国家和社会的关系中，政党作为传统的庇护者的作用在减弱；第五，推动外交政策的"去外部化"（de-external-izing），通过扩大范围和议程，将新的行为体纳入外交政策的形成和执行过程。

艾欧柯米迪斯借用了被广泛应用的莱德里希（Robert Ladrech）的"欧洲化"定义，认为"欧洲化是个渐进化的过程，调整方向、重塑政治，使欧洲共同体的政治和经济动力成为民族国家政治和决策的组织逻辑的一部分"。每个成员国经历的"欧洲化"都是不同的，其结果取决于如下因素：特殊的国家结构、决策模式、政治文化，以及政府和社会的权力平衡，包括国家和次国家单元的权力平衡；除此之外，还取决于成员国对于欧盟的期望等。他将欧洲化分为两种基本类型：（1）"反应式的欧洲化"（re-sponsive Europeanization），即政治行为体没有主观意识将欧盟的逻辑、规范和动力引入本国政治制度。在这种情况下，欧洲化是被动的，是作为欧洲一体化对本国政治制度的渗透性影响的反应。换而言之，欧洲化不是现代化和变革的替代品，未经政治行为体的规划。欧洲化起因于相互作用的渗透，一方是民族国家政治制度、机构和精英；另一方是欧盟制度和欧洲一体化进程。欧洲化既不代表一种可供选择的模式，也没有提供政治、社会和经济变化的合法性来源。"反应式的欧洲化"在某种程度上而言是一种政治进程，并未为政治行为体所拥护，也没有嵌入国内政治和意识形态的主动规划中。（2）"有意的欧洲化"（intended Europeanization）。与"反应式的欧洲化"不同的是，它具有强烈的意愿，由政治行为体有目的地制定计划，并将与欧洲一体化（治理模式）相关的逻辑、动力和组织特性、行为和法规范式移植到本国的政治制度。因为国内行为体有意通过本国的现代化（对其而言，现代化就是"欧洲化"）进行制度转型，结果产生了政治精英有目的的行动，对欧洲模式进行了复制。"欧洲化"也由此成为政治改革的口号。

艾欧柯米迪斯认为，希腊属于后者，它将欧盟作为外部的力量源泉和刺激来促进本国经济、社会和政治的现代化。希腊的政治精英将欧洲一体化的逻辑、规范、行为模式和法规，甚至文化植入本国的政治制度，因为他们将这些元素视为现代化进程中不可或缺的组成部分。更进一步来看，"欧洲化"作为一股强大的力量，重新定义了希腊政府的角色、功能以及权力，改变了政府和社会的权力平衡。政府控制社会和经济的权力缩小了；政党体系也放松了对于政府的管控以及利用庇护人制度来达到选举目标；虽然，缺乏成熟的公民社会一直被西方学界认为是希腊社会的一个根本缺陷，但通过削弱政府过于集中的权力，"欧洲化"进程实际上成为协助希腊发展公民社会的强大因素。

他也注意到，要理解希腊对于欧盟的立场以及评估欧洲化的进程，需要探究希腊国家和社会形态的特殊性。希腊最显著的特征是国家机器庞大、权力过于集中，政府在社会的各个领域占据支配地位。具体而言，表现在以下三个方面：（1）公共部门机构臃肿、冗员；（2）公共开支占国民生产总值（GNP）的比例畸高；（3）政府具有广泛的管制作用，尤其在经济活动中。而对希腊来说，欧盟成员国身份对于国家经济角色的影响主要体现在两个方面：第一，降低了政府在经济活动中的作用以及缩减了庞大的国有经济规模；第二，改变了希腊经济的管理模式，从被政府严格管制到逐步与欧盟的管理模式趋同。

在政府权能和功能角色方面，他认为，希腊的案例证明，成员国不仅是向欧盟转移和让渡权能，欧盟也向个别成员国转移权能，如通过政府间会议、条约的签署，在一些政策领域建立新的权能。其典型的例子是环境政策。在欧盟的推进下，希腊政府开发了六项新的政策功能，如结构政策、职业培训、环境保护、研究和技术政策、消费者保护政策和跨境合作政策。在入盟之前，希腊政府在上述政策领域中几乎没有一致的行动，所以也谈不上有"政策"。如果没有欧盟的推动，希腊政府在这些领域不会形成连贯的政策。因此，希腊加入欧洲一体化也是政策权能从欧盟向成员国流动的过程。在环境政策等领域，成员国政府被迫承担新的功能和责任，制定相关政策。

在入盟前，希腊的政府权力高度集中。但欧洲化对希腊的地方分权化产生了重要影响。艾欧柯米迪斯认为，欧盟成员国身份促使希腊扩大了地方的政治权力、政治活动和资源。欧盟在这个领域主要运用了凝聚和结构政策（cohesion and structural policy）工具。

虽然不少研究认为，欧盟成员国身份增加了本国行政机构和官僚部门权力，削弱了议会地位、国内立法，挑战了国内政治的民主基础。甚至因为欧洲一体化的加速，出现了"去议会化"现象。但希腊的案例说明，欧洲化进程和欧盟成员国身份通过引入新的社会和政治行为体在强化民主机构权力和扩大民主范围上扮演了决定性的角色。类似地，欧洲化进程产生了新的制度结构、民主表达的机构和渠道。希腊的政治精英急于通过从欧洲输入制度、法规和理念来支持本国的现代化，这也是他们的"有意的欧洲化"的一部分。

有意思的是，同样是基于希腊固有的国家特性的分析，比如政府权力集中、公共机构臃肿、行政管理低效、庇护主义盛行等，费瑟斯通和帕帕季米特里乌却认为，这些恰恰是阻碍希腊欧洲化的重要因素，两位作者对希腊的欧洲化甚至持消极的看法①。为什么这个国家会抵制全盘欧洲化？费瑟斯通和帕帕季米特里乌的专著《欧洲化的局限性》主要尝试回答这个核心问题。该书前三章致力于构建"欧洲化"的理论和方法论框架。作者认为，欧洲化解释了希腊改革面临的欧盟的外在压力，而资本主义经济模式（希腊属于混合型的市场经济模式，又称之为"地中海模式"）阐释了希腊国内制度结构的特殊性。作为成员国，希腊对于欧盟的承诺形成了国内改革的议程，包括政策内容和优先日程，但这并不能保证这些改革的实现。政府内部的冲突和利益竞争以及制度模式的缺陷削弱了改革的力度，也导致了欧洲化的不足。《欧洲化的局限性》一书选择了三个案例：一是养老金制度，这是凸显希腊改革能力低下的极端的案例；二是劳动力市场改革；三是奥林匹克航空公司的重组。通过这三个案例可以评估欧盟在刺激成员国社会模式调整、劳动力机制和国有企业改革上的能力的高低。

----

① 塞波斯（Angelos Sepos）在对费瑟斯通和帕帕季米特里乌合作的专著《欧洲化的局限性》的书评中也强调了这一点，参见 Angelos Sepos，"Reviews：The Limits of Europeanization：Reform Capacity and Policy Conflict in Greece"，*Public Administration*，Vol. 88，No. 1，2010，pp. 267 – 269。

　　作者在结论中指出，欧盟在刺激成员国国内经济和社会改革上存在愿望和能力之间的差距；希腊政府的改革能力较低，尤其是在将欧盟的刺激转化为国内的改革和政策变化时存在很多障碍，其中大多来自国内关键行为体基于自身所处的政治和经济地位（特权）的阻挠，加上非合作型的政治文化，阻挠了欧盟力推的自由化改革。克服欧洲化的局限性是未来几十年中欧盟和成员国（希腊）议程上至关重要的一部分。

　　《欧洲化的局限性》一书更深层的讨论目的是希望借助希腊的案例来探测欧盟治理的边界到底在哪里？欧盟通过什么样的方式才能在指导和塑造成员国政策上充分发挥效力？欧洲化的局限性表现在哪些方面？但由于该书将研究阶段限定为 1996—2007 年，主要揭示希腊在推行"里斯本战略"上展现的欧洲化的有限性，故未能对希腊整个欧洲化历史进行概述，并在此基础上做出全面评估。因此，它的判断仅适用于某些历史阶段和某些政策领域。但是相比于艾欧柯米迪斯的研究，费瑟斯顿等人的分析鞭辟入里，也更具批判性。他们的结论对于解读 2009 年希腊主权债务危机的原因以及与欧盟之间的互动关系不无重要的启示。

第三节　欧洲一体化对希腊的多重影响

　　对于希腊而言，加入欧洲一体化意味着开启了一个

"欧洲时代"。①　为了从独裁政权转向民主政体，同时推动经济发展，保障地缘安全，应对邻国的威胁，希腊于1975年6月12日再次递交了加入欧共体的申请，1979年5月完成谈判，1981年顺利加入欧共体。②　这是希腊当代史上最为重要的事件，对其国内政治、社会经济结构乃至对外关系、国际地位产生了深远的影响。自此之后，欧共体（欧盟）成为影响希腊发展的最重要的外部行为体。首先，加入欧盟促进了希腊民主的转型与巩固。可以说，希腊加入欧洲的一体化与其民主化进程是相互交织、互为支撑的。欧盟成员国的身份为希腊提供了稳定的外部环境，使其在第三波民主化浪潮中实现的民主转型得以稳固下来，并经受住历次重大危机包括主权债务危机的考验。

其次，欧共体（欧盟）为希腊设置了"欧洲化"的议程，通过改变国内的制度和政策进一步融入欧洲。例如，《单一欧洲法令》促使希腊取消了民族国家的关税和贸易壁垒，实现了统一市场与开放竞争；共同农业政策改变了希腊的产业结构，提高了农民的收入；结构基金和凝聚基金推动了希腊的权力下放，促进了地区的平衡发展；欧元

---

①　［英］罗德里克·比顿：《希腊三百年》，姜智芹、王佳存译，中信出版社2021年版。

②　"40 Years of Greece's Membership to the EU", https：// www. greeknewsagenda. gr/topics/politics-polity/7410-40-years-of-greece% E2%80%99s-membership-to-the-eu.

的使用，更是为希腊提供了稳定的宏观经济环境，并以良好的信誉担保其吸纳国际市场的资金，以实现经济增长和保障就业；而共同外交与安全政策的发展使希腊的对外关系以欧盟立场为基石，缓和了与土耳其的紧张关系，并提升了希腊在巴尔干地区的国际地位。从效果来看，欧洲化对希腊政策的影响最为显著，政治次之，对政体的作用相对而言并不明显；具体到经济（货币）政策、养老金政策和外交政策这三个政策领域，分别获得了转型、容纳和吸收的欧洲化效果。

为什么在不同的政策领域，欧洲化的水平参差不一？其主要原因是，欧盟层面上经济、社会和外交政策领域的发展以及治理的方式，与希腊国家层面发生的"不吻合"后产生的调适性压力不同。从实证研究来看，欧盟与成员国之间的不吻合度越高，其调适性变化压力就越大；欧盟在该政策领域的权能越大，则成员国欧洲化的程度就越高。具体到希腊，其货币政策的变化受到马约趋同标准的硬法约束，养老金政策的改革受到开放式协调的软法约束，而外交政策来自于政府间合作机制的协调，约束力最弱；相对应的，希腊在这三个政策领域分别获得了高度、中度和低度的欧洲化效应。

但是，即使来自欧盟的压力相同，这种外部约束力需要经过成员国制度环境（干预变量）的过滤后才能导致国内的变化，因此，欧洲化在不同成员国呈现的效果也并不相同。希腊作为欧盟的边缘小国（入盟之前）和发展型国家，无论是经济水平还是制度模式与当时的成员国相比，与欧共体标准存在相当大的距离。希腊的欧洲化实质上就是向欧盟标准趋同、追赶欧盟发达国家的过程。而且由于希腊恢复民主政体的时间较短、庇护主义政治文化根深蒂固，其欧洲化遭遇的干预变量影响更大。这主要是其不成熟的民主政治制度、不发达的市场经济体制以及"失序的社团主义"模式造成的。上述特性在不同的政策领域形成了欧洲化大小不等的干预变量，导致希腊欧洲化上的诸多局限。

进一步而言，在欧洲化的案例分析中，成员国意愿和能力的差距也是需要观察的一个重要角度。希腊作为外围和不发达的欧洲小国，将欧盟作为外在的压力来推动本国的经济、社会和政治的现代化，也就是主动欧洲化的意愿比较强。国内的政治精英也试图将欧盟的制度逻辑、规范、行为方式和规制，乃至于文化移植到本国的政治体系。他们认为这些要素是现代化进程不可或缺的组成部分。[1] 在货币政策、养老金政策和外交政策三个领域，国内核心行为体比如政府从欧盟自上而下的调适性压力中看到了对自己有利的政治机会，因而通过接受欧盟的授权来

---

① Panayotis C. Ioakimidis, "The Europeanization of Greece: An Overall Assessment", *South European Society and Politics*, Vol. 5, No. 2, 2000, p. 74.

对政策进行改变。① 但从能力角度来看，希腊政府权力过大但管理效率低、治理能力差，两者的反差导致其在转换欧盟法令、执行欧盟政策上的效力很弱。不少学者也认为，希腊政府治理能力低下是其在欧盟压力下进行政策改革的主要障碍。

此外，从希腊欧洲化的实证分析来看，欧洲化是一个动态发展的过程，其效应并非永久和不可逆的。具体到希腊的政策领域，欧洲化的影响有时是外围的、增量的变化，有时又体现为结构性的变动，因此，总体上是不均衡的。这和我们对希腊入盟历史考察得到的结果是一致的。也就是说，希腊加入欧洲一体化并非是线性发展的过程，希腊与欧盟的关系有起有落、时疏时密。但总体而言，经过四十年的互动发展，希腊与欧盟的关系彼此交织、相互渗透，是"你中有我、我中有你"的密切关系。

1981 年，帕潘德里欧上台后，在希腊建立了第一个社会主义政府。其最初的立场是反西方和反欧洲化。在泛希社运党第一个任期，希腊对欧共体态度消极，对其政策要求基本上是置若罔闻，使其无法真正融入欧洲一体化。在对外关系上，希腊也采取了与其他成员国不一致的立场，被认为是欧共体中"不合群"的尴尬伙伴。从 1985 年开

---

① Tanja A. Borzel, "Pace-Settting, Foot-Dragging, and Fence-Sitting: Member State Responses to Europeanization", *Journal of Common Market Studies*, Vol. 40, No. 2, 2002, p. 203.

始的第二个任期，泛希社运党政府意识到了加入欧共体的益处后，迅速改变了对欧洲一体化的态度。首先是共同农业政策对希腊进行了大量补贴，使农民收入大幅提高；其次是欧共体通过结构基金等政策工具向希腊进行了大量的转移支付，直接推动了 GDP 的显著增长，有分析表明，通过结构基金和共同农业政策等转移支付使希腊每年增加 4%—5% 的 GDP；[①] 因此，泛希社运党迅速软化反欧立场，积极融入欧洲一体化，包括主动加入欧洲政治合作。

20 世纪 90 年代初期，欧共体正式启动经济货币联盟的筹建。为了避免在一体化进程中被边缘化，无论在任的新民主党政府还是后任的泛希社运党政府都致力于使希腊经济向货币联盟的标准趋同。1996 年，亲欧的西米蒂斯接任总理后，希腊向趋同标准靠拢的经济调整开始提速。希腊和欧盟的关系进入一个新的活跃期，欧盟层面对希腊政策的影响更为显著。西米蒂斯时期的欧洲化与现代化改革不仅使希腊成功加入欧元区，而且将希腊与欧盟的稳定关系带入 21 世纪。

2009 年，希腊爆发债务危机后，接受了欧盟等"三驾马车"提供的总额为 3260 亿欧元、为期 8 年的三轮救助计划。因为救助条件苛刻，导致希腊与欧盟的关系再度紧张。希腊作为欧洲一体化的成功案例变为失败的故事。但经过几十年的一体化发展，双方的关系已变得"难分难

---

① Achilleas Mitsos and Elias Mossialos, eds., *Contemporary Greece and Europe*, Ashgate Publishing Ltd., 2000, p. 42.

舍"。即使希腊作为小国，经济总量仅占欧盟的 2%，但如果让希腊退出欧元区，其引起的连锁反应将危及欧元货币体系的稳定，欧洲一体化的事业必将遭受重大打击。而对于希腊来说，退出欧元区和欧盟将使其遭受国家破产的命运，最终的选择只能是"迎难而上"。希腊危机演变为欧洲主权债务危机后，固然使欧元经受了面世以来最大的考验，但最终促使欧盟化危机为良机，通过建立"欧洲稳定机制"弥补制度缺陷，深化经济治理，进而推动欧洲经济模式向可持续方向发展。同样，危机也成为希腊经济与社会模式调整的一个转折点。欧盟主导的三轮救助方案制定了希腊的经济调整计划，其短期目标是稳固财政，恢复市场对希腊的信心；从中长期来看，则是要改变希腊经济结构的弱点，提高竞争力，推动其改变以消费为主导、以过度财政赤字换取经济增长的方式，向投资和出口为导向的经济模式发展。希腊非但没有退出欧盟，而是以更为紧密的方式绑定在欧盟的战车上，与欧洲"同呼吸共命运"。

最后，欧洲一体化为希腊解决了"身份认同"的难题。虽然希腊是欧洲文明的发源地，但自 19 世纪 30 年代初独立建国以来，其身份认同一直在西方和东方之间徘徊。直到加入欧共体（欧盟）后，才确定了西方的身份和欧洲国家的定位。这对于希腊而言，意义重大。希腊位于巴尔干半岛最南端，处于连接欧、亚、非三大洲的十字路口，地缘政治位置十分重要。建立独立的民族国家后，因国力羸弱，一百多年来一直是大国势力干预的对象，在经济上被视为外围的"依附"国家，在外交上也难以独立自主，始终在外部大国的干涉中为自己争取狭小的战略空间。第二次世界大战结束后，美国替代英国成为希腊的保护国。但塞浦路斯危机发生后，美国因为袒护上校军团独裁政权和容忍土耳其的侵略遭到希腊的反感和怨恨。相较之下，欧共体（欧盟）作为替代美国的维护国家核心利益和地区安全的框架，具有更多的优势。例如，更加相似的意识形态，更为包容也更合乎道德的外交政策，更能把希腊当成合作伙伴，而不是像美国一样把自己当成冷战防御体系的"卫星"。更重要的是它解决了希腊的国家认同问题。如果说，将现在与过去连接是自我认同获得合法性的来源，那么从奥斯曼帝国独立出来的希腊选择欧盟，就是一种回归，是再次回到欧洲大家庭的怀抱。①

　　欧洲一体化，对于希腊而言，拥有多重含义：既是1974年后希腊巩固新民主政体的战略利益，也是与老对手土耳其博弈时的砝码和手段；既是经济援助与转移支付的来源，又是应对全球化挑战的方案，同时还是希腊政治、经济和社会现代化的催化剂。它塑造了希腊"现代化"或自由化改革的议程并通过欧洲化的方式使其合法化。

　　与此同时，我们也要看到，希腊对于欧洲一体化的支

---

　　① Kevin Featherstone ed. , *Europe in Modern Greek History*, C. Hurst & Co. （Publishers） Ltd. , 2014,"Introduction".

持，主要是基于国家和民族利益的考量，而非出于建构超国家或者说后民族国家时代的欧洲认同的需要。这是由希腊的历史、文化和政治特质决定的。最初主动申请加入欧共体，是为了给本国恢复民主政体创造一个稳定的政治环境；20 世纪 80 年代初期拒绝融入欧洲，是为了推行独立的外交政策，争取阿拉伯世界和苏联的支持，实现自己的国家利益；20 世纪 80 年代中期后逐渐转向积极的欧洲一体化立场，是为了从欧共体中获得大量的补贴和援助；20 世纪 90 年代进入活跃的欧洲化时期，是为了借助欧盟完成现代化改革，并进入欧盟的核心圈；甚至 2009 年主权债务危机的爆发，"让希腊退欧"的呼声四起，也未能使希腊做出离开欧盟的决定，这也是因为服从于国家和民族的利益。经过 40 多年欧洲一体化的历程，希腊深知只有在欧盟的组织框架下，才能实现国家利益的最大化，包括政治民主、经济繁荣、社会福利的发展，最终使希腊人民拥有欧盟发达国家的生活水平。

2021 年年初，希腊议会、外交部和欧盟委员会驻希腊代表处等举行了庆祝希腊入盟 40 周年的活动。政府代表再次强调希腊加入欧盟的重要性，重申其成员国身份促进了国家的现代化、改善了基础设施、巩固了经济增长、加快了社会进步；希腊的政治稳定、和平、民主与繁荣得益于欧洲一体化。尽管债务危机爆发后，国内出现"疑欧"的声音，但希腊人民始终支持欧盟成员国的身份，要求欧洲议会发挥更大作用、让欧盟展示更多的团结。2021 年的"欧洲晴雨表"显示，有56%的希腊受访者认为，拥有欧盟成员国身份是好事；有65%的受访者认为，希腊的发展受益于欧洲一体化。①

① "40 Years of Greece's Membership to the EU", https：//www. greeknewsagenda. gr/topics/politics-polity/7410-40-years-of-greece%E2%80%99s-membership-to-the-eu.

参考文献

中文专著

刘文秀：《欧洲联盟政策及政策过程研究》，法律出版社
    2003 年版。

宋晓敏编著：《列国志：希腊》，社会科学文献出版社
    2008 年版。

田德文：《欧盟社会政策与欧洲一体化》，社会科学文献出
    版社 2005 年版。

王鹤：《欧洲经济货币联盟》，社会科学文献出版社 2002
    年版。

吴弦：《欧洲经济圈：形成、发展与前景》，当代世界出版
    社 2001 年版。

周弘主编：《认识变化中的欧洲》，社会科学文献出版社
    2013 年版。

《欧洲联盟基础条约——经里斯本条约修订》，程卫东、李
    靖堃译，社会科学文献出版社 2010 年版。

〔德〕贝娅特·科勒·科赫等：《欧洲一体化与欧盟治理》，顾俊礼等译，中国社会科学出版社 2004 年版。

〔美〕塞缪尔·P. 亨廷顿：《第三波20 世纪后期的民主化浪潮》，欧阳景根译，中国人民大学出版社 2013 年版。

〔英〕彼得·A·霍尔等：《资本主义的多样性：比较优势的制度基础》，王新荣译，中国人民大学出版社 2018 年版。

〔英〕罗德里克·比顿：《希腊三百年》，姜智芹、王佳存译，中信出版社 2021 年版。

中文论文

陈尧：《庇护关系：一种政治交换的模式》，《上海交通大学学报》（哲学社会科学版）2012 年第 4 期。

房乐宪：《欧洲一体化的理性选择制度主义分析》，《教学与研究》2012 年第 4 期。

房乐宪：《欧盟共同外交与安全政策的性质及其运作局限性》，《现代国际关系》2000 年第 3 期。

金玲：《〈里斯本条约〉与欧盟共同外交与安全政策》，《欧洲研究》2008 年第 2 期。

李明明：《"欧洲化"概念探析》，《欧洲研究》2008 年第 3 期。

梁晓君：《英国政治的欧洲化：以欧洲政策制定为例》，《北京行政学院学报》2008 年第 3 期。

林梅：《希腊社会党政府对外政策的独立倾向》，《国际问题研究》1984 年第 2 期。

罗志刚：《欧洲政治合作的特点及评价》，《武汉大学学报》（社会科学版）2007 年第 60 卷第 2 期。

田野：《国际制度研究：从旧制度主义到新制度主义》，《教学与研究》2005 年第 3 期。

田野：《国际制度对国内政治的影响机制——来自理性选择制度主义的解释》，《世界经济与政治》2011 年第 1 期。

宋新宁：《欧洲一体化理论：在实践中丰富与发展》，《中国人民大学学报》2014 年第 6 期。

檀柯：《希腊社会政策和"欧洲化"政治》，《大学教育》2013 年第 1 期。

田春生：《美、德、日三种经济模式的调整与改革——从国家与市场力量变化的角度观察其走向》，《世界经济》1997 年第 12 期。

申建林：《西方社团主义的利益调整模式》，《国外理论动态》2010 年第 2 期。

童建挺：《德国联邦制的"欧洲化"——欧洲一体化对德国联邦制的影响》，《欧洲研究》2009 年第 6 期。

王礼鑫：《论比较政治制度研究中否决者理论的局限》，《复旦学报》（社会科学版）2015 年第 4 期。

吴弦：《从"共同贸易政策"看"欧洲模式"——谈谈一

体化中的"欧洲化"取向及其法律保障体系》,《欧洲研究》2008 年第 1 期。

吴志成、王霞:《欧洲化:研究背景、界定及其与欧洲一体化的关系》,《教学与研究》2007 年第 6 期。

吴志成、王霞:《欧洲化及其对成员国政治的影响》,《欧洲研究》2007 年第 4 期。

张福昌:《欧洲政治一体化的发展与前瞻》,《欧洲研究》2012 年第 3 期。

〔德〕贝娅特·科勒 - 科赫、贝特霍尔德·里滕伯格:《欧盟研究中的"治理转向"》,《欧洲研究》2007 年第 5 期。

〔德〕赖纳·艾辛:《欧洲化和一体化:欧盟研究中的概念》,《南开学报》(哲学社会科学版)2009 年第 3 期。

〔美〕薇薇·安·施密特:《欧盟及其成员国:从自下而上到自上而下》,《南开学报》(哲学社会科学版)2010 年第 5 期。

外文资料

Anderson, Karen M. , *Social Policy in the European Union*, Palgrave, 2015.

Bretherton, Charlotte and Michael L. Mannin eds. , *The Europeanization of European Politics*, Palgrave Macmillan, 2013.

Bache, Ian and Andrew Jordan eds. , *The Europeanization of*

British Politics, Palgrave Macmillan, 2006.

Bryant, Ralph C. , Nicholas C. Garganas and George S. Tavlas eds. , *Greece's Economic Performance and Prospects*, Bank of Greece, The Brookings Institution Athens Washington, D. C. , 2001.

Carabott, Philip ed. , *Greece and Europe in the Modern Period*: *Aspects of a Troubled Relationship*, Centre for Hellenic Studies, 1995.

Cini, Michelle and Nieves Perez-Solorzano Borragan, *European Union Politics* (Fifth Edition), Oxford University Press, 2016.

Cowles, Maria Green, James Caporaso and Thomas Risse eds. , *Transforming Europe*: *Europeanization and Domestic Change*, Cornell University Press, 2001.

Dimitrakopoulos, Dionyssis G. and Argyris G. Passas eds. , *Greece in the European Union*, Routledge, 2004.

Dimitrakopoulos, Dionyssis G. ed. , *Social Democracy and European Integration*: *The Politics of Preference Formation*, Routledge, 2011.

Falkner, Gerda, Oliver Treib and Miriam Hartlapp, *Complying with Europe*: *EU Harmonisation and Soft Law in the Member States*, Cambridge University Press, 2005.

Featherstone, Kevin and Geōrgios A. Kazamias eds. , *Europe-*

anization and the Southern Periphery, Frank Cass, 2001.

Featherstone, Kevin and Claudio M. Radaelli eds. , *The Politics of Europeanization*, Oxford University Press, 2003.

Featherstone, Kevin ed. , *Politics and Policy in Greece: The Challenge of "Modernisation"*, Routledge, 2006.

Featherstone, Kevin and Dimitris Papadimitriou, *The Limits of Europeanization Reform Capacity and Policy Conflict in Greece*, Palgrave Macmillan, 2008.

Featherstone, Kevin and Dimitris Papadimitriou, *Prime Ministers in Greece: The Paradox of Power*, Oxford University Press, 2015.

Graziano, Paolo and Maarten P. Vink eds. , *Europeanization: New Research Agendas*, London and New York: Palgrave Macmillan, 2007.

Kalaitzidis, Akis, *Europe's Greece: A Giant in the Making*, Palgrave Macmillan, 2010.

Koliopoulos, John S. and Thanos M. Veremis, *Modern Greece: A History Since 1821*, Wiley-Blackwell, 2010.

Kvist, Jon and Juho Saari eds. , *The Europeanization of Social Protection*, Bristol: Policy Press, 2007.

Ladrech, R. , *Europeanization and National Politics*, Basingstoke: Palgrave Macmillan, 2010.

Lavdas, Kostas A. , *The Europeanization of Greece: Interest Poli-*

tics and the Crises of Integration, Palgrave Macmillan, 1998.

Liargovas, Panagiotis ed. , *Greece: Economics, Political and Social Issues*, Nova Science Publishers, 2011.

Lynggaard, Kennet, Ian Manners and K. Löfgren eds. , *Research Methods in European Union Studies*, Palgrave Macmillan, 2015.

Manners, Ian and Richard Whitman, *The Foreign Policies of European Union Member States*, Manchester University Press, 2000.

Mitsos, Achilleas and Elias Mossialos eds. , *Contemporary Greece and Europe*, Ashgate Publishing Ltd. , 2000.

Psomiades, Harry J. and Stavros B. Thomadakis eds. , *Greece, The New Europe, and the Changing International Order*, PELLA, 1993.

Sklias, Pantelis and Nikolaos Tzifakis eds. , *Greece's Horizons: Reflecting on the Country's Assets and Capabilities*, Springer-Verlag Berlin Heidelberg, 2013.

Vamvakas, Nancy A. , *Europeanizing Greece: The Effects of Ten Years of EU Structural Funds, 1989 – 1999*, University of Toronto Press, 2012.

Wong, Reuben and Christopher Hill eds. , *National and European Foreign Policy: Towards Europeanization*, Routledge, 2011.

Andreou, George, "EU Cohesion Policy in Greece: Patterns of

Governance and Europeanization", *South European Society & Politics*, Vol. 11, No. 2, 2006.

Bache, Ian and Adam Marshall, "Europeanisation and Domestic Change: A Governance Approach to Institutional Adaptation in Britain", Queen's Papers on Europeanisation, No. 5, 2004.

Blavoukos, Spyros and George Pagoulatos, "When EU Policy Programs Met Mixed Market Economies: Fiscal Consolidation and Structural Convergence Revisited", Paper Prepared for the ECPR Fifth Pan-European Conference on EU Politics, Porto 24 – 26 June 2010.

Bourantonis, Dimitris, Sarantis Kalyvitis and Constantine Tsoutsoplides, "The European Union and Greece: Political Acceptability and Financial Transfers", *Politics*, Vol. 18, No. 2, 1998.

Börzel, T., "Towards Convergence in Europe? Institutional Adaptation to Europeanization in Germany and Spain", *Journal of Common Market Studies*, Vol. 39, No. 4, 1999.

Borzel, Tanja A., "Pace-Settting, Foot-Dragging, and Fence-Sitting: Member State Responses to Europeanization", *Journal of Common Market Studies*, Vol. 40, No. 2, 2002.

Börzel, Tanja A., "How the European Union Interacts with its Member States", Political Science Series 93, Institute for

Advanced Studies, Vienna, November 2003.

Chardas, Anastassios, "How the EU Affects Domestic Institu-
tional Capacities: The Europeanisation of Greece's Adminis-
trative System in the context of the EU's Regional Policy",
European Policies Research Centre, No. 79, May 2011.

Dimitrakopoulos, Dionyssis G. , " Incrementalism and Path
Dependence, European Integration and Institutional Change
in National Parliaments", *Journal of Common Market Stud-
ies*, Vol. 39, Issue 3, 2001.

" EMU and Greec ", European Parliament, PE166. 453/
rev. 1, 28 April 1998.

Featherstone, Kevin, "Europeanization' and the Centre Pe-
riphery: The Case of Greece in the 1990s", *South European
Society and Politics*, Vol. 3, No. 1, 1998.

Featherstone, Kevin, "The Political Dynamics of the Vincolo
Esterno: the Emergence of EMU and the Challenge to the Eu-
ropean Social Model", Queen's Papers on Europeanisation,
No. 6, 2001.

Featherstone, Kevin and Georgios Kazamias and Dimitris Pa-
padimitriou, "The Limits of External Empowerment: EMU,
Technocracy and Reform of the Greek Pension System", *Po-
litical Studies*, Vol. 49, 2001.

Fetherstone, Kevin, "Greece and EMU: Between External Empowerment and Domestic Vulnerability", *Journal of Common Market Studies*, Vol. 41, No. 5, 2003.

Featherstone, Kevin, " ' Soft ' Co-ordination Meets ' Hard ' Politics: The European Union and Pension Reform in Greece", *Journal of European Public Policy*, Vol. 12, No. 4, 2005.

Featherstone, Kevin, " ' Varieties of Capitalism ' and the Greek Case: Explaining the Constraints on Domestic Reform?", GreeSE Paper, No. 11, Hellenic Observatory Papers on Greece and Southeast Europe, February 2008.

Hellenic Republic Ministry of National Economy and Finance, "The 1998 Update of The Hellenic Covergence Programme: 1998 – 2001", June 1998.

Herz, Bernhard and Angelos Kotios, "Coming Home to Europe: Greece and the Euro", INTERECONOMICS, July/August 2000.

Hix, Simon and Klaus Goetz, "Introduction: European Integration and National Political Systems", *West European Politics*, Vol. 23, Issue 4, 2000.

Ioakimidis, Panayotis C. , "The Europeanization of Greece: An Overall Assessment", *South European Society and Politics*, Vol. 5, No. 2, 2000.

Kazakos, Panos, "The ' Europeanization ' of Public Policy:

The Impact of European Integration on Greek Environmental Policy", *European Integration*, Vol. 21, 1999.

Ladi, Stella, "Europeanization and Policy Transfer: A Comparative Study of Policy Change in Greece and Cyprus", Paper presented at 57th Political Studies Association Annual Conference "Europe and Global Politics", 11 – 13 April 2007, Bath, UK.

Ladrech, Robert, "Europeanization of Domestic Politics and Institutions: The Case of France", *Journal of Common Market Studies*, Vol. 32, Issue 1, 1994.

Lefkofridi, Zoe, "National Political Parties and EU Policy Developments: The Case of Greece Prior to the Crisis", *Journal of Modern Greek Studies*, Vol. 32, No. 2, 2014.

Lyrintzis, Christos, "The Changing Party System: Stable Democracy, Contested 'Modernisation'", *West European Politics*, Vol. 28, Issue 2, 2005.

Matsaganis, Manos, "The Greek Crisis: Social Impact and Policy Responses", The Friedrich-Ebert-Stiftung (FES), November 2013.

Papageorgiou, Ioannis, "The Europeanization of Immigration and Asylum in Greece (1990 – 2012)", *International Journal of Sociology*, Vol. 43, No. 3, 2013.

Pollis, Adamantia, "Greek National Identity: Religious Minorities, Rights, and European Norms", *Journal of Modern Greek Studies*, Vol. 10, No. 2, 1992.

Spanou, Calliope, "European Integration in Administrative Terms: A Framework for Analysis and the Greek Case", *Journal of European Public Policy*, Vol. 5, Issue 3, 1998.

Sepos, Angelos, "Reviews: The Limits of Europeanization: Reform Capacity and Policy Conflict in Greece", *Public Administration*, Vol. 88, No. 1, 2010.

Sotiropoulos, Dimitri A., "The EU's Impact on the Greek Welfare State: Europeanization on Paper?", *Journal of European Social Policy*, Vol. 14, 2004.

Trantidis, Aris, "Reforms and Collective Action in a Clientelist System: Greece during the Mitsotakis Administration (1990 – 93)", *South European Society and Politics*, Vol. 19, No. 2, 2014.

Oikonomou, Giorgos, "Europeanization Pressures and Administrative Reforms in Greece: Europe's Influence on Subnational Institutions", The 4th Euroacademia Global Conference 'Europe Inside-Out: Europe and Europeaness Exposed to Plural Observers', 23 – 24 May 2014, Athens, Greece.

Olsen, Johan P., "The Many Faces of Europeanization", *Journal of Common Market Studies*, Vol. 40, No. 5, 2002.

Pagoulatos, George, "Economic Adjustment and Financial Reform: Greece's Europeanization and the Emergence of a Sta-bilization State", *South European Society and Politics*, Vol. 5, No. 2, 2000.

Papaspyrou, Theodoros S. "Economic Policy in EMU: Com-munity Framework and National Strategies: Focus on Greece", GreeSE Paper No4, Hellenic Observatory Papers on Greece and Southeast Europe, July 2007, pp. 27 – 28.

Psomiades, Harry J. and Stavros B. Thomadakis eds. , *Greece, The New Europe, And The Changing International Order*, PELLA, 1993, pp. 142 – 143.

Smith, Michael E. , "Conforming to Europe: The Domestic Impact of EU Foreign Policy Co-operation", *Journal of European Public Policy*, Vol. 7, No. 4, 2000.

Trantidis, Aris, " Reforms and Collective Action in a Clien-telist System: Greece during the Mitsotakis Administration (1990 – 93)", *South European Society and Politics*, Vol. 19, No. 2, 2014.

Tsekos, Theodore N. , "Structural, Functional and Cultural Aspects of the Greek Public Administraion and Their Effects On Public Employees' Collective Action", Paper Prepared for the North American ISLSSL & International Association of Labor Law Journals' Workshop on Public Sector Collective Bargaining and the Distortion of Democracy: Do Public Sector Unions Have "Too Much" Power? Philadelphia, July 2, 2012.

Tsinisizelis, Michael, "Greece in the European Union: A Political / Institutional Balance Sheet", in Anthony J. Bacaloumis ed., *About Greece*, Koryfi Publications S. A., 2004.

Valinakis, Yannis, "Greece's European Policy Making", GreeSE Paper, No. 63, 2012.

网络资料

王鹤:《欧洲经济货币联盟建设经历了几个发展阶段?》, http://ies. cass. cn/Article/yjsjy/kyfd/200911/1861. asp。

《欧盟财政与货币政策协调机制》, http://www. mof. gov. cn/ mofhome/guojisi/pindaoliebiao /cjgj/201406 /t20140619 _ 1101454. html。

Angelaki, Marina, "A Leopard Never Changes Its Spots: Explaining Greek Pension Reform", http://www. lse. ac. uk/europeanInstitute/research/hellenicObservatory/pdf/3rd _ Symposium/PAPERS/ANGELAKI_ MARINA. pdf.

Castles, Francis G., "The Growth of the Post-war Public Expenditure State: Long-term Trajectories and Recent Trends", TranState Working Papers, No. 35, 2006, http://hdl. handle. net/10419/24948.

Davanellos, Antonis, "Greece: Social Democracy near collapse", International Socialist Review, May-June 2002, http: //www. thirdworldtraveler. com/Europe/Greece _ Soc-Demo_ Collapse. html.

"FBOs and Social Exclusion in European Cities (FACIT): Greece, Portugal, and France Country Report", https: // www. academia. edu/2280224/FBOs_ and_ Social_ Exclu-sion_ in_ European_ Cities_ FACIT_ . _ Greece_ Portu-gal_ and_ France_ Country_ Report. _ With_ Jacques_ Barou_ Andres_ Walliser_ and_ Sara_ Villanueva.

Gemenis, Kostas and Zoe Lefkofridiy, "The Europeanization of Greece: A Critical Assessment", "Greece' s Course in the EU ", http: //www. mfa. gr/en/foreign-policy/greece-in-the-eu/greeces-course-in-the-eu. html.

"Greece Holds One of the Highest Aging Rates in Europe", Greek Reporter, http: //greece. greekreporter. com/2014/03/ 12/greece-holds-one-of-the-highest-aging-rates-in-europe/.

Gupta, Anjan, " Greek Pension Reforms: The Struggle to Build a Sustainable Bridge to Retirement", https: //martin-dale. cc. lehigh. edu/sites/martindale. cc. lehigh. edu/files/ Pension. pdf.

Karamouzi, Eirini, "The Argument that Greece Was Granted EEC Accession Prematurely Ignores the Historical Context in which the Decision Was Made", http: //blogs. lse. ac. uk/

europpblog/2014/11/25/the-argument-that-greece-was-gran-
ted-eec-accession-prematurely-ignores-the-historical-context-
in-which-the-decision-was-made/.

Ladi, Stella, "Europeanization and Policy Transfer: A Compara-
tive Study of Policy Change in Greece and Cyprus", http://
www. gpsg. org. uk/wp-content/uploads/2014/06/2007-P1-La-
di. pdf.

Larsen, Henrik and Kim B. Olsen, "Europeanization of
Greece", "The Politics of the European Union-Cental Struc-
turesand Processes of the EU", Jean Monnet Programme,
Spring 2010, ms/past _ papers/Europeanization _ of _
Greece. pdf/.

Major, Claudia and Karolina Pomorska, "Europeanisation:
Framework or Fashion?", CFSP Forum, Vol. 3, Issue 5,
September 2005, http://www. lse. ac. uk/internationalRela-
tions/centresandunits/EFPU/EFPUpdfs/CFSPForum3-5. pdf.

"OECD Factbook 2011: Economic, Environmental and Social
Statistics", OECD, 2011; "Pension Schemes and Pension
Projections in the EU-27 Member States— 2008 – 2060
(Volume I — Report)", European Commission, Economic
Policy Committee (AWG) and Directorate-General for Eco-
nomic and Financial Affairs, 2009, http://www. ilo. org/
dyn/normlex/en/f? p = NORMLEXPUB: 13100: 0::

NO：：P13100_ COMMENT_ ID：2699205.

"Reinventing Europe：Desperately Hanging on in Greece", http：//www. ecfr. eu/article/commentary_ desperately_ hanging_ on_ the_ view_ from_ greece.

Tsarouhas, Dimitris, "Social Policy in Greece：Continuity and Change", https：//www. academia. edu/1525414/Social_ Policy_ in_ Greece_ continuity_ and_ change.

Stavridis, Stelios, "The Europeanisation of Greek Foreign Policy：A Literature Review", http：//www. lse. ac. uk/europeanInstitute/research/hellenicObservatory/pdf/Discussion-Papers/Stavridis-10. pdf.

Stavridis, Stelios, "Assessing the Views of Academics in Greece on the Europeanisation of Greek Foreign Policy：A Critical Appraisal and a Research Agenda Proposal", 29 September 2003, http：//www. lse. ac. uk/europeanInstitute/research/hellenicObservatory/pdf/discussionpapers/stavridis-11. pdf.

Symeonidis, Georgios, "The Greek Pension Reform Strategy 2010 – 2013：Steering Away from the Tip or the Iceberg?", http：//www. worldpensionsummit. com/Portals/6/The% 20Greek% 20Pension% 20Reform% 20Strategy% 202010% 20-% 202013% 20Steering% 20away% 20from% 20the% 20tip% 20or% 20the% 20iceberg. pdf.

"The Accession of Greece", http：//www. cvce. eu/content/publication/1999/1/1/61a2a7a5-39a9-4b06-91f8-69ae77b41515/pub-lishable_ en. pdf.

Vale, Richard J. , "Is 'Europeanization' a Useful Concept?", January 17, 2011, http: //www. e-ir. info/2011/01/17/is-% E2% 80% 98europeanization% E2% 80% 99-a-useful-concept/.

Sotiropoulos , Dimitri A. , "The Social Situation of Greece under the Crisis: Basic Socio-economic Data for Greece, 2013", May 2014, http: //library. fes. de/pdf-files/id/10743. pdf.

Tavlas, George S. and Theodoros Papaspyrou, "Monetary Policy in Greece on the Road to EMU", https: //www. bankofalba-nia. org/web/pub/tavlas_ papaspyrou_ 255_ 1. pdf.

"Wall St. Helped to Mask Debt Fueling Europe's Crisis", http: //www. nytimes. com/2010/02/14/business/global/14debt. html? pagewanted = all&_ r =0.

后　记

陈乐民先生曾在《关于"欧洲研究"在中国》中写道："冯友兰先生提出的'别共殊'的哲学思想很能适用于欧洲研究。例如，欧洲一地集中了那么多历史文化同源异流的民族国家，这就有一个'别共殊'的问题。就是说要区别诸民族国家的各自特有的'殊相'和它们之间的'共相'。"①

在经历 70 年的欧洲一体化后，欧洲民族国家的"殊相"蒙上了"欧盟"的色彩，呈现了别样的"共相"。与此同时，各个成员国因为加入欧盟时间的不同，以及自身历史文化、制度结构的特殊性，其受到欧洲一体化的影响也各不相同。因此，"别共殊"的问题非但没有消逝，反而因为其复杂性而变得更为凸显。20 世纪 90 年代，"欧洲化"的理论应时而起，为这种时代现象提供了一个恰如其分的理论视角和讨论的切口。

---

① 陈乐民：《关于"欧洲研究"在中国》，《欧洲》2001 年第 1 期。

在探讨欧盟和成员国的互动关系中，希腊是一个很有价值的案例。不仅仅是因为主权债务危机的爆发，使双方何为"始作俑者"的争论上升到前所未有的高度，更在于希腊本身的特殊性。将近400年的奥斯曼帝国的统治给它带来了身份认同的困惑，七年上校军团独裁的终结为其开启民主化的转型，塞浦路斯的分裂又迫使希腊寻求更为稳定的安全保障。这种种攸关国家前途命运的思考与欧盟怀抱"欧洲统一、和平繁荣、民主团结"的理想碰撞结合后呈现了希腊欧洲化的特色之路。欧洲一体化不仅带来了希腊的改变，同时也通过成员国欧洲化的成功与失败重新思索欧盟治理的局限与突破。由此，我尝试在本书嵌入一种开放式的理论分析框架，运用"欧洲化"概念来分析欧盟与希腊的互动关系，既可在欧盟层面上拓展治理体系的研究，亦能在希腊层面上探讨成员国制度设置的特性，以及它在何种程度上、多大范围内影响欧盟对于成员国的欧洲化效应。以上种种均是尝试，到目前为止，也仅取得了阶段性的研究成果，在未来仍有很大的开拓空间。由于研究时间、资料收集和自身禀赋所限，本书存在的舛误不当之处，敬请业界各位师友、方家不吝指正！

本书的主体部分来自我的博士论文，付印之际，首先要感谢我的导师吴弦研究员以无比的耐心和宽容，关心和提携我的学术成长；感谢英国兰卡斯特大学政治系罗伯特·盖耶尔（Robert Geyer）教授在我赴英写作博士论文期

间给予的热情帮助，他通读了我的论文提纲，并提出了细致的修改意见；由衷感谢参加我的博士论文答辩的冯仲平、沈骥如、连玉如、顾俊礼和田德文研究员；参加我的博士论文开题报告的孔田平、陈志瑞研究员；以及论文评阅人许振洲、刘立群教授，他们的指点使我获得了研究和写作上的宝贵经验；也感谢我的编辑部的同事张海洋、蔡雅洁和齐天骄的热诚付出，他们竭尽所能为我分担工作、提供写作上的便利。

由衷感谢中国社会科学院欧洲研究所登峰战略中欧关系优势学科项目对本书出版的资助。感谢中国社会科学出版社王茵副总编辑和侯聪睿编辑，她们为本书的顺利出版提供了莫大的帮助。同时特别感谢前中国社会科学出版社编辑、现调入《世界经济与政治》编辑部工作的郭枭博士，他专业、严谨的建议为本书增色不少。

最后感谢我家人的陪伴和支持，尤其是我的母亲唐丽华女士为我分担了不少育儿琐务、家庭杂事，让我不惑之年的学习有了充足的动力和能量。

"学以为耕，文以为获"。读书学习、研究写作、编辑期刊彼此相携相扶，才能相得益彰。后知后觉，亡羊补牢，为时未晚。以此自勉。

宋晓敏

2022 年 1 月